国家级实验教学示范中心·师范生教学能力实训系列教材

中学物理实验教学能力训练教程

帅晓红　主　编

袁令民　代珍兵　副主编

科学出版社

北　京

内 容 简 介

本书着眼于培养物理及相关学科师范生的基本实验技能和实验教学能力。本书由理论篇、初中篇、高中篇三部分组成，旨在通过强调师范生从学生到教师的角色转换，突出体验式学习；强化实验操作技能和实验教学能力的双重训练，改革评价方式来强化训练学生的实验操作技能和提升实验教学的能力。每一个实验主要设置有预备知识、训练目的、实验仪器、实验训练内容、训练报告、实验考查视点、实验创新视野、链接等模块。

本书可作为高等师范院校物理专业学生的教材，也可作为中学教师提升物理实验教学能力的训练教材。

图书在版编目(CIP)数据

中学物理实验教学能力训练教程／帅晓红主编.—北京：科学出版社，2014.9（2025.7 重印）

国家级实验教学示范中心·师范生教学能力实训系列教材

ISBN 978-7-03-041848-7

Ⅰ.①中… Ⅱ.①帅… Ⅲ.①中学物理课-实验-教学研究-师范大学-教材 Ⅳ.①G633.72

中国版本图书馆 CIP 数据核字（2014）第 207720 号

责任编辑：张 展 莫永国／责任校对：彭 映

责任印制：罗 科／封面设计：墨创文化

科学出版社 出版

北京东黄城根北街16号

邮政编码：100717

http://www.sciencep.com

四川煤田地质制图印务有限责任公司 印刷

科学出版社发行 各地新华书店经销

*

2014 年 9 月第 一 版 开本：787×1092 1/16

2025 年 7 月第十二次印刷 印张：12 1/2

字数：280 000

定价：39.00 元

（如有印装质量问题，我社负责调换）

国家级实验教学示范中心·师范生教学能力实训系列教材

编　委　会

前　　言

物理学是一门以实验为基础的学科。它的理论根植于科学实验，最终又要由科学实验来检验。由此我们认为：物理实验不仅是物理教学实现目标的有效手段，也是物理教学内容的重要组成部分。

目前，我国各师范院校几乎均开设有“中学物理教学法实验”课程(或类似名称的课程)，并且一般均作为物理师范生的必修课程。但调研发现，在该实验课程中仍存在着以下一些问题。①学生没兴趣。由于中学物理实验本身并不难，大部分实验学生又在中学已经做过，所以师范生往往对这门课程兴趣不高，认为该实验课程只是简单重复，自己也没有角色转化意识(由中学生到准教师)，从思想上就不重视。②学生不动脑。在实验前教师常常详细讲解实验步骤和注意事项，学生被动地听，缺乏主动思考。③学生不动手。实验中学生只是照着讲义简单重复做一遍，偶尔出现异常现象时，还要教师帮助排除故障，学生常常是“围观”的状态，较少主动动手。④学生抄结论。实验结束后，学生常常照抄实验报告内容，数据甚至可能是编造的。⑤会做不会讲。通过老师指导，学生会做实验通常是没问题的，但作为未来的物理教师，该如何做实验教学的准备呢？又该如何去对中学生讲解呢？等等方面师范生均存在一定的困惑。⑥其他问题。关于以上这些问题师范生较少思考，也缺乏在此课程中必要的训练(关于这一点，恰是本书力求体现和解决的问题)。如此种种现象，对于我们培养未来物理教师的基本实验技能和实验教学能力是极其不利的。

同时，我们也发现师范生在实习期间往往不敢上实验课，中学指导教师也不太放心师范生上实验课。师范生在求职的试讲环节中，也往往不敢大胆去设计实验，导致教学设计没有物理课应有的特色，使得试讲时常常不生动、不形象，从而失去了工作机会。

在《义务教育物理课程标准(2011 年版)》和《普通高中物理课程标准(实验)》中都提出对中学生最基本的实验要求，强调“发挥实验在物理教学中的重要作用”。新课程标准下的物理课程已经淡化了物理课堂教学与物理实验教学的界限，所以新课程的物理课堂教学环节里会交互出现实验教学的环节，传统的实验教学环节大多转变为演示实验或边学边实验(多为探究性实验)的教学形式，课堂内外的实验都很多。另外，新课程提倡教师开发和利用尽可能丰富的课程资源，多用“瓶瓶罐罐”等自制教具辅助教学，这些变化对教师的实验教学技能提出了更高的要求，尤其是想要在中学物理教师人才竞争中脱颖而出的物理师范生更需要具有较强的教学能力尤其是实验教学能力。

在未来物理教师的培养中，怎样强化训练学生的实验操作技能和提升实验教学的能力呢？这是我们一直在思考的问题。经过近年来的不断探索，结合新课程理念和要求，我们在该训练课程中作了如下尝试。

1. 强调师范生从学生到教师的角色转换，突出体验式学习

中学物理教学法实验内容相对大学物理实验简单，学生在大一、大二上完大学物理实验再来上这门实验课，容易产生态度上的懈怠，所以我们强调在该门课程中力求引导师范生从学生到教师角色的转换，突出学生的体验式学习。

上实验课前，我们要求学生必须对实验内容进行预习，预习时注意结合中学物理相关教科书以及本书中“预备知识”的提示进行思考；实验前的预习由学生课前自主进行，并完成预习报告。

实验操作前，教师不再简单讲解实验步骤和注意事项等，而是采取以下两种方式在课上对学生预习情况进行检查。一种方式是教师向学生就有关实验的主要步骤、注意事项、测量方法、实验原理等内容进行提问，学生作答并将部分内容整理到实验报告中去。另一种方式是把学生分成若干小组，每个小组针对某一个实验内容派学生代表来讲自己预习后对该实验的基本理解以及存在的问题，教师针对学生的提问引导大家共同讨论。在实验前到底采取什么方式检查预习情况由实验指导教师决定，用时通常控制在半小时左右。

为了考查学生对实验内容的理解，我们每次会多提供一些仪器供学生根据自己的实验内容做选择；在学生进行实验操作的过程中出现异常现象时，实验指导教师也只是引导同学们一起讨论分析原因，而让学生自己学会排除故障。学生完成实验的基本操作训练后，实验指导教师要选派 1～2 名学生进行实验内容的微格教学训练，其他学生模拟中学生听课并在课后进行点评讨论。模拟授课时间通常控制在 20 分钟左右，师生点评时间在 25 分钟左右。

实验后的实验报告，除了完成常规实验报告外，还要求学生完成实验反思内容的撰写。因此指导老师在评价学生实验报告时，不仅仅看结果是否正确，更重要的是看学生对结果的分析，包括对误差的分析、实验过程中出现问题的分析和反思等。通过这种分析和反思，促使学生对相关实验内容的思考。而对于当次实验中进行了微格教学训练的学生，除了完成实验报告以外，作为实验微格教学的参训者，还要完成实训报告，对实验教学设计及改进意见做详细记录。

学生通过各个实验环节的参与式体验，达到强化中学物理教师的职业意识、调动学生学习积极性的目的。在该课程中不但要培养学生的中学物理实验技能，还要强化训练学生的中学物理实验教学能力。逐渐让学生消除这门课只是简单重复中学物理实验的误解，变被动学习为主动学习，逐步认识到这门课程的价值所在。

2. 强化实验操作技能和实验教学能力的双重训练，改革评价方式

在该训练课程中，精选训练课题，对每一个训练课题都从实验操作技能和实验教学能力两方面进行双重训练，强调训练要求以及实际的教学体验，从而达到教学能力训练的目的。在有限的训练时间里，以探究性实验教学能力训练为主，一改传统的测量性实验或验证性实验为设计性实验(为每个实验提供尽可能多的相关仪器供学生选择)，旨在让学生学会设计实验的方法及探究实验的教学方法。这种双重式训练能让受训者既做学生又做教师，既能透彻理解教学的相关理论，又能丰富自己的教学经验。让他们真正体会到学的是有用的知识，为他们今后参与中学教师的应聘以及适应教师岗位的重任打下坚实的基础。

以前训练课程的评价主要是期末考试(笔试和操作考试)，这样的评价可能导致学生不重视平时每次实验的参与和训练。因此在评价中，我们增加了过程性评价，对学生每一次实验过程进行打分，对学生在每次实训中的表现打分以作激励，使平时的评价成绩占到总成绩的约 70%。这样一来，学生开始重视每一次的实验实训，积极发言和争取试教的机会。

为了让师范生的中学物理实验教学能力实训落到实处，除了在教学实践中做了上述尝

试外，我们还不断的修改完善实验教学讲义，使实验讲义越来越具有实用性和针对性。在此基础上，我们花了近两年的时间编著了本书。在这本教科书中我们尝试着进行全新的模块设计，每一个实验主要设置有以下几个模块：

【预备知识】该栏目主要介绍相关背景知识。可以介绍《义务教育物理课程标准(2011年版)》和《普通高中物理课程标准(实验)》对该实验的要求；也可以介绍该实验在各版本中学物理教科书中的地位和目的；还可以结合物理学史介绍该实验的发展背景和地位。并以思考题的方式提示学生补充的知识内容。

【训练目的】该栏目主要强调实验技能训练和实验教学能力训练中的要求以及要达到的训练目的。

【实验仪器】该栏目重点介绍本实验中所使用主要仪器的原理结构、操作要领等；同时补充介绍仪器的不同种类或类似仪器，供学生在实验中根据需要挑选合适的器材；此外，也可以对实验仪器进行创新性设计和调整。而关于实验仪器使用的注意事项和维护保养等见第 6 章的专题三。

【实验训练内容】该栏目呈现的实验训练内容分两个部分：

第一部分是实验技能的强化训练。要求每个师范生以中学生的身份自己去做，同时以比中学生更高的思维水平去思考实验操作过程中的关键步骤、注意事项、改进策略等，这是常规教学内容。虽然实验本身比较简单，但学生在做的过程中必须针对给出的实验内容进行思考，以通过实验操作达到准确掌握和全面理解相关知识的目的。

第二部分是实验教学能力的训练。在实验技能强化训练的基础上，该部分要求师范生以中学物理教师的身份备课，然后分组进行微格教学并讨论评价。

在每一项训练内容后，都有针对性的“讨论与思考”，内容主要以问题的形式呈现，便于启发学生在训练时思考和互相讨论。

【训练报告】要求学生在实验训练完后除了完成实验报告外，还要写出操作反思、教学反思、自我评价、他人评价、操作中或教学中的改进措施等。

【实验考查视点】此栏目罗列部分典型的考查该实验内容的习题，一方面让准教师们熟悉中学物理实验题；另一方面也让准教师们通过求解题目反观中学物理实验教学。

【实验创新视野】给出所训实验项目的创新、改进方法的典型案例，这里可能是已有的创新改进方案，也可能是关于创新改进此实验的一些建议和思考。

【链接】给出所训实验项目的相关资料，包括文章、参考书、网页、视频等形式的资料链接，供学生参考和补充学习。

本书中，删除了传统教科书中惯有的“实验原理”模块和“实验步骤”模块。这样做，并不是说实验原理和实验步骤不重要，而是希望学生通过预习与思考，主动地去查阅资料，了解实验原理和实验步骤。同时，本书中多处有“思考与讨论”的问题呈现，虽没有直接呈现出结果，但学生通过自己思考和与他人讨论，是可以解决这些问题的。编写新版的实验指导书，就是希望将思考设计和探索求知的理念贯穿于学生整个实验过程中，强化师范生的职业意识，从而提升他们的实验操作技能和实验教学能力。

本书由四川师范大学物理与电子工程学院帅晓红副教授策划，并与四川师范大学物理与电子工程学院袁令民博士共同对全书进行统稿修订；理论篇由帅晓红副教授、袁令民博士和代珍兵实验师完成；成都石室中学高级教师谭崇宇撰写初中篇；内蒙古包头师范学院副教授王文清、成都石室中学高级教师彭世坤、四川师范大学物理与电子工程学院副教授张勇、实验师王瑛以及重庆求精中学教师胡治宏共同撰写高中篇。研究生王仕玉和杨丽、四川民族学院邓显菊参与了部分资料的收集和整理工作。

该书从策划到编写，一直得到四川师范大学物理与电子工程学院周晓林院长、王力邦教授的悉心帮助和支持，为本书提出了很多宝贵的意见和建议，在此我深表谢意！

本书在编写过程中，参阅和引用了同行们的部分论著和论文，在此向原作者表示诚挚的谢意！

由于水平有限，书中不足在所难免。我们热切期待各方面的批评与建议，以使本书能通过改编修订而更趋完善。

2014年3月28日

于四川师范大学

目　录

理论篇

第 1 章　中学物理实验教学能力训练课程概述 ………… 2

第一节　课程概述 ………… 2

第二节　本课程的学习建议 ………… 4

第 2 章　新课程背景下的物理实验教学 ………… 6

第一节　物理课程标准中的实验内容解读 ………… 6

第二节　新课程标准教科书中物理实验内容的呈现特点 ………… 9

第三节　中学物理实验教学的新趋势 ………… 14

第四节　新课程物理实验教学对教师的要求 ………… 15

第 3 章　中学物理实验中的基本方法和误差分析 ………… 18

第一节　中学物理实验中的基本方法 ………… 18

第二节　误差分析在物理实验教学中的应用 ………… 21

第 4 章　中学物理实验教学的组织 ………… 27

第一节　教师演示实验的教学组织形式 ………… 27

第二节　学生分组实验的教学组织形式 ………… 29

第 5 章　中学物理实验教学设计及教案 ………… 33

第一节　中学物理实验教学准备 ………… 33

第二节　中学物理实验教学设计的呈现——教案 ………… 35

第 6 章　中学物理实验教学拓展专题 ………… 41

专题一：实验报告的书写与范例 ………… 41

专题二：实验论文的书写与范例 ………… 43

专题三：常用实验仪器的使用注意事项和简单维护 ………… 45

专题四：处理实验数据的常用软件介绍 ………… 52

初中篇

实验 1：探究同种物质质量和体积的关系 ………… 64

实验 2：弹簧测力计的制作和使用 ………… 72

实验 3：摩擦力的大小与什么因素有关 ………… 79

实验 4：探究浮力的大小 ………… 85

实验 5：探究杠杆的平衡条件 ………… 93

实验 6：探究声音是怎样产生和传播的 ………… 99

实验 7：探究平面镜成像规律 ………… 107

实验 8：探究凸透镜成像的规律 ………… 112

实验 9：串联和并联电路中电流和电压的特点 ………… 119

高中篇

实验 1：用打点计时器测速度和加速度 …… 132
实验 2：设计实验测量重力加速度 …… 139
实验 3：牛顿第二定律 …… 143
实验 4：测定金属的电阻率 …… 147
实验 5：测定电源的电动势和内电阻 …… 153
实验 6：探究电磁感应产生的条件 …… 159
实验 7：楞次定律 …… 163
实验 8：水的凝固与冰的熔解 …… 168
实验 9：激光光学演示仪的使用 …… 171
实验 10：数字化实验实训 …… 184

理 论 篇

第 1 章　中学物理实验教学能力训练课程概述

第一节　课程概述

本节从物理实验和物理实验教学概述、课程的性质、课程的研究对象和课程的任务等方面对本书作简单介绍。

一、物理实验和物理实验教学

物理实验作为物理教育的重要基础、重要内容和重要方法，在物理教育中具有重要的地位和作用。尤其是对于思维发展逐渐由形象向抽象过渡的中学生而言，物理实验教学非常重要。具体而言，物理实验在中学物理教学中的作用包括以下三个方面。

第一，激发学生学习物理的兴趣。爱因斯坦曾经说过“兴趣是最好的老师”。作为影响学生学习动机一种非常重要的非智力因素，兴趣可激发学生的主观能动性、提高学习效率。中学物理实验一般具有真实、直观、形象、生动的特点，对于好奇心强、思维活跃的中学生而言，物理实验具有较强的吸引力，易于激发他们的学习欲望；在学生对物理现象产生浓烈兴趣的基础上，实验可以满足他们动手参与操作的欲望，从而提高学生的自我效能感和成就感。

第二，创设积极的学习环境。大部分物理规律和概念是在对现象进行逐渐抽象概括的基础上形成的，物理学家通过对未知的物理现象进行思辨、实验、收集数据、思维加工等环节逐渐建立符合一定历史阶段认知水平的物理规律和概念。在中学物理教学中，感性认识是中学生形成和掌握物理概念、规律的基础，而生活和实验是中学生在物理学习过程中感性认识的重要来源。来源于自然现象和生活的感性材料经过科学家的不断抽象，将其从物理、化学等不同领域，以及力学、热学、电学等不同角度进行解释和汇总，再将各种或本质、或非本质的解释要素交融在一起。但对于大部分物理规律和概念而言，仅仅通过观察自然和生活现象的方式来组建感性认知材料会很困难。而物理实验的方法可以通过精心选择、简化来创设典型的、趣味性的学习环境，让学生可以通过可重复的实验，带着兴趣来系统学习物理学的基础知识和基本方法。

第三，培养学生的实验探究能力，提高学生的科学素养。能力是指“顺利完成一定活动所必需的个性心理特征”。能力通常包括一般能力和特殊能力，前者是指从事各种各样的活动所必需的一些基本的能力，如观察能力、记忆能力等；后者则是指从事某种特定活动所需要的能力，如音乐能力、数学能力等①。中学物理实验强调提高学生的实验能力，培养学生的观察能力、分析能力、归纳能力以及想象能力、创造能力、表达能力等。《义务教育物理课程标准(2011 年版)》对初中生的科学探究能力提出了：提出问题、猜想与

① 苏步青，刘佛年，刘斌. 中学百科全书：教育学心理学卷[M]. 上海：华东师范大学出版社，1994.

假设、设计实验与制订计划、进行实验与搜集证据、分析与论证、评估、交流与合作七大要素以及 31 个条目的具体要求；《普通高中物理课程标准(实验)》也对高中生的物理实验与探究能力提出了七大要素和 27 条的具体要求。在“内容标准”部分，初、高中物理课程标准均规定了若干需要通过实验探究手段来学习的内容。在竞争越来越激烈的今天，非智力因素越来越受到重视，而物理实验可以有效培养学生严谨的科学作风、实事求是的科学精神、发展自主学习能力、养成良好的思维习惯、引发科学探索的兴趣等。

二、中学物理实验教学能力训练课程的性质

基于中学物理实验教学的重要地位和作用，我们探索重构中学物理教学法中实验技能训练和实验教学训练课程。“中学物理实验教学能力训练”课程是与中学物理教学论、中学物理教科书分析、中学物理课堂教学设计与评价、中学物理微格教学、中学物理课件设计与制作等配套的师范生教学能力训练课程群中的一门实践性、针对性、应用性很强的课程，是师范院校物理学专业的师范生必修的一门物理教育类的专业基础课程。

“中学物理实验教学能力训练”课程与其他物理学课程是相辅相成、各有侧重的关系。作为将来从事基础教育的物理师范生，不但应该学好物理学专业基础课程，了解和掌握系统的物理知识；还应该能把所学的知识运用恰当的教学语言和熟练的教学技能教授给中学生。这就需要物理学师范生们在学完物理学科其他基础课程之后，通过《中学物理实验教学能力训练教程》的学习，进行有效地角色转换，具有把物理学实验理论转变成中学物理实验教学的能力。

三、中学物理实验教学能力训练课程的研究对象

《中学物理实验教学能力训练教程》是在广泛调研了师范生就业实践的基本情况之后，在多年进行师范生中学物理实验技能训练和实验教学微格训练的基础上逐渐形成的。它是以中学物理新课程中的物理实验教学实施中的相关问题以及具体的实验项目作为研究对象。具体而言，本课程主要研究中学物理教师在进行物理实验教学时所需的基本理论知识、实验教学的设计方法、实验教学的基本策略、相关的实验实践操作技能训练以及对师范生进行有效地中学物理实验教学能力训练等。

四、中学物理实验教学能力训练课程的任务

“中学物理实验教学能力训练”作为一门中学物理实验教学能力的训练课程，其开设的主要目的是培养物理学师范生从事中学物理实验教学工作所必备的实验专业素养和实验技能，提高他们在中学物理实验教学理论与方法上的修养和对实验教学进行设计、组织、实施与评价的能力。通过对中学物理新课程体系中代表性实验的操作实训，提升师范生的实验操作技能和实验教学能力，最终实现提高物理专业师范生实验教学素养及改善实验教学效果的目的。本课程的开设为师范生将来独立从事物理实验教学工作提供科学训练途径，使其尽快提高自身教学能力、缩短走上工作岗位后的适应期，为成为一名合格的中学

物理教师奠定基础。

第二节 本课程的学习建议

中学物理实验教学是一门集物理学、教育学、教育心理学、教育技术学等学科为一体的交叉性学科，是一门作为准教师的师范生必修专业课。要想在本课程的学习中有收获，需要讲究一定的学习方法，这里给出如下的学习建议。

一、转变角色，端正态度

“中学物理实验教学能力训练”作为中学物理教师职前教育的一门重要的实训课程，需要每位学生以一个准中学物理教师的身份进入到课程学习中来。在学习理论知识的基础上转变角色，以一名教师的身份进行物理实验操作和实验教学训练。以认真、严谨的科学态度与实事求是的工作作风开展本门课程的学习。

二、熟悉内容，创新设计

为了使大家通过本课程的学习，能显著提高中学物理实验教学能力，在开始课程学习之前，建议预习并熟悉新课程体系中相应的物理实验内容，对各类型中学物理实验的目的、原理与具体内容进行分析与思考。然后尝试对中学物理实验教学的方案进行创新性设计。在教案中应包括实验设备与辅助教学用具的准备，确定实验教学的目标、策略、模式与评价等。此外，还需要预设进行实验操作和实验教学过程中可能出现问题的解决方案，作出实验结果的推断，拟定出实验教学独具匠心的创新设计并进行微格教学训练等。

三、制订计划，强化训练

每位师范生应根据自己的具体情况拟定出中学物理实验技能的强化与提升要点，在学习中要有所侧重地进行实验操作技能和实验教学能力的提高。在训练中要重视中学物理实验的讨论与交流环节，积极参与到师生、生生互动交流讨论中去，将自己的独到见解和创新思考与他人分享，同时也虚心向他人学习，共同探讨实验教学能力的提升。

四、多元媒体，优化教学

真实的物理实验在物理教学中是必不可少的，但应用信息技术等多元媒体优化物理实验教学也是现代教学的一个趋势。现代信息技术能把视频、动画、声音、文字集于一体，形象生动，在一些情况下使用恰当的信息技术能起到意想不到的教学效果。如：神舟飞船运动、起重机吊重物、船闸工作原理等无法搬到讲台上的宏观物理现象；摩擦起电、分子的热运动、导体的静电平衡过程、感应起电机的起电过程等眼睛看不到的微观现象；自由落体、电路的暂态过程等过程极短情况可以用慢镜头或DIS仪器展示；原子核的聚变、裂变等不能做的实验可用动画显示；汽车、飞机等内部复杂的构造可以用现代仿真技术、虚拟现实技术、人工智能技术、网络技术等进行模拟。合理地利用现代信息技术可以使课堂教学更生动形象、富有感染力，这样不但能提高学生的学习兴趣，还能丰富学生的学习内容，缩短掌握知识的过程，扩充接受知识的容量，改善教学的效果。因此，建议师范生们一方面利用学校所开设的信息技术课程学习一些信息技术，掌握制作动画、仿真实验等的技术；另一方面学会收集整理一些优秀的动画或仿真实验，以供教学时使用。

五、自制教具，丰富教学

在新课程标准教科书中，具有忽略理论教学和实验教学的界限的特征。低成本的简易自制小实验可以使教学起到事半功倍的效果。建议师范生们一定要动手，尝试用身边简单易得的器材自己制作一些简易的装置，挖掘一物多用的功能，如：一个矿泉水瓶或是一个乒乓球几乎可以在力、热、声、光、电、磁等方面大展身手，利用这些简易材料进行实验教学，可以使物理课堂变得更丰富多彩。

第2章　新课程背景下的物理实验教学

第一节　物理课程标准中的实验内容解读

物理实验是物理学科的重要组成部分，在物理学研究领域中可以起到发现和探索物理新知识、验证已有知识理论体系、开发物理知识应用新领域等作用。在中学物理教学中，物理实验可以起到培养学生学习兴趣、创设理论知识学习环境、培养学生操作技能和探究能力的作用。因此，义务教育阶段和高中阶段的物理课程标准均对物理实验有具体的要求①。

《义务教育物理课程标准(2011年版)》在课程目标部分关于技能目标规定："通过义务教育物理课程学习，学生主要在以下三个方面得到发展：……有初步的实验操作技能，会用简单的实验仪器，能测量一些基本的物理量，具有安全意识，知道简单的数据记录和处理方法，会用简单图表等描述实验结果，会写简单的实验报告"。在科学内容的"物质"、"运动和相互作用"、"能量"三大主题下，包括若干明确要求通过实验探究方式学习的知识内容条目，比如第一个一级主题"物质"下的二级主题"物质的形态和变化"中有一条是："1.1.3经历物态变化的实验探究过程，知道物质的熔点、凝固点和沸点，了解物态变化过程中的吸热和放热现象"。可见，对物态变化这一内容的学习，课程标准要求通过实验探究的方式进行。初中物理新课程的显著特征是将物理实验与科学探究相融合；将科学探究列入课程内容，将其列为"学生的学习目标和重要教学方式"。也就是说，课程标准中没有明确要求通过实验探究方式进行学习的内容，也可能需要或者必须通过实验方式进行教学。比如，第三个一级主题"能量"下的二级主题"电磁能"中有一条内容标准是："3.4.4会使用电流表和电压表"。要达到这条内容标准的要求，在教学中必须通过物理实验过程进行实际操作训练。在《义务教育物理课程标准(2011年版)》的第四部分实施建议部分的教学建议中特别提出"发挥实验在物理教学中的重要作用"，该部分提出"凡是用'通过实验'这一措辞陈述的知识内容，都必须通过实验来学习，这些实验是必须做的，是本标准对物理实验的基本要求。除此之外，为提高教学效果，教师还应尽量创造条件做一些其他力所能及的物理实验"。课程标准建议在平时的教学中根据具体情况适当增设一些学生实验，尤其是利用身边的物品制作实验器材，进行实验；此外，内容标准中"活动建议"部分也提出了一些实验探究项目，供教学中选择性开展。

与《义务教育物理课程标准(实验稿)》相比，2011版的课程标准在附录部分专门列出了学生必做的实验项目，具体内容如下：①用刻度尺测量长度、用表测量时间；②用弹簧测力计测量力；③用天平测量物体的质量；④用常见温度计测量温度；⑤用电流表测量电流；⑥用电压表测量电压；⑦测量物体运动的速度；⑧测量水平运动物体所受的滑动摩

---

① 以下两部分内容主要参考我国教育部2011年颁布的《义务教育物理课程标准(2011年版)》和2003年颁布的《普通高中物理课程标准(实验)》。

擦力；⑨测量固体和液体的密度；⑩探究浮力大小与哪些因素有关；⑪探究杠杆的平衡条件；⑫探究水沸腾时温度变化的特点；⑬探究光的反射规律；⑭探究平面镜成像时像与物的关系；⑮探究凸透镜成像的规律；⑯连接简单的串联电路和并联电路；⑰探究电流与电压、电阻的关系；⑱探究通电螺线管外部磁场的方向；⑲探究导体在磁场中运动时产生感应电流的条件；⑳测量小灯泡的电功率。

教育部于 2003 年颁布的《普通高中物理课程标准(实验)》也同样指出：“实验是物理课程改革的重要环节”。课程标准要求学生能动手动脑地“学”科学，改变过去以书本为主、实验为辅的教学方式，实验地位得到了空前提升。如表 1-1 所示，高中物理课程标准中对实验内容的重视主要体现在以下三个方面。

第一，在“课程目标”部分，课程标准要求学生“认识实验在物理学中的地位和作用”，掌握基本的实验技能和基本仪器的使用方法，并且通过实验和探究的方式促进知识与技能、过程与方法、情感态度价值观三维课程目标的达成。

第二，在课程标准的“内容标准”中专门对“科学探究及物理实验能力”的要求从七大要素出发做了具体说明，具体内容如表 1-1 所示。从课程标准对科学探究及物理实验能力的基本要求可以看出，科学探究与物理实验是紧密联系的。基础教育新课程改革尤其强调物理实验不但是中学物理教学的重要内容，而且是中学物理教学的重要方法和手段。

表 1-1　高中物理课程标准对科学探究与实验能力的要求

科学探究要素	对科学探究及物理实验能力的基本要求
提出问题	● 能发现与物理学有关的问题 ● 从物理学的角度较明确地表述这些问题 ● 认识到发现问题和提出问题的意义
猜想与假设	● 对解决问题的方式和问题的答案提出假设 ● 对物理实验结果进行预测 ● 认识到猜想与假设的重要性
制订计划与设计实验	● 知道实验目的和已有条件，制定实验方案 ● 尝试选择实验方法及所需要的装置与器材 ● 考虑实验的变量及其控制方法 ● 认识到制订计划的作用
搜集证据	● 用多种方式收集数据 ● 按说明书进行实验操作，会使用基本的实验仪器 ● 如实记录实验数据，知道重复收集实验数据的意义 ● 具有安全操作的意识 ● 认识到科学收集实验数据的重要性
分析与论证	● 对实验数据进行分析处理 ● 尝试根据实验现象和数据得出结论 ● 对实验结果进行解释和描述 ● 认识到在实验中进行分析论证是很重要的
评估	● 尝试分析假设与实验结果间的差异 ● 注意探究活动中未解决的矛盾，发现新的问题 ● 吸取经验教训，改进探究方案 ● 认识到评估的意义
交流与合作	● 能写出实验探究报告 ● 在合作中注意既坚持原则又尊重他人 ● 有合作精神 ● 认识到交流与合作的重要性

第三，课程标准中的实验内容主要体现在具体的知识内容标准条目中，在具体的知识内容条目中要求某些知识内容的学习必须通过实验或者探究的方式进行。同时，为了强调物理实验的重要性，《普通高中物理课程标准(实验)》专门开辟“物理实验专题”模块，对物理实验教学提出了非常明确的要求，具体内容：开设“物理实验专题”模块，目的是使学生较为深入地学习物理实验的有关理论、方法和技能；进一步提高学生的实验素养，激发学生实验探究的兴趣；增强学生的创新意识；培养学生实事求是、严谨认真的科学态度；促其养成交流与合作的良好习惯；发展学生的实践能力。在本模块中，学生应完成不同难度的实验，原则上实验数量不少于 8 个。

本模块的设计尤其注重从以下几个方面培养学生：①经历实验探究过程；②强化实验方案的自我设计；③深入对实验过程和实验误差的分析；④重视对实验方案和实验结果的评估。

1. 内容标准

(1)通过典型实例，认识实验在物理学发展中的重要地位和作用。了解可重复性和可控制性是对物理实验的基本要求。

例 1：赫兹通过实验发现了电磁波，验证了麦克斯韦的电磁场理论。

例 2：收集资料，了解科学界对冷聚变的争议。

(2)通过实验认识测量的意义；理解系统误差与偶然误差、绝对误差与相对误差以及有效数字的概念；会用有效数字表达测量结果；知道精度和准确度的区别；能对实验误差进行初步分析。

例 3：判断测量的优劣。用螺旋测微器测量厚度分别为 20 mm 和 2 mm 的钢板，绝对误差都是 0.01 mm，但前者的相对误差较小，测量质量较高。

(3)初步具有发现问题、提出实验研究课题的能力；能根据实验目的，设计并讨论实验方案，确定科学、合理的实验步骤。

(4)能根据实验要求合理选择并安装实验器材，正确进行实验操作。对较复杂或没使用过的仪器，能读懂仪器说明书，并按说明书正确使用该仪器。具备用已有的知识和设备能否完成实验的判断能力，能排除实验中出现的一般故障。

例 4：按照说明书使用示波器。

(5)能正确观察和如实记录实验现象和数据，养成实事求是的科学精神。会用正确的方法处理实验数据，得出实验结论。

例 5：利用表格、图像方法分析、处理实验数据。

例 6：用传感器和计算机实时采集和处理实验数据。

(6)在实验过程中能与他人合作交流。能够对实验方案和实验结果进行评估和反思，具有对结果进行质疑、改进方案的意识；能够用科学语言，正确地写出实验报告。

2. 实验示例

本模块的实验示例是供选择的内容。为了适应不同地区、不同学校的情况，学校可以自行开发实验项目。

例 1：研究弹簧振子的周期与小球质量的关系。

例 2：用冲击摆测弹丸的速度。

例 3：用滑块、气垫导轨、数字毫秒计等研究动量守恒定律。

例 4：用摄像机、数码相机或频闪照相研究物体的运动。

例 5：用变阻器设计几种不同的控制电路。

例 6：把电流表改装成多量程电流表、电压表或多用电表。

例 7：探究大容量电容器对电路的影响。

例 8：测定自来水的电阻率。

例 9：用电桥和热敏电阻测温度。

例 10：选用传感器制作控制电路。

例 11：探究静电屏蔽和电磁屏蔽现象。

例 12：用电解法测定元电荷。

例 13：研究霍尔效应。

例 14：将 CD 光盘作为反射光栅，测定其光栅常量。

通过以上内容可以看出，初中和高中物理课程标准既对物理实验教学的内容、目标提出了明确而具体的基本要求，也提出了针对性的教学建议和示例。这些内容是中学物理教科书编写、教学设计及学业评价的重要依据。

第二节　新课程标准教科书中物理实验内容的呈现特点

强调让学生通过实验探究学习物理知识是新课程的基本特点之一。《义务教育物理课程标准(2011 年版)》和《普通高中物理课程标准(实验)》均指出：教科书编写者应根据“标准”的基本理念、课程目标，在教科书内容选择、呈现方式等方面为实验与探究活动的实施创造条件。按照课程标准要求编写经过全国中小学教科书审定委员会审定并在全国范围内使用的义务教育物理课程标准实验教科书有六套，普通高中物理课程标准教科书有五套。通过阅读各版本新课程标准物理教科书，不难发现其中的物理实验有如下特点。

一、重视科学探究

《义务教育物理课程标准(2011 年版)》和《普通高中物理课程标准(实验)》均专门阐述了科学探究的相关要求。在物理课程标准实验教科书中有很多探究的课题，很多原来是讲授的课题现在都变成了探究型课题。如初中物理“人教版”① 教科书中以“节”的形式呈现的探究主题有 4 个：

第三章第 3 节：探究凸透镜成像的规律；

第五章第 5 节：探究串、并联电路的电流规律；

第六章第 2 节：探究串、并联电路电压的规律；

第七章第 1 节：探究电阻上的电流跟两端电压的关系。

① 人民教育出版社出版的简称，后面均用简称。

又如初中物理“教科版”① 教科书中以“节”的形式呈现的探究主题有3个：

第四章第3节：科学探究：平面镜成像；

第四章第5节：科学探究：凸透镜成像；

第十章第3节：科学探究：浮力的大小。

除以整“节”的方式呈现科学探究课题外，“教科版”教科书中大部分章节都专设有“实验探究”栏目。可以这样说，每一个知识点都是通过实验探究得出的。现把“教科版”初中物理教科书中的科学探究活动统计如下：

（八年级）第一章第2节：测量有误差；

第二章第2节：动与静；

第三章第2节：音调的高低；

第四章第1节：光总是沿直线传播吗？

第四章第1节：光在镜面的反射规律；

第四章第3节：平面镜成像有什么特点？

第四章第4节：光的折射规律；

第四章第5节：凸透镜成像的规律；

第四章第6节：模拟近视眼；

第四章第8节：色光混合的规律；

第五章第2节：固体融化过程的规律；

第五章第3节：沸腾的规律；

第六章第1节：质量是物体的属性；

第六章第2节：1 cm^3 物体质量的含义；

第七章第2节：力的三要素；

第七章第3节：相互作用力的关系；

第七章第4节：重力与质量的关系；

第七章第5节：滑动摩擦力的大小与什么有关？

第八章第1节：同一直线上二力的合成；

第八章第2节：推断物体不受力时的运动，物体的惯性；

第八章第3节：二力平衡的条件；

第八章第4节：改变物体的运动状态；

第九章第1节：压力的作用效果；

第九章第2节：液体内部的压强，液体内部的压强有多大；

第九章第3节：连通器中的液体有什么特点？

第九章第4节：估测大气压强的值；

第十章第1节：鸟翼的升力，流体压强与流速的关系；

第十章第3节：浮力的大小，水对物体的浮力、验证阿基米德原理；

第十一章第2节：杠杆的平衡条件；

第十一章第3节：用动滑轮做功；

---

① 教育科学出版社出版的简称，后面均用简称。

第十一章第 5 节：测量滑轮组的机械效率。

(九年级)第一章第 2 节：温度对扩散的影响，让笔杆热起来；

第一章第 3 节：比较不同物质的吸热能力；

第三章第 1 节：画出磁场的方向，磁化；

第三章第 3 节：通电螺线管的磁场方向；

第四章第 2 节：让两只灯泡都亮起来；

第五章第 1 节：串联电路中的电流；

第五章第 2 节：小灯泡两端的电压，电路中的电压；

第五章第 3 节：电阻的大小与什么因素有关，用滑动变阻器改变小电动机的转速；

第六章第 1 节：怎样改变电流的大小；

第六章第 2 节：怎样测量未知电阻；

第六章第 3 节：串联电路的等效电阻；

第七章第 1 节：电流的热效应跟电阻大小的关系；

第七章第 2 节：电功率跟电流、电压的关系；

第七章第 3 节：比较小灯泡的亮度，测定小灯泡的额定功率；

第八章第 1 节：影响电磁铁磁性强弱的因素；

第八章第 2 节：用电磁继电器控制电机；

第八章第 3 节：磁是如何生电的？

第八章第 4 节：让通电导线在磁场中动起来，磁场对通电线圈的作用；

第八章第 5 节：把电流信息还原成声音信息。

在高中物理“人教版”教科书中，也有很多专门列出的大的探究主题，其中共同必修模块和选修三系列共有以“节”为单位呈现的探究主题有 15 个：

物理 1：第二章第 1 节：小车速度随时间变化的规律；

第二章第 5 节：只受重力由静止坠落的小球；

第三章第 4 节：探究求合力的方法；

第四章第 2 节：谁是一辆好赛车；

第四章第 5 节：探究作用力与反作用力的关系；

物理 2：第五章第 4 节：研究平抛运动；

第七章第 5 节：探究弹性势能的表达式；

第七章第 6 节：探究功与速度变化的关系。

选修 3-1：第二章第 6 节：是谁在拖自由电子的后腿。

选修 3-2：第四章第 2 节：探究电磁感应产生的条件；

第四章第 3 节：闭合线圈与条形磁铁的对话。

选修 3-3：第八章第 1 节：不安分的气体分子。

选修 3-4：第十一章第 4 节：荡秋千；

第十三章第 3 节：用双缝干涉测量光的波长。

选修 3-5：第十六章第 1 节：牛顿摇篮。

同样，在高中物理“教科版”教科书中，以“节”为单位呈现的探究主题有 21 个：

必修 1：第一章第 7 节：伽利略对自由落体运动的探究；
第二章第 4 节：研究滑动摩擦力的大小；
第二章第 5 节：学生实验：探究共点力合成的规律；
第三章第 2 节：探究加速度与力、质量的关系；
第四章第 1 节：共点力作用下物体的平衡条件；
必修 2：第一章第 1 节：曲线运动的速度方向；
第一章第 3 节：平抛运动的特点；
第二章第 2 节：向心力的大小；
第四章第 5 节：动能和势能的转化规律；
选修 3-1：第一章第 2 节：探究影响点电荷之间相互作用的因素；
第一章第 5 节：匀强电场中电势差与电场强度的关系；
第二章第 4 节：闭合电路的欧姆定律；
第二章第 5 节：学生实验：测量电源的电动势和内阻；
第二章第 7 节：学生实验：练习使用多用电表；
选修 3-2：第一章第 2 节：导体在磁场中做切割磁感线的运动；
第一章第 4 节：楞次定律；
第二章第 4 节：电容器对交流电的阻碍作用；
第三章第 1 节：半导体热敏电阻的热敏特性；
选修 3-4：第一章第 2 节：单摆的周期和摆长的关系；
第一章第 5 节：学生实验：用单摆测定重力加速度；
第四章第 2 节：学生实验：测定玻璃的折射率。

除了以上的探究主题外，各版本物理教科书中还有大量以“思考与讨论”“说一说”“做一做”“课题研究”等形式呈现的探究内容。这些探究内容一般包括提出问题、进行实验与收集数据、分析与论证等核心探究要素。探究型的物理实验强调学生对实验过程的设计、探索，而不是死记硬背教师事先设计好的实验步骤。在进行科学探究的过程中，探究的问题可以是教师提出的，也可以是学生提出的；探究的内容可以是课程中的，也可以是与课程有关的交叉学科的；探究的形式可以是课堂的，也可以是课外的；探究的手段可以是实验的，也可以是实验与现代信息技术相结合的。

综合比较不同版本的教科书我们还发现，“教科版”教科书中有很多留白的地方是真正要让学生探究实验后完成填写的，整套教科书充分体现了科学探究的味道。

二、注重学以致用

新课程物理实验除按规程进行物理实验(如正确使用仪器，用图像作图法找出实验数据中的关系，规范化的实验步骤等)之外，还特别重视用科学知识和科学方法处理生活、生产中与物理相关的问题，如探究分析冰块黏手的原因、探究汤圆煮沸后上浮的原因、探讨磁卡的工作原理、探讨家中遥控器红外线穿透能力与物理材料的关系、阅读说明书并学习使用电器和仪器等，旨在让学生将所学知识实际运用到生产生活中去，真正能解决一些实践中的问题。在各版本教科书中，除了如上文列举的大的实验探究主题外，还有大量以

“做一做”“课题研究”等栏目形式呈现的探究活动，这些探究活动大多与生活实践紧密联系，如“人教版”八年级物理教科书中涉及探究要素比较完整的活动主题有 11 个①：

世界因声音而精彩；谁的声音更洪亮；儿时的游戏——黑板上的光斑；小猫照相；画家的世界；我需要热；水之旅；亮度因我改变；铁屑之舞；谁吸的回形针多；人工光明使者。

又如“教科版”物理教科书中通过“动手做”“讨论交流”“家庭实验室”等设计了大量供学生学以致用的活动内容。如：

降落伞比赛；探究声的反射与共鸣；做一架望远镜；做一架显微镜；感受压强；做一个潜艇；做一个热气球；体验力的三要素；摩擦力的大小；惯性游戏；探究液体对容器的压强；浮力产生的原因；自制水果电池；让灯泡亮起来；连接电路；模型房布线；测量通过灯泡的电流值；一个导电性检测器；让小灯泡逐渐亮起来；扩散现象；南极的冰山有内能吗；认识燃料；水的吸热与哪些因素有关；海陆风和陆海风；蒸汽机是怎么工作的；热机里的能量转化；电流的效应；开关的作用；并联电流中的电流；小鸟会触电吗；电流表和电压表；只用一只电压表测电阻；消耗了多少电能；电流过大的原因；自制电磁铁；制作一个简单的电铃；做一个小发电机；制作一个电动机；学会使用验电笔；观察家庭配电箱；观察声光控开关；探测电磁波；太空悬绳发电；婴儿的未来；预防电火灾；计算中央人民广播电台的波长；电磁波还有哪些应用；能量从哪里来；分析一种永动机；设计一个小实验；简易收发报机；将继电器改装成电铃；玩具电动机能发电吗；自制电动玩具；电磁现象中的能量转化；用家用电器“检验”电能表；用火柴烧断熔丝；制作一只会叫的电子鸟；从热水壶感受自动控制；电磁波的屏蔽；测量烧水过程中的能量转化效率。

三、提倡低成本实验

新课程中重视利用身边容易获得的材料进行实验，甚至是一些“废物”利用，这样既可以培养学生的开发创新的能力，又可以培养学生节约能源、保护环境的意识。尤其可以通过“瓶瓶罐罐”做实验，如橡皮筋、气球、蜡烛、塑料袋、手电筒、水杯、硬币、易拉罐、饮料瓶、牙膏皮等制作简单实验仪器，让学生体会到物理学的亲切感，发现身边的物理，生活中的物理，提高学生对物理学习的兴趣、培养学生的动手能力和实践能力。低成本物理实验具有成本低廉、取材方便、体验性强、实施便利等特点；低成本物理实验所呈现的现象往往新奇有趣，物理内涵丰富，具有较大的探究价值，所以低成本物理实验越来越受到高度重视。

四、强化自主学习

新课堂模糊了理论教学与实验教学的界限，要求学生在学理论的同时，动手操作的实验较以前也大大增多，真正体现了让学生在“做中学，学中做”的理念，以更好地激发学生学习物理的兴趣。在新课程物理实验教学中强调学生自主学习，在学习活动中以学生为

① 廖伯琴．物理探究活动开发与指导[M]．南京：江苏教育出版社，2012.

主，力求培养学生科学探究的兴趣和能力，着力引导学生亲身经历、体验科学探究的过程，培养学生学习的态度、情感，形成热爱科学、热爱物理，有振兴中华的使命感与责任感。

第三节 中学物理实验教学的新趋势

在过去强调的“学科中心”的物理课程与教学中，物理实验有“学术化”倾向。随着新课改的实施和逐步深入，中学物理实验教学从内容到形式都有一些新的变化趋势。

一、物理实验的趣味化

中学物理实验具有动机功能，可以激发学生学习物理的兴趣。在各版本的新课程标准教科书和各种教辅资料中，开发出了一系列多样性的趣味物理实验。此外，大量的科普丛书中也包括了很多趣味性的物理实验，如有关“热”的实验：摩擦生热、纸盒烧水、温水沸腾、压缩点燃等，这些实验既易做又现象明显，趣味十足。利用这些有趣的物理实验开展中学物理教学，可以展示物理实验的魅力，提高学生的学习兴趣，激发其学习动机。

二、物理实验的生活化

物理是一门实践性和应用性很强的科学，尤其是物理实验应联系学生的生活实际和社会实际，贴近生活，贴近社会，这也是中学物理教学改革的出发点和落脚点。因此，开发和提倡新的实验形式是极其重要的，如“生活中的物理实验”“家庭小实验”“试一试”等形式。这些实验形式一方面可以提高学生的科学兴趣；另一方面能够通过物理实验来解释日常生活现象和解决社会实际问题，知道所学知识能用于做什么和怎么做。这种课内物理实验教学和课外生活实践紧密联系的趋势符合中学物理课程的基本理念“从生活走向物理，从物理走向社会”。

三、物理实验的微型化

微型实验同常规实验相比，具有仪器简单、材料少、省时省力、现象明显等特点。由于微型实验一般取材容易，操作简单，源于生活且用于生活，因此能极大地激发学生学习物理的兴趣，有效提高课堂教学的质量。

从当今世界的物理教学改革来看，不管是发达国家还是发展中国家，都对师生利用随手取材来自行设计和制作的教具及开发低成本实验有高度认可。自制教具和自行设计的小型实验对学生来说，有亲切感和成就感，有参与的吸引力。它具有简单易行，富有创造教育的因素，且成本低廉，易于推广，必将成为一种发展趋势。

第四节　新课程物理实验教学对教师的要求

通过对物理实验内容的特点和物理实验教学新趋势的阐述，不难发现新课程对教师如何搞好中学物理实验教学也有一定的新要求，其中包括物理教师的实验技能和组织实验教学的技能。

一、中学物理教师应具备的实验技能

1. 熟练操作物理实验的技能

中学物理教师必须具备常规实验的相关实验知识并能熟练操作各项实验内容。如认识、选择和正确使用基本仪器；设计实验方案，制定实验步骤，并按照规范要求进行实验操作；处理实验数据(包括设计记录表格、正确观测与读数、分析处理数据、分析实验误差等)；撰写实验报告；排除实验中常见故障和简单维修实验仪器的技能等。物理实验的操作技能是进行物理实验教学的基础，通过对师范生的物理实验操作技能训练，可以有效地提高其实验专业素养和实验技能，提高他们在中学物理实验教学理论与方法方面的修养。通过对中学物理新课程体系中代表性实验的操作实训，以提升师范生的实验操作技能。

2. 物理实验资源研发的技能

《义务教育物理课程标准(2011 年版)》和《普通高中物理课程标准(实验)》均在“实施建议”部分专门列节对“课程资源利用与开发建议”进行了说明，都提到要充分地开发和利用实验室的丰富课程资源。一方面倡导利用身边器具做实验，重视自制教具和小型实验的开发。要求中学物理教师能利用简易材料开发实验教具，鼓励学生勇于动手和创新。如果一名中学物理教师本身热爱物理实验，喜欢自己动手研发简易器材制作教具，在教学中喜欢做实验，那么学生在潜移默化中就会喜欢自己动手做实验，甚至不时碰撞出实验的创新火花。另一方面倡导数字化实验的应用和开发，重视利用数字化实验的特点改进传统实验、设计新实验、研制教具学具，开发出一些新的实验项目等，对数字化实验系统进行创新性使用。因此，中学物理教师要在充分开发和利用实验室丰富课程资源的基础上，具有改进常规物理实验、利用实验室已有器材和日常器具设计开发新实验、研制教具与学具等技能。

二、中学物理教师应具备的实验教学技能

中学物理教师除了应具有以上的实验技能以外，还应具备实验教学技能，其主要包括以下内容。

1. 根据物理教学情况恰当地选择实验类别

中学物理实验教学的实施首先要求中学物理教师能按照教学目标要求，确定实验目的、选择合适的实验内容和实验教学形式。一般而言，按照学生主动参与实验的多少，中学物理实验可以划分为：演示实验、学生分组实验、边学边实验(随堂实验)以及课外活动实验。但随着新课程的实施，信息技术、数字化物理实验仪器不断地融入中学物理实验中，丰富了中学物理实验的形式和内容。因此，也可按物理实验中数字化实验仪器的使用与否将中学物理实验划分为传统物理实验和数字化物理实验。传统物理实验是用非信息技术的传统手段来做实验，数字化实验主要是由真实的实验装置、传感器、数据采集器、计算机及其应用软件构成的实验系统。

中学物理教师在充分了解物理实验类别，明确各种类别的实验特点、优势和不足的情况下，应具有一定的中学物理实验学习指导能力。如能在演示实验中引导学生进行观察与思考，与课堂教学密切配合；能在学生分组实验的预习、实验、完成实验报告三个环节上，进行适当的组织引导并能对学生进行有效的实验技能训练；能恰当地组织学生边学边实验，引导学生经历科学探究过程；能设计生动有趣的研究性学习课题，组织学生进行课外探索性实验研究，培养学生的基本实验能力和实验创新能力；能注重传统实验与数字化实验的有机结合等等。

2. 在物理实验教学中渗透情感、态度与价值观的目标

在中学物理实验教学中，在利用物理知识进行实验、经历实验过程并掌握一定的实验技能的基础上，应该注重逐步渗透情感、态度与价值观维度的培养目标。教师要能培养学生逐步养成严格遵守实验操作规程的习惯，逐步养成遵守实验纪律和爱护仪器设备的品格；在实验中要能培养学生有安全防护意识，小组合作的精神；通过实验教学要能培养出学生对实验研究的兴趣、耐心、毅力等。

另外，科学探究不但是重要的教学内容，也是重要的学习内容。因此，教师掌握指导学生进行物理实验探究的教学能力就成为了一个必然的趋势。教师在指导学生进行物理实验探究过程中，应注意以下几点。

(1)利用物理实验创设问题情境，鼓励学生大胆猜想和假设。在实际的物理实验教学中，教师应利用物理演示实验和学生分组实验创设问题情境，激发学生兴趣，引发学生思考，鼓励学生大胆猜想和假设。在此过程中，将实验与思维训练紧密结合，培养学生正确描述物理现象的能力，提高学生观察现象和提出问题的能力，鼓励学生勇于揭示物理现象背后的本质。

(2)利用物理实验提高探究能力，引导学生认真反思和评估。在物理教学中，不仅要重视学生实验操作技能的提高，使学生能正确使用中学物理实验项目中的仪器和工具，能够获得准确的实验信息；而且要让学生学会对实验中获得的信息进行分析处理、归纳总结，形成结论，并鼓励学生认真对实验过程进行反思评估，发展分析问题、解决问题的能力。同时，要在实验过程中培养学生如实记录实验数据、重复实验等实事求是和精益求精的科学态度，以及对实验结果的分析、判断，敢于坚持自己的观点、挑战权威的科学精神。

(3)通过科学探究关注全体，尽量让每位学生都有所收获。教师在对学生科学探究活动进行指导的过程中要关注全体学生，同时要认可学生在各方面能力的差异性，指导应具有针对性，力求让每位学生都有收获。

新课程背景下，中学物理实验教学具有一些新的特点和发展趋势，这就需要即将走上工作岗位的准教师们不断努力把握新课程改革的理念和实验教学趋势、提升物理实验操作技能和实验教学技能。

第3章　中学物理实验中的基本方法和误差分析

实验不仅是一门科学知识，也是一种基本的科学研究方法。因此，在实验教学中，教师除了教给学生有关实验原理、操作方法等实验知识外，还要有意识地向学生指出实验中蕴涵着的科学方法，从而在对学生进行科学知识教育的同时，对学生进行科学方法的培养。

第一节　中学物理实验中的基本方法

物理实验主要包括验证性实验(即再现物理现象)和探索性实验(探求物理规律)。进行各类物理实验均需使用一定的科学方法，在实验教学过程中，物理实验中的科学方法是中学物理实验教学技能训练的重要目标和重要内容。在中学物理实验中，常见的科学方法如下所示。

一、物理现象观察法

物理实验中的观察是有目的、有计划且比较持久的感知活动，是学生获得感性认识的智力条件。可以说，物理实验过程总伴随着科学观察。通过观察现象和各种实验活动，对激发学生学习兴趣，培养学生科学的思维方法和实事求是的科学态度等科学素质都具有特别重要的意义。

续佩君老师认为物理观察的步骤是：①确定物理观察的目的、对象和内容；②选择、调整观察方法；③进行观察记录；④提出质疑或新的观察计划。

据此，他将物理观察能力分成五个基本层次：①对学习物理知识的器具的观察；②对物理现象和物理过程的观察；③养成自觉观察物理现象的习惯；④在物理观察中提出质疑；⑤制定物理观察计划和表述观察结论。例如，在传授凸透镜的成像时，教师可以先采取室外授课的方式，让每个学生手持凸透镜正对太阳光，在凸透镜的另一侧光屏上找出小亮点，告诉学生此位置就是凸透镜实焦点的位置。

二、控制变量法

在一些实验中，往往存在多种变化因素，为了研究某些量之间的关系，可以先控制一些量不变，依次研究某一因素的影响，然后分析出总体关系。

例如：在焦耳定律的实验探究教学时，如果要探究产生热量和电阻的关系，应控制电流和通电时间不变。如果要探究产生热量和电流的关系，应控制电阻和通电时间不变。探究产生热量和通电时间的关系同理。

例如：探究影响滑动摩擦力的因素，如果要探究滑动摩擦力和压力的关系，应控制接触面粗糙程度不变。如果要探究滑动摩擦力和接触面粗糙程度的关系，应控制压力不变。

三、比较法

人们认识事物、区别事物主要是掌握它们的特点，而事物的特点主要是通过比较来研究的。在物理实验中，对一些物理现象或物理量，可通过比较而达到辨异求同、同中求异的目的，从而打开思路，获得解决问题的方法。

例如：在分析串、并联电路时，提出问题让学生思考，把两只标有“220 V、15 W”和“220 V、40 W”字样的灯泡 L_1、L_2 分别进行并联或串联后，接入 220 V 的电路中，判断这两种情况哪个灯泡较亮？结果可想而知，大多数学生不假思索地回答 40 W 的灯泡较亮。但通过对比实验就会发现情况并不是这样，为什么会出现与平时生活常识不一致的结论呢？这引起了学生的极大兴趣。接下来让学生进一步学习串、并联电路中电流、电压、电阻三者的相互关系及电功率的分配，至此问题便迎刃而解。

此外，中学物理中对长度、质量、时间、温度等物理量的测量，以及对事物进行定性鉴别和定量分析，用的都是比较法。

四、放大法

在物理实验中，为了更好、更方便地对实验中的一些微小量进行测量与显示，有时需对一些量进行适当的放大。放大的方法通常运用在力学、电学、光学等实验中。常用的放大法有机械放大、电放大和光放大。

利用细管液面升降放大法来显示变化细微的实验：找一个大玻璃瓶装满水，滴入几滴红墨水，瓶口用中间插有细管的瓶塞塞上，用手按压玻璃瓶，细管中的水面就上升；松开手，水面又降回原处，这说明玻璃瓶受到按压时发生形变。又如气体与液体受热膨胀实验、螺旋测微器的原理等都应用了机械放大的方法。对于一些微小电流(或是微弱电动势)可以通过光放大式低电阻检流计来放大显示。如在用单根导线切割磁感线来产生电流的演示实验中，利用安装在普通磁电系电表上的凹面镜反射和很低的内阻，通过反光点指示的偏角增大来放大显示微弱电流。

类似的实验还有微小形变的实验、卡文迪许的实验、测定金属丝的杨氏弹性模量的实验等。光学放大法还常用到平面镜、凹面镜、放大镜、显微镜、幻灯、投影、望远镜(或天文望远镜)等仪器来展示微小物体或是细微变化。

五、平衡法

一个物理系统中常存在着对立的、矛盾的双方，当双方使系统向彼此偏离的因素(或作用)互相抵消时，系统就取得暂时的平衡。在物理实验中，各种不同的平衡状况总是对应一个数学方程式，由已知量可寻求未知量。例如，探究加速度、质量与力的关系实验中，利用平衡摩擦力的方法消除摩擦的影响。

六、转换法

这是一种间接测量或间接观察的方法，对某些不容易直接测量(或显示)的量(或现象)，实验中常借助于力、热、电、光、机械等方法之间的相互转换，用某些容易直接测量(或显示)的量(或现象)来代替；或者，根据研究对象在一定条件下可以有相同的效果作间接的观察、测量。

在物理教学中，我们常常用到转化的思想方法，如磁场类问题特别抽象，所以学生难以理解，分析这类问题时通常会转换研究对象。对很抽象的电流的磁场，可以通过导线旁小磁针发生偏转来说明电流周围存在磁场，磁场方向与电流方向有关。还有电磁铁磁性强弱可以用吸引大头针的多少来反映。又如，液体压强也是非常抽象的物理量，在研究液体对容器底部或侧壁的压强时，通过观察容器上的橡皮膜形变的程度来直观反映液体压强的存在及其变化。

七、模拟法

模拟法是一种间接实验方法。有时候由于物理现象比较复杂或实验技术的难度较大，难以直接观察和加以显示控制，可改用与它有一定相似性、较易行的实验，通过模拟比较，间接地去认识和研究。

例如：在讲摩擦力的方向时，用长毛板刷来模拟物体的运动趋势；研究微观分子的热运动特点，难以让学生直接观察，则可以利用花粉颗粒(或豆奶粉)来间接反映其运动的无规则性；在确定磁场中磁感线的分布时，可以用铁屑的分布来模拟磁感线的存在。

八、留迹法

利用物理原理，把瞬息即逝的现象(位置、轨迹、图像等)直接记录下来，以便能直观地观察和能作较长时间的保留、比较、研究。

例如：演示简谐运动的图线，通过摆动漏斗漏出的细沙落在匀速拉动的硬纸板上而记录下各个时刻摆的位置，能方便、直观地研究简谐运动的图像；插针法测定玻璃砖的折射率，在白纸上留下针孔的位置，用直尺连线作出光路图，研究光的传播路径，再通过测量求出其折射率；在描绘电场中等势线的实验中，用探针通过复写纸在白纸上留下的痕迹记录等势点的位置。

九、理想化方法

实际物理现象中的研究对象、外部因素往往复杂多变，为此，实验时常可采用忽略某些次要因素或假设一些理想条件的办法，以便能突出现象的主要因素，取得实际情况下合理的近似结果。

例如：当研究地球绕太阳的公转时，可以把地球当作“质点”。在研究地球表面上物体的下落运动时，往往被视为自由落体运动，那是因为在落体运动过程中忽略了空气阻力、重力随高度变化等因素；理想化的单摆其摆线不可伸长、质量远小于摆球质量(可忽略)，摆球为匀质小球，悬点的摩擦和空气阻力均不计等；理想化的杠杆无形变，是粗细均匀的、理想的轻质杠杆，杠杆上只受到动力和阻力作用。

十、累积法

某些微小量的测量，在现有仪器的准确度内难以测准，可以通过将这些微小量积累，然后求平均就能减小误差。

例如：要测一页纸的厚度，可测若干页纸的总厚度，然后除以纸张数；测量均匀细金属丝直径时，可以采用密绕多匝的方法；分析打点计时器打出的纸带时，可隔几个点找出计数点分析；用电流的有效值替代复杂多变的交流电的效果。

十一、替代法

“替代法”是中学物理实验的重要方法。它是将测量中某些较难准确测定的物理量和易测量进行相互交换。通过替代，可以使不可直接感知的物理现象变成可感知的；使变化微小的物理现象增大可见度；使不容易直接测量的物理量易于测量；此外，替代法还可以推广到实验仪器的替代中。实验室里，缺乏某一种器具，而另一种器具有剩余，比较二者的功能，发现后者在某些方面具备前者的功能，便可用后者代替前者去完成实验。此外，有时还可用“替代法”减小实验的误差。

例如：在验证动量守恒实验中，发生碰撞的两个小球的速度不易直接测量，可用水平位移替代水平速度进行研究；测量不规则物体的体积时，可以将物体放入装满水的烧杯中，用溢出水的体积替代不规则物体的体积来测量。

十二、外推法

中学物理常用的“外推法”是在“图像法”的基础上，将图线经过适当延长，使之与坐标轴相交，然后研究其交点所赋予的物理意义及由此而说明的物理原理。

例如：在伽利略的理想斜面实验中，伽利略把斜面逐渐外推到极限位置——水平面，提出“小球再也达不到原来的高度，而是沿着水平面以恒定的速度持续运动下去”。在测电源电动势和内电阻的实验中，无法直接测量 $I=0$(断路)时的路端电压(电动势)和短路($U=0$)时的电流强度，通过一系列 U、I 对应值点画出直线并向两方延伸，交 U 轴点为电动势，交 I 轴点为短路电流。

第二节　误差分析在物理实验教学中的应用

做物理实验，不仅要观察物理现象，还要找到现象中的数量关系，需要知道有关物理量的数值，以便对相关物理现象作定量的研究。要知道物理量的数值，就必须进行测量。

事实上，任一个被测的量总有一个客观存在的值，通常把该值称为真实值(或称真值)。而在进行实际测量过程中，由于有各种影响读数的因素的干扰，使得任何测量结果都不可能绝对准确，即测量的结果不可能与真实值完全一致。我们把测量值跟被测物理量的真实值之间的这种差异叫做误差。这里，我们仅就中学物理实验教学应具备的误差分析知识作简单介绍。

一、物理量的测量

依据性质的不同，测量可分为直接测量和间接测量。用仪器直接量度被测对象叫直接测量；而将直接测量结果按照实验原理给出的物理规律进行计算，再用算出的值去量度被测对象叫间接测量。

依据测量方法的不同，测量又可分为等精度测量和不等精度测量。等精度测量是指在同人、同仪器、同方法和同环境等相同条件下进行测量；否则为不等精度测量。而测量得出的数据应包含有数值的大小和量度单位。如：0.3 m，6 V 等数据才有物理意义。

二、物理量的测量误差

在测量中影响读数的因素主要有以下几方面。

1. 被测量物与仪器的相对位置

从被测物与仪器直接接触的位置读出数据，有时必须注意它们相互位置可能会影响读数的精确度。如用温度计测液体温度，读数时液泡必须全部浸在液体之中。又如用刻度尺测量长度，要避免因发现不了的磨损在尺端引起的误差；回避由于刻度线与被测物边缘不直接相邻而带来的视差。

2. 仪器和操作人的反应时间

有些仪器对测量的物理量反应很快，如电表；有些仪器则需要一定的反应时间，如水银温度计。因此，必须在仪器做出稳定的反应后才能读数。即使是反应快的仪器，有时也需注意这一问题，如测量电容的充电电压，必须在确认指针所指的读数不再增加后才能读数。

实验操作人员由于生理和心理的原因，也有可能导致在操作时的反应时间不一样。如用停表计时，按下按钮的时刻总会稍有滞后或提前。

3. 视线

读数时视线与有关物的夹角可能引起一定的误差。如在用刻度尺测量长度时，视线应和刻度尺边缘垂直，偏左或偏右都会引起误差。类似的，在弹簧秤、温度计等仪器上读数时也可能由视线偏上或偏下而产生误差。

4. 读数

物理实验中由可靠数和最后一位不可靠数组成的近似数字叫有效数字。可靠数是借助仪器可以准确读出的数字，而仪器的最小分刻度以下的数值是人为估读出来的不可靠数，估读不可避免有偏差，且不同的人偏差不一样，就是同一个人，在各次测量读数时偏差也是时大时小。如中学实验室中温度计的分度值为 1 ℃，靠目测估计零点几度这位数，可能有 0.2 ℃的误差。

5. 仪器本身的缺陷

有些仪器由于在生产过程中工艺的粗糙导致仪器本身就有缺陷。如米尺的刻度不够准确；天平两臂不严格等长等。

误差以来源分类可分为系统误差和偶然误差(也称随机误差)。①系统误差主要是由于仪器本身不精确；或实验者的不妥观察习惯(如总从某侧读数)；或测试环境不符合仪器的正常工作要求(如温度、湿度)；或实验方法粗略；或实验原理不完善而产生的。例如，天平的两臂不严格相等或砝码不准；做热学实验时没有考虑散热损失等，都会产生系统误差。系统误差的特点是在多次重做同一实验时，误差总是同样的偏大或偏小，不会出现这几次偏大而另几次偏小的情况。因此，系统误差反映了每一次测量都偏离真值的程度，即测量结果的准确度(准确度指测量结果的平均值与真值的接近程度，接近程度越高则系统误差小)。要减少系统误差，必须校准测量仪器，改进实验方法，设计在原理上更为完善的实验仪器。②偶然误差是由于各种偶然因素对实验者、测量仪器、被测物理量的影响而产生的。偶然误差总是有时偏大有时偏小，并且偏大和偏小的概率相等，从统计规律来看，满足高斯正态分布。因此，偶然误差反映了各次误差之间的分散(或密集)程度，即测量结果的精密度(偶然误差越小，精密度越高)或可重复性。要减少偶然误差可以多进行几次测量，求出几次测得的数值的平均值，这个平均值比一次测得的数值更接近于真实值。

系统误差和偶然误差的算术和，反映了测量的可信度或精确度(指偶然误差和系统误差均小则精确度高)。

三、物理量的测量误差处理

1. 直接测量的绝对误差

在直接测量中，任一次测量值 x_i 与真值 x_0 的差的绝对值叫绝对误差，即绝对误差 $\mathrm{Ab}=|x_i-x_0|$。计算 n 次测量的绝对误差的简单方法，是对各次测量的绝对误差取算术平均值，即算术平均绝对误差。算术平均绝对误差 $\overline{\mathrm{Ab}}=\dfrac{\sum\limits_{i=1}^{n}|x_i-x_0|}{n}$。算术平均绝对误差的单位和被测对象一样，因此，$\pm\overline{\mathrm{Ab}}$ 表示的误差范围与 n 次测量值的平均值 $\bar{x}=\sum\limits_{i=1}^{n}x_i/n$ 的代数和 $\bar{x}\pm\overline{\mathrm{Ab}}$ 就表示了被测对象的值可能存在的范围。由于 $\bar{x}$ 的末位数字已是

可疑数字，根据算术平均误差的作用，则$\overline{Ab}$只需保留至$\bar{x}$可疑数字位，如(12.7±0.1)mm，(132.47±0.42)mm 等。

2. 直接测量的相对误差

绝对误差与真值的比叫相对误差 Re。相对误差可以用小数表示。更常见的是将小数写成百分数。用百分数表示的相对误差简称百分误差 Pu。表示相对误差的另一种方式是将小数写成分子是 1 的分数，叫做精密度等级。

例如：由测量一个棒长的 10 次数据算出其平均值，为 $\bar{l}=12.5$ mm，$\overline{Ab}(l)=0.1$ mm，则可以说这次棒长测量的相对误差 $\mathrm{Re}(l)=\overline{\mathrm{Ab}}(l)/\bar{l}=0.1/12.5=0.008$。也可以说这次测量的百分误差 $\mathrm{Pu}(l)=0.008\times100\%=0.8\%$；也可以说这次测量的精密度等级为$\frac{1}{125}$ $\left(0.008=\frac{8}{1000}=\frac{1}{125}\right)$。

相对误差是一个没有单位的数。它可以比较对不同实验对象(无论单位相同的还是不同的)进行测量的质量好坏。下面的例子可以说明即使被测对象的单位没有改变，只有绝对误差也是不够的。当测量一个更长的棒(例如 125.0 毫米的棒)时，测量的算术平均绝对误差完全可能与上例一样，也恰为 0.1 毫米。但这次测量的相对误差就要减小到 0.0008，即在数据密集程度上，测量质量比上一次要高出很多。

可见，在相同的条件下为了提高测量的准确程度，应该考虑尽量减少相对误差。例如，在用打点计时器测量平均速度时，要选择长一些的位移；用停表测量摆的振动周期时，应当累计测量几十次振动的时间，然后除以振动的次数。又如，测量一个 30 克左右的物体的质量，选用感量为 0.1 克的天平，相对误差约为 0.3%；而测量 300 克左右的物体的质量，选用感量为 1 克的粗天平也就可以了，此时的相对误差也只约为 0.3%。

3. 间接测量的误差

间接测量的误差是各直接测量物理量的误差的传递与合成。各类误差在传递与合成中性质不变，如仪器误差传递与合成后仍为仪器误差。因此，用各直接测量的总误差就可直接求出间接测量的总误差。一个具体的间接测量的误差究竟如何由各直接测量的误差传递与合成，完全取决于所使用的物理公式。由该公式找到它们之间的具体关系要借助全微分公式和偏微分的计算。间接测量结果也用间接测量得出的物理量的值与间接测量的总误差表示，其具体方法和直接测量结果的表示相类似。在求间接测量物理量的真值替代值时，要代入各直接测量的物理量的平均值进行计算。

例：设有两个直接测量的量及其绝对误差分别为 310±2 与 20.0±0.5，则用其组成的间接测量，如(310±2)×(20.0±0.5)的处理方法如下：

分别计算每一个测量的相对误差：

2/310=0.6%　　0.5/20.0=2.5%

分别计算有效数字的积与相对误差的和：

$310\times20.0=6.2\times10^3$　　0.6%+2.5%=3.1%

计算积的误差范围：

$6.2\times10^3\times3.1\%\approx192$

最后结果为：$6.2\times10^3\pm192$

4. 有效数字

物理实验总是有误差的，所得的结果是近似数。对于一般的刻度式仪器仪表，如刻度尺、指针式电表等，可以简单的认为，能在最小刻度上直接读出的数值是可靠数字，最小刻度以下还能再估读一位，但这样估读出的数字是可疑的，这样得到的结果中就包括了可靠数字和一位可疑数字。例如，用带有毫米刻度的尺测得课本的长度是 26.12 厘米或是 0.2612 米，其中最末一位数字 2 是估计出来的，是不可靠数字，但是还是有意义的，仍要写出来，因为它表示书的末端在 26.1 厘米和 26.2 厘米两条刻线之间，但离 26.1 厘米刻线稍近一些的位置。这种带有一位不可靠数字的近似数字，叫做有效数字。对于游标式的仪器，如游标卡尺等，所得到的结果是直接测出的，都是有效数字。数字式仪表仪器上所显示的数字也都是有效数字。其中从左边第一个不是 0 的数字起，到精确到的数位止，所有数字的个数叫做这个有效数字的位数。

在有效数字中，数 2.5、2.50、2.500 的含义是不同的，它们分别代表二位、三位和四位有效数字。数 2.5 表示最末一位数字 5 是不可靠的，而数 2.50 和 2.500 则表示最末一位数字 0 是不可靠的。因此，小数最后的零是有意义的，不能随便舍去或添加。但是，小数前面的 0 是用来表示小数点的位置，不是有效数字。例如，0.92、0.085、0.0063 都是两位有效数字。为了正确表述有效数字，特别大或特别小的数字都要用科学记数法，即写成有一位整数的小数和 10 乘方的积的形式。例如大的数目，如 131000，如果不全是有效数字，就不要这样写。如果是三位有效数字，就写成 1.31×10^5；如果是四位有效数字，就写成 1.310×10^5。必须注意的是，在进行单位换算时必须保证有效数字的位数不变，这样就要采用科学计数法。如 3.20 厘米，可以写成 3.20×10^{-2} 米，也可以写成 3.20×10^4 微米，但不能写成 32000 微米(知道为什么吗?)。

许多物理量是从直接测量结果计算出来的。测量结果既然是用有效数字表示的，在计算中要遵守有效数字的一些运算规则，这里只作简单的介绍。

(1) 不可靠数字与别的数字相加减，相乘除，所得的结果也是不可靠的。

(2) 最后的计算结果只能保留一位不可靠数字，但计算过程中可以保留两位不可靠数字，以防止多次取舍引入计算误差，运算后再四舍五入。如参与计算的常数(如 π、$\sqrt{2}$ 等)，就可取比按有效数字运算规则规定的多保留一位。

(3) 尾数的舍入法则。现在通用的法则是尾数凑成偶数：尾数小于五则舍，大于五则入，等于五则把尾数的前位凑成偶数。注意“尾数”是指要舍去的所有部分的值。例如：

1.2350 取三位有效数字则为 1.24(“50”前一位数字要凑成偶数，则入)；

1.2450 取三位有效数字则为 1.24(“50”前一位已经是偶数，则舍)；

1.2451 取三位有效数字则为 1.25(要舍去部分“51”比“50”大，则入)；

这种舍入法则的依据是，这样做以后使尾数入与舍的几率相等。

(4) 实验后计算误差的，应当由绝对误差决定有效数字。一般情况下误差的有效数字只取一位，因此只要将测量值有效数字的末位与误差的位置取齐就可以了。例如，用单摆测得某地的重力加速度为 $g=981.2\pm0.8\ \text{cm/s}^2$。

（5）根据相对误差的定义和有效数字运算规则，相对误差也应只保留一位有效数字（精密度等级的表示法除外）。但当绝对误差或相对误差（不含精密度等级）中的有效数字是很小的数时，可再保留一位有效数字，以反映误差的发展趋势。这常见于有效数字是 1 或 2 的情况，如 Ab=0.15 m/s 或 Pu=2.4%。

第 4 章　中学物理实验教学的组织

在中学物理的课堂教学中，主要的中学物理实验活动有：教师演示实验和学生分组实验。其中，教师演示实验是主要由教师在课堂教学中完成的一些实验；学生分组实验可以是在课堂教学中学生边学边实验，也可以是学生到实验室专门就某课题进行实验研究。在本章重点阐述教师演示实验和学生分组实验中的教学组织形式。

第一节　教师演示实验的教学组织形式

演示实验是指在课堂上主要由教师操作，并通过教师的启发引导，帮助学生对实验进行观察思考，以达到一定教学目的的实验教学方式。该过程的操作表演者主要是教师，但有时为了方便演示或调动学生积极性，或便于纠正学生错误操作等目的，也可让学生参与教师操作或学生单独操作。

一、演示实验的教学技能要素

根据教学的需要，演示实验可以用于课堂教学的各个阶段：在课题引入阶段，演示实验的主要目的是为了激发学生的兴趣，引起学生的认知冲突，激发学生的学习欲望；在课题展开阶段，演示实验的主要目的是让教师引导学生对物理对象的属性或关系进行探究，通过对感性材料的研究，概括出物理概念或归纳出物理规律；在知识深化阶段，演示实验的主要目的是为了巩固、应用物理概念和规律，因此比较注重实验的思考性，注重理论知识与生产生活实际的联系。

但是，不管演示实验用于课堂教学的什么阶段什么内容，其基本的教学技能要素归纳起来无外乎以下几条。

(1)引导。在演示实验前教师要进行充分的引导，其引导的方式常常是通过创设一定的物理情境来提出问题以明确演示的目的和明示学生要观察的要点。

(2)分析。在实验过程中教师要进行恰当的分析，其分析的方式有：①对现象明显、易得结论的实验，先分析后演示；②对实验现象出乎学生意料，学生一时无法解释的实验，先演示后分析；③对复杂的实验，采用边演示边分析的办法。

(3)总结。演示实验不能只让学生看个“热闹”，还要让学生有知识或能力上的收获。因此演示实验后教师的总结就尤为重要。其总结的基本方式是在实验基础上，通过对各种现象的详细分析、比较、抽象、概括、归纳、演绎和判断，弄清因果关系，寻找规律，得出结论。

二、演示实验的基本教学组织形式

要让演示实验的教学功能真正有效的突显出来，还必须在演示实验中从学生和教学的实际出发，选择恰当的演示实验的教学形式。

1. 常用的基本教学组织形式

(1)引导观察－归纳总结。教师通过改变实验条件进行多次演示，从而引导学生在观察的基础上归纳总结出物理规律。

(2)知识分类－演示对比。在学习有些新知识时，可从学生已学知识入手，进行合理的分类，做一些对比演示实验，以加深学生对新知识的印象和理解。通过对比实验，有利于突出区别和联系，突出不同与相同，这样既学了新知识又巩固了旧知识。

(3)分步演示－逐层剖析。有的实验不能一步直接演示完毕，而要分步演示，逐层解剖深入。如演示感应电动机的原理；演示常用电容器的结构原理等。

(4)模拟演示－建构知识。限于实验条件，有些演示实验可以借助模型、挂图及多媒体技术模拟演示，恰当的运用模拟演示，甚至可以达到实物达不到的效果。特别是多媒体技术，可以演示实物不能做到的实验，如：天体的运行、电流的形成、风洞的模拟等。这种形式可以通过恰当地模拟演示，以启发学生建构正确的知识体系。

(5)创设情境－科学探究。针对一些教学问题通过教师的启发引导，创设合理的问题情境，帮助学生思考并进行科学探究，以达到相应教学目标；或是由学生分组讨论提出方案并设计演示实验，鼓励学生积极参与到教学中来，老师仅对不同的演示实验加以评价总结。

2. 注意问题

在演示实验教学中，不管采用哪种教学组织形式，都应该注意以下问题。

(1)教师在设计演示实验时要注意“新”“奇”“趣”。演示实验应是常做常新，不是熟悉现象的简单重复，而是另辟蹊径，有悖“常理”，引起学生的兴趣和情感反应，并主动思索。

(2)演示实验要有针对性，明确教学目标和演示目的。让学生带着问题来观察演示实验，分析演示过程，积极参与思考和总结。例如，同样是抽纸实验，纸条是快抽还是慢抽呢？如果是用以说明物体的惯性问题就应该快抽；如果是用以说明动量的变化决定于冲量的大小，就应该既演示慢抽又演示快抽，以利于比较说明。

(3)演示实验要有直观性并有效突出实验内涵。要使呈现出来的物理现象增大可见度，让尽可能多的学生都能看清楚(包括看清操作步骤、看清现象及其变化等)，所以演示实验要求实验装置大型化、简单化，操作方便，安全可靠，突出其基本的结构原理，而不被那些次要的复杂结构所干扰。演示实验的显示要求清晰醒目，对比度大，观察目标突出。例如，教师有时也需注意穿色调与仪器颜色相差较大的衣服。

(4)演示实验要有稳定性。实验装置要牢靠稳固，经得起反复操作和轻微震动，要有很好的现象重复性，达到一做就能成功的程度。

(5)演示实验时要严格按照操作的规范和程序，起好示范作用。比如，如何接电路？如何调节天平？如何取放砝码？等。教师应该在演示时起良好的示范作用，有利于培养学生的实验习惯和实验技能。

(6)演示实验要选择适当的活动方式。根据实验内容的不同，选择不同的方式，以达到事半功倍的效果。其活动方式通常有：教师演示、师生共同演示和学生小组演示。教师演示是指演示的准备与呈现过程由教师独自完成，它的优点在于便于组织，能呈现较为复杂的、不易成功的和有一定危险性的实验；师生共同演示是指学生协助教师呈现演示，其优点是更能吸引学生的注意力、观察力，易引发思维的碰撞，它适用于难度不大的演示实验；学生小组演示是指学生分成小组分别帮助教师进行演示，它的优点是能吸引更多学生的积极参与，其活动方式适用于更简单的实验。

实践证明，演示实验教学过程中，要将学生的思维引入教师精心设计的轨道，要调动学生的学习兴趣，还可以在实验过程中精心设计一些模棱两可、似是而非的问题，激发学生的思维，活跃课堂气氛，以达到最佳教学效果。

例如：在酒精灯上洒钠盐观察肥皂薄膜干涉实验，当学生从正面观察得津津有味时，教师可以出其不意地提问："从肥皂薄膜的背面是否也能观察到光的干涉条纹？"于是展开讨论，这样再一次强化了肥皂薄膜干涉条纹的成因，从而使学生印象深刻。

当然，演示实验也有其不足之处。首先，演示实验一般是学生看教师动手做，学生边听教师讲边观察，顺着教师思路被动思考的课堂过程。由于教师具有较高的实验技能，课前准备充分，实验结果都较理想，无形中就会使学生"迷信权威"。其次，演示实验中学生亲自动手操作的机会较少，有时可能会对教师的操作结果产生怀疑。其三，由于时间紧，教学过程中教师为完成教学任务，往往急于得到演示实验结论而忽略引导学生对现象的观察，更谈不上分析研究过程与思想方法的渗透了。

第二节　学生分组实验的教学组织形式

学生分组实验的类型有技能训练性实验、验证性实验、测量性实验、设计性实验和科学探究性实验等。不同类型的学生分组实验有其不同的特点，在实际教学中，可采用不同的教学组织形式。

一、讲解－实验－综合分析

这种教学组织形式是指教师先对实验相关内容进行讲解，然后学生进行实验，最后由教师引导学生进行综合分析得出实验结论。其形式常可以用于测量性实验和验证性实验。

测量性实验是指利用测量工具、仪器仪表对某物理量进行直接或间接测量，是以帮助学生加深对这些物理量的理解为目的的。所以，可以采取教师先通过讲解引导学生分析所测物理量的性质、特点和确定实验方案等，然后学生依照实验方案进行具体操作得出数据，最后学生在教师指导下进行数据的分析处理。

验证性实验是以验证已知常数或规律，以及学习实验检验方法和技能为目的的。所以，教师应先较详细讲解相关理论知识；然后让学生通过具体的实验去验证物理规律；实验后教师指导学生进行综合分析，包括实验方法与技能、理论与实验等方面，从而加深学生对物理规律的理解和认识。

(1)在采用这种教学组织形式时，教师的启发讲授应主要集中在：①引导学生正确理解实验目的和实验目标。②启迪和辅导学生按照规范操作要求把握实验要领。③提示和引导学生进行定向观察和有序操作。④适时、灵活随机地纠正学生的错误操作和解答学生实验中的疑难。⑤引导学生根据实验事实和现象进行科学总结概括。

(2)在讲解时应注意以下几点：①要言简意赅，切中要害，点明主题，不可模棱两可，时间控制在 8～10 min。②要启发引导学生主动思考问题，采取循循善诱的方式进行。最好能在课前布置相应的预习思考题，让学生有时间思考和查阅资料。③用简单的指导语提示操作环节，便于学生实验。比如以思考题的方式先让学生结合操作思考，然后给出简单的提示性答案。④实验教学中切忌教师一次性强调到位(包括学生可能碰到的问题和困难)和一开始就解释原因，使学生非常“顺利”地一次性掌握。

值得特别指出的是，对于初中的很多测量性实验和验证性实验实验教学来说，实验本身安全系数较大、难度不大但实验内容对于初中生来说较生僻和分散，再加上学生年龄较小、自控能力较差，所以这时适合把实验内容分成若干段，由教师讲解一段，学生实验一段，然后再讲再实验，最后进行综合分析。例如初中生用天平测量质量，由于大多数初中生是第一次接触天平，新鲜而陌生。此时可以把实验分成两大段进行实验教学：第一大段主要讲解天平的结构，引导学生观察、认识、讨论交流并记住天平的结构。第二大段主要是由教师示范讲解如何正确使用天平，然后由学生实验操作，反复练习正确使用天平。

二、示范－练习－师生总结

这种教学组织形式是指教师先示范演示，然后学生反复练习操作并进行简单的实验，最后由教师和学生共同来总结相关内容。其形式常可用于基本技能训练性实验，其实验内容通常是掌握常规仪器的操作使用方法或某种装配技能或读数方法等，如：刻度尺、天平、游标卡尺、电火花打点计时器等相关实验。

“示范演示”在此实验教学中起着独特的作用，教师或指定学生进行的规范演示，为学生提供了视觉形象和模仿的模板，对学生的实验操作规范化以及形成严谨的学风和良好的实验态度都有较大的影响。当然，有时为了加深学生的印象，也可以进行一些精心设计的特意操作，如错误的操作所引发的现象、正确方法和错误方法的对比演示等。因此，实验教学中的示范演示可以分为：引导示范演示、矫正示范演示和总结示范演示。

引导示范演示是新实验操作开始时为学生做出的操作示范，目的在于为学生提供模仿的样板，便于教师结合示范操作扼要介绍实验操作要领和操作注意事项。教师在进行引导性示范时，应注意示范的高质高效，并结合操作要领讲清正确操作的根据和原理。

矫正示范演示是教师在学生出现错误操作后，再次向学生进行的示范操作。教师应注意有针对性地帮助学生分析错误操作的原因及其可能带来的不良后果，并及时要求学生进行操作上的矫正与改进。

总结示范演示是配合实验片段告一段落或整个实验结束时进行的一种终结性示范。教师应注意引导学生尽可能自己总结概括出各个实验的规律、方法、技巧、结果和创新之处等，必要时进行画龙点睛的总结和示范。

实验示范演示时，可以是教师的亲自操作示范演示，也可以是学生之间的交流示范演示，还可以选择加入一些合适的多媒体(如：图片展示、动画模拟演示、视频播放、远程实验等)。此种教学组织形式中应注意以下几点。

(1)在“示范”阶段，演示者应注意：①操作规范，准确无误，动作协调，快慢适中；②操作力求严谨，尽量与教科书内容一致，若有创新之处要加以说明；③照顾到前、中、后排所有学生的观察，注意演示实验的可视性；④配以简明的语言、和蔼可亲的语气、和谐轻松的演示氛围；⑤保持演示台(或桌)上整洁干净，避免演示台上“脏、乱、差”，以免给学生造成不良的第一印象，失去观察模仿的兴趣。

(2)在“练习”阶段，要求师生做到：①每个学生都要动手操作，反复多次操作，直到较熟练掌握；②教师要不断巡视，及时对学生的问题进行纠正或提示；③鼓励学生边练习边总结方法和操作技巧。

(3)在“师生总结”阶段，要求：①尽量让学生总结，学生可以边操作边总结；②对一些重要的内容或是学生易错的地方教师要注意强调。

三、引导-探索-总结归纳

这种教学组织形式通常是学生在教师的一步步引导下，探索实验方案或方法，通过实验测得有关数据，再对数据进行处理、分析，总结归纳出“新”的物理规律，其形式常可以用于科学探究性实验。科学探究性实验是以在已有知识基础上探究“新”的物理规律或是学习探究方法为目的的。在新课程中，增加了很多探究性课题，尤其是初中物理中有很多探究实验项目。这些探究实验可以是在课堂教学中随堂完成，也可以专门到实验室中完成。此种教学组织形式中应注意以下几点。

(1)对于有一定难度的探究性实验，可以在学生实验时及时给予恰当的指导。这种指导主要放在学生实验的中后期。①实验中期指导是针对学生做实验的过程中遇到疑难问题或背离操作规程时教师给予的指导。这类指导的针对性一定要强，对疑难问题宜采取启发诱导方式；对操作中的难点，宜让学生重复操作，在操作中予以及时指导；对某些危险性实验操作，应讲清道理并给予示范。②实验后期指导是指学生完成实验后由教师所做的评价性指导，这类指导要言简意赅，着重面对普遍性、倾向性的问题进行全班指导或分层指导。

(2)对于一些简单的探究性实验，可以完全放手先让学生自己独立完成，最后只需师生共同归纳总结。但为了提高课堂教学的有效性，教师在学生实验前要提出明确的实验要求：如何进行针对性、目的性的科学观察？观察什么实验现象？如何准确记录、整理、比较实验数据？如何用一定的数学方法与模型分析实验数据？最终可以得出什么实验规律？等。当然，这种方式比较适合学生组织纪律较好、对物理实验兴趣较浓、学生自主实验能力较强的班级采用。

四、问题—设计—实验求证

这种教学组织形式通常是教师提出实验内容，学生根据给定的器材仪器或是在开放实验室里任意选取器材仪器来设计实验方案并实验得出结论。在此过程中教师可以给出建议或提示。这种形式显然用于设计性实验。设计性实验是让学生根据实验目的，运用掌握的物理规律、实验方法，选择熟悉的仪器、器材自行设计实验方案并予以实施的实验。

在实际课堂教学中，由于时间比较紧，往往是一些比较简单的设计性实验，并且只对实验中的部分环节要求学生来设计。而对于较复杂、较难的设计性实验，通常是安排有能力的学生在课后完成。在这种教学组织形式中，教师要注意根据学生的情况选取合适的设计课题并加以适当的指导，鼓励学生要有大胆的创意。同时要注意强调安全意识，尤其对于学生在课外进行的设计实验，实验前教师一定要先检查学生的实验方案，评估安全系数后方可让学生去操作。

五、小　结

以上这些教学组织形式有时也需要随着学生在实验中的状态变化、实验完成的情况等进行变通，将以上几种形式交叉组合随机应变的灵活使用。

在各种不同的教学组织形式中，教师的讲授是组织实施各种实验教学的必要环节，因为若教师能在恰当的时候运用有声的语言、无声的文字、辅以形体动作的示范和多媒体辅助教学，那么就有利于激发学生积极地思维活动和引导学生实验的安全开展。

第 5 章 中学物理实验教学设计及教案

在新课程的课堂教学中，加大了物理实验的教学，模糊了实验教学和理论教学的界限，尤其是初中物理课堂，几乎每堂课都有物理实验，每个概念和规律的教学都强调通过实验的教学形式让学生主动获取。因此，往往教师备一堂课主要是在备实验教学。要备好中学物理实验教学，需要考虑以下内容。

第一节 中学物理实验教学准备

一、备教科书

备教科书就是认真对教学内容、教学资源作分析与准备。具体来看，可以从以下几方面着手。

1. 课程目标

课程标准在知识与技能、过程与方法、情感态度与价值观三个维度上提出了物理课程的具体目标。在教学中，课程目标的三个维度不是相互孤立的，而是融于同一个教学过程之中。在确定某一节的具体目标时，应当考虑：一般目标与具体目标相结合、集体目标与个人目标相结合、难度适中、便于检测。

值得注意的是，教师在对教学中某一个主题进行目标分析时，往往容易偏重于知识与技能目标，而忽视其他两维目标。即使对知识、技能目标分析时，也容易侧重于具体的知识点，而忽视从知识结构和相互联系的视角来进行分析，以及从统一的科学概念、规律和原理进行分析。在实验教学中，尤其要认真分析过程与方法、情感态度与价值观目标，界定清楚需要学生经历什么样的过程，掌握什么样的方法，培养什么样的情感态度价值观等。教师只有通过努力挖掘课题的深层次、多元化的教学目标才可能更好的理解物理教学中物理实验设计的重要性。

2. 教科书内容

教科书是教学的主要内容的呈现，分析教科书内容是教学设计的重要环节。要搞好实验教学，就要对教科书作全方位的分析。教科书分析的基本流程如图 5-1 所示。

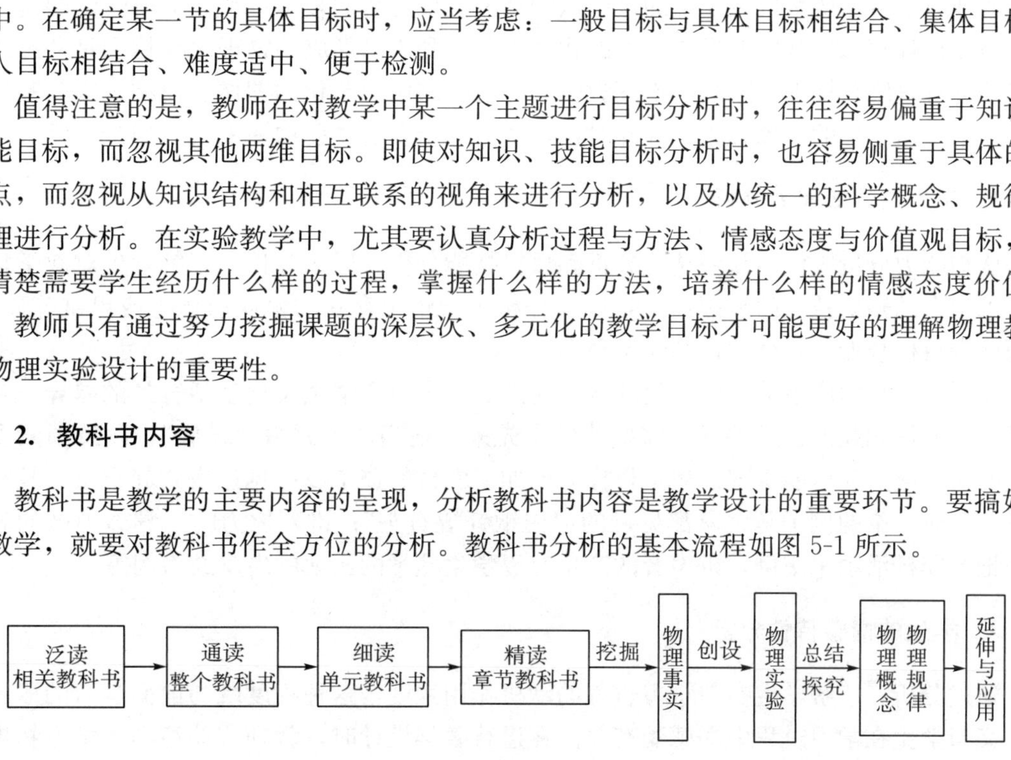

图 5-1 教科书分析的基本流程

在以上各个环节中，注重剖析教科书内容在各层次上的教育目标和相互间的联系，尤其是物理实验在教学内容中的地位和作用，做到心中有全局，笔下能细化。

3. 教学资源

教科书已不是唯一的教学资源。在对教科书进行分析的同时，还应尽可能的利用杂志、网络、书籍等渠道来开发和利用教学资源。比如：利用身边器材自制教具进行实验；利用网络资源收集相关信息资源；利用多媒体技术优化和丰富课堂教学；利用视频资料再现真实的物理情境等。

二、备学生

学生是教学的主体。教学设计要以学生的发展为中心，以学生的学习为中心。注重从学生的生理特点和心理特点出发，激发学生的学习兴趣和动机，切实给他们提供参与教学活动的时空条件；注重从学生心理发展的角度来分析和处理教学过程中出现的矛盾和问题；注重学生的个性发展和创造能力的挖掘。在进行教学设计时，主要分析学生的以下几方面。

1. 学生的认知特征分析

认知特征包括学生的感觉和知觉的理解性和整体性。通过分析，了解学生学习过程中对物理表象的正确性和准确性、物理思维的概括性和逻辑性的学习情况。在进行教学设计时，教师应该根据所教班级学生的这些认知特点设计合适的教学过程。值得强调的是学生通常是在物理感知的基础上形成正确的物理表象，利用已形成的物理表象特别是动态的物理表象进行思维和推理。因此，物理教师应尽可能采用形象化的图像、模型、实验和生动的描述来丰富学生的物理表象，并即时纠正学生的错误的“前物理表象”“前概念”等。

2. 学生的认知能力分析

认知能力分析应包括预备技能分析和目标技能分析。通过分析，了解学生对教学目标中要求学会的知识技能的掌握情况，以及分析了解学生存在的错误前概念或思维障碍等，从而确定目标技能是否合适，如何调整等。

作为物理教师应该关注中学生的认知起点。因为每个学生文化生活背景的差异，会对物理学习的认知起点造成差异。需要我们事先采取适当的方式去“摸底”，以致预测多数学生的认知起点和可能实现的教学目标。比如，农村的孩子没有见过塔式起重机，教师讲杠杆原理时，举的例子是大家都见过的“用钢钎撬石头”；讲摩擦力时，彝族地区的教师以火把节爬杆活动来举例；讲声音的产生时以学生熟悉的当地的牛皮鼓为例等。

3. 学生的情感特性分析

通过分析，了解学生参与学习过程的动机作用程度，这种程度既与前面学习的成就有关，又与学生在学习过程中的感受有关。在进行教学设计时，教师应关注学生学习物理的情绪状态，了解他们对物理世界探索的兴趣和好奇心，及时克服学生在学习物理过程中遇到的挫折或内心冲突，帮助学生感受物理学理论、概念、规律、结构、方法和语言的简单美、对称美、和谐美。同时，教师可以在总结前面知识的基础上，对新知识的学习特性进行分析，从而对学生的情感作出预测。

三、备教师

随着课改的进一步推进及新课标教科书的实施，物理课程要求中学物理教师是一个创造者、引导者、解惑者，是学生的合作伙伴，是学生学习的促进者。因此，在自主学习、合作学习与探究学习为主的课堂教学中，物理教师在教学中的职责是：①帮助学生检视和反思自我，明确自己想要学习什么和获得什么；②帮助学生寻找、搜集和利用学习资源；③帮助学生设计恰当的学习活动；④帮助学生发现他们所学东西的个人意义；⑤帮助学生营造和维持学习过程中积极的心理氛围；⑥帮助学生对学习过程和结果进行评论，并促进评价的内化。

要做一名合格的中学物理教师，应具备一些必需的知识条件：①坚实的物理专业知识基础；②熟悉中学物理教育目标体系，深刻理解物理课程标准；③了解物理知识结构、物理科学过程(物理学史)和物理文化；④学习必要的心理学的基本概念和原理；⑤熟悉中学物理教学过程和教学策略等。

作为中学物理教师，在进行教学设计时，我们应当自问：应该教什么？怎样教？为什么这样教？比如，对每节课，事先要拟出“三维”教学目标。如果哪一部分的内容，自己还把握不准，可以请教别人或参阅大量的参考书。努力使选择的内容既符合“新课标”要求，又切合学生实际。需要做的演示实验、需要表述的科学方法、需要补充的科学史实，都事前做充分的准备。尤其是物理实验一定要在课前自己亲自做一下，不要想当然的以为没有问题……这是在“教什么”方面备自己。

对该节课，需要创设什么样的物理问题情境、举什么样的生活实例？怎样在课堂上调动学生的积极性？什么样的板书板画、例题作业更符合学生的认知水平，更具针对性？……思考这些问题，是在“怎样教”方面备自己。

教学设计中的思考：我这样做能不能引起学生的注意和兴趣？符合不符合学生的认知心理和认知水平？能否让学生体验过程和方法？能否让学生领悟其中的科学美并能鉴赏美？……这是在“为什么要这样教”方面备自己。

第二节　中学物理实验教学设计的呈现——教案

教师在进行课堂教学设计的初期，想的东西往往是不定型的，只有写出来的教案才算是有型的教学设计。编写教案是把精心设计的教学方案定型化的过程，教案是教学设计的书面呈现方式，是教师备课的总结和上课的依据，也是检查备课质量和教学效果的参考。认真编写教案是积累资料、提高业务水平和教学能力进而提高教学质量的手段。教案的形式可以多种多样，但其中的基本内容一般应有以下内容。

1. 课题、课型、授课时间

课型是指该节课的教授类型。一般有新授课、实验课、习题课、复习课、讲评课等。

2. 教学目标

从学生角度阐述其应该达到的知识与技能、过程与方法、情感态度与价值观三个方面的目标。

3. 教学的重点、难点和关键以及重难点的处理策略

略。

4. 实验器材

说明实验器材套数和规格，以供实验教师准备或自己准备。

5. 教学过程

教学过程是教案的主要部分。在陈述教学过程前，可以简单阐述教学设计的理念或是呈现教学流程图。

1)教学过程的陈述内容

(1)教学步骤。写出所有步骤及每个步骤要完成的教学任务和计划用的时间；画出实验简图，写出实验步骤；写出概念公式的分析、推导过程；写出例题的分析、解题过程。

(2)导语和过渡语。导语即导入新课的引言。过渡语是课堂教学过程中从一个教学环节向另一个教学环节过渡，或从一个知识点向另一个知识点过渡时，教师的讲课语言。教案中写下精心设计的导语和过渡语，上课时教师才能做到简练、自然得体，避免啰嗦、脱节等现象发生。

(3)板书的内容及时机。板书的内容随着教案的编写，写在教案中，避免课堂教学板书的随意性；并注意什么时候讲述或与学生交流，什么时候板书才恰当。

(4)主要的教学活动。主要的教学活动如提问、实验、讨论、课堂练习等，既要写教师教的活动，也要写学生学的活动。

(5)课堂小结。包括教师引导学生小结和教师归纳总结，强调重难点。

(6)课堂训练题和作业题。包括题目和解题过程，作业题所在页码、题号等。

(7)板书设计。即板书有什么内容，写在什么位置，用什么颜色的笔写，用什么符号标记等。

(8)教学札记。它包括教案的执行情况，学生的反映，教学中出现的没有事先预料的问题，启发的灵感等。

2)教案分详案和简案

前边罗列的内容是详案的内容。实习教师、新教师必须写详案，甚至写成讲稿。这样有助于稳定上课情绪，即心中有底、讲课不慌。当然，所罗列的每一项内容，不一定每一项都必须照套，其中应有教师的创造性工作，须具体情况具体处理。但事前尽可能考虑周全是必要的。简案只写要点，一般是有经验的、课堂监控能力较强的老教师才这样做。

在动手编写教案之前，应该明确学生的学习目标是什么，学生要学什么，教学程序和教学方法是什么，设计理念是什么等。教案的编写通常包括选课题、定教学目标、做具体设计、检查修订等环节。教案是对教学设计的具体化，其格式有多种，编写者可根据自己的习惯和实际情况有所调整，下面列举两种表格形式的教案格式供参考。

教案格式 1：规范型，常供新教师或是考评用

课题		讲课人/课时	
教学目标			
重点难点			
教学环节	教师行为	学生行为	媒体使用
评价：（包括课后自我评析、老师和学生的评价和建议等）			

教案格式 2：简约型，常可供有经验的老师主要针对知识点呈现设计

设计思路				
知识点	教学情境设置	教学媒体	学生行为	设计意图
（知识点 1）				
（知识点 2）				
（知识点 3）				
教学反思				

教案示例①：

课题	向心力	讲课人/课时	××/1 课时
教学目标	知识与技能：理解向心力的概念及特点；掌握向心力的表达式。 过程与方法：通过本节课的学习，培养学生实验能力、分析归纳能力。 情感态度与价值观：通过科学探究，培养学生的合作精神和尊重事实，实事求是的科学态度。		
重点难点	教学重点：理解向心力的概念，掌握向心力表达式。 教学难点：向心力的概念，向心力是一种效果力。		
教学环节	教师行为	学生行为	媒体使用
实验引入	向学生展示一个装有茶水的透明小桶。请学生思考：采用什么方法能让小桶底朝天翻转过来时，桶里的水不撒出？鼓励学生大胆提出自己的想法并上台加以尝试。（2 min 左右）	观察并思考：小桶在竖直面内做圆周运动的过程中，当小桶开口向下时，水为何不撒出呢？	装有茶水的透明小桶——水流星

① 改编自：廖伯琴. 物理学科探究主题开发与指导［M］. 南京：江苏教育出版社，2012.

续表

探究向心力的特点	演示实验(实验装置图 5-2-1 所示)： 1)转动玻璃管，绿色小球飞出玻璃管，红色小球仍做圆周运动。2)继续增大转速，当转速达到一定值时，红色小球破纸而出。 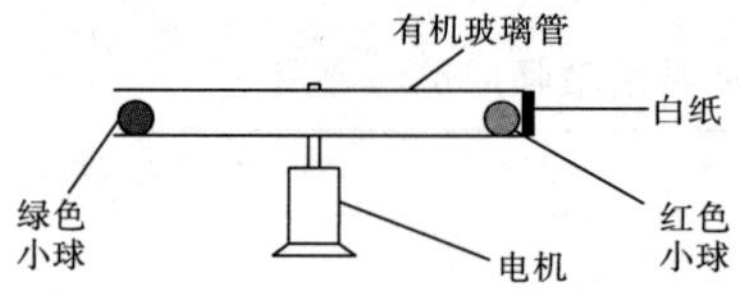 图 5-2-1 通过实验观察，首先引导学生讨论以下两个问题： 问题1：当绿色小球飞出玻璃管时，红色小球为何仍做圆周运动？ 问题2：当转速增大到一定值时，红色小球破纸而出。纸破之后，红色小球为何不再做圆周运动了？ 问题3：纸对小球的力总是指向哪？ 问题4：该力的方向与速度方向间存在什么特点？ 问题5：该力对速度产生了怎样的作用效果？ 做圆周运动的物体需要向心力，那么向心力从何而来呢？教师继续引导学生加以分析。 问题6：小球做匀速圆周运动的过程中，向心力由哪个力提供？(教师引导学生对小球进行受力分析) (10 min 左右)	观察演示实验 讨论问题 1、2，得到：小球能做圆周运动是因为纸对小球施加了一个作用力。 通过对问题 3、4、5 的讨论得出：做圆周运动的物体必须受到一个始终指向圆心的等效的力的作用，这个力叫做向心力。它始终与速度方向垂直，只改变速度的方向。 师生总结：向心力不是特殊的力，只是按作用效果命名的，它可以由某个力或某几个力的合力来提供。受力分析时不能把向心力当作一个独立的力。	自制图 5-2-1 实验装置
探究向心力的大小	1. 定性探究：老师提供图 5-2-2 所示实验装置 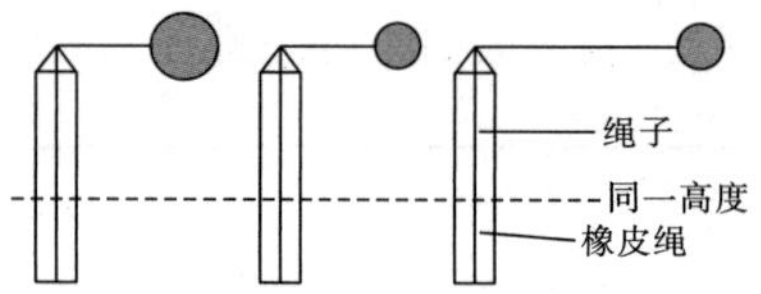 图 5-2-2 1)设问引导猜测(避免学生在实验过程中漫无目的地加以猜测) 问题1：三个实验装置有哪些相同点和不同点？ 问题2：尽可能使小球在水平面内做圆周运动，小球做圆周运动的向心力由哪个力提供？ 问题3：小球做圆周运动的过程中，如何观察向心力的大小？ (5 min 左右)	学生探究活动一：学生抡动小球使小球做圆周运动，根据实验现象猜测向心力的大小可能与哪些因素有关？ 2)汇报成果：学生汇报向心力与哪些物理量有关，说明从何种实验现象得出该猜测，并猜测它们之间存在怎样的定性关系。 3)师生总结：向心力的大小与小球质量、转动半径、转动快慢(v、ω、T、f、n)有关。	自制简易的实验装置，如图 5-2-2 所示

续表

<table>
<tr>
<td>探究向心力的大小</td>
<td>2. 定量探究
1)设计实验
教师向学生介绍向心力演示仪并通过问题的形式引导学生进行实验设计。
问题 1：向心力与 m、r、ω 有关，采用什么方法研究它们之间的定量关系？
问题 2：如何研究？

提供实验记录表格，学生完成填写。
实验与记录：
<table>
<tr><th></th><th>相同量</th><th>不同量</th><th>向心力</th><th>结论</th></tr>
<tr><td>步骤一</td><td>r、ω</td><td>m 1∶1
1∶2</td><td>F 1∶1
1∶2</td><td>$F \propto m$</td></tr>
<tr><td>步骤二</td><td>m、ω</td><td>r 1∶1
1∶2</td><td>F 1∶1
1∶2</td><td>$F \propto r$</td></tr>
<tr><td>步骤三</td><td>m、r</td><td>ω 1∶1
1∶2
1∶3</td><td>F 1∶1
1∶2
1∶9</td><td>$F \propto \omega^2$</td></tr>
</table>
3. 总结：向心力的大小与质量、半径、角速度的平方成正比。
通过研究得出：$F=mr\omega^2$。利用 $v=r\omega$ 可得：$F=m\dfrac{v^2}{r}$
(15 min 左右)</td>
<td>学生探究活动二：利用向心力演示仪研究向心力与 m、r、ω 之间的定量关系。
2)学生实验：由于时间的限制，每组学生只研究其中的一个实验。实验过程中，教师对学生出现的问题可适当加以指导。
3)汇报成果：每组学生推选一个代表配合实验仪器汇报实验成果，并填写表格。</td>
<td>实验室标准配备实验仪器：向心力演示仪</td>
</tr>
<tr>
<td colspan="4">

评价：(自我评析)

《向心力》这节课以“创设情景——定性探究向心力的大小与哪些因素有关——定量探究向心力与质量、半径、角速度之间的关系”为主线组织教学，通过科学探究，培养学生的实验能力、合作精神以及实事求是的科学态度。

1. 创设情景，引入新课

圆周运动是生活中的常见现象，首先从学生的生活经验出发，通过一个小实验——“水流星”创设情景，引入新课。由于该实验的成功率高，因此这一环节由一位学生来完成，并带动所有学生参与到真实的实验情境中来，引导学生观察和思考，激发学习热情。

2. 通过实验引入向心力

本部分的教学我采用了自制教具进行实验。在原来的设计中，我只采用了一个小球，当转速增大到一定值时，小球破纸而出。但发现学生从这得出的是：小球不做圆周运动是由于受到了一个离心力的作用。因此，我改进了实验方案，最终使用如图 5-2 所示的实验装置。

当玻璃管转动之后，绿色小球飞出不再做圆周运动，而红色小球仍能做圆周运动。通过对两小球受力情况的对比，引导学生得出做圆周运动的物体需要有一个指向圆心的力。进而加大转速，红色小球破纸而出，再一次说明没有指向圆心的力，小球无法做圆周运动。通过真实的实验现象，在教师的引导下得出结论，更具说服力。

这部分的教学虽然使用了自制教具成功地导入了物体做圆周运动的条件，但整个教学过程，学生的积极性不够，课堂气氛不够活跃。另外，在教学的过程中，还不敢大胆地让学生提出一些有建设性的问题。在质疑环节上还有待提高。

3. 定性探究向心力的大小与哪些因素有关系

有人认为，物理探究式教学就是让学生自己摸索，通过一定的实践，去探索未知；教师只需交代学生探究的任务或提供有关的器材，然后放手让学生去“探”，似乎教师比以前更轻松了。但实践告诉我：教师比实施新课标以前更忙碌了，教师在探究式教学中所起的作用显得十分重要。

在本部分的教学中，我会向每组学生提供相应的实验装置。

一开始，放手让学生自己摸索，问学生：“请大家利用提供的器材完成实验，从实验中猜测向心力的大小可能与哪些因素有关”，大部分学生都不明白怎么做，把课堂的时间花在玩小球上了。其实这并不是学生的能力不够，应该说在探究方面，学生的经验不足，看到提供的实验仪器，他们并不会认真的观察，认真地思考。因此，教师适度的引导非常必要。

之后的教学中，我首先引导学生观察三个仪器的特点并在小球转动的过程中引导学生思考：通过何种实验现象可以判定向心力的大小。这样一来，学生明确了研究目的，教师再加以适当的鼓励和启发，学生不仅猜测出向心力与哪些因素有关，还猜测出了它们之间的定性关系。

由此，我深刻体会到，猜想是有依据的猜，不是盲目的猜。在学生猜想的过程中，不仅要鼓励，而且要进行适当的提示和引导，鼓励学生从实验现象中找依据。在教学过程中，教师应该充当一个组织者、引导者、评价者的角色。让学生在“实验课题”的统领下，去体验挫折，体验合作，体验质疑，体验挑战。

</td>
</tr>
</table>

续表

4. 定量研究向心力与质量、半径、角速度之间的关系 本部分的教学是建立在定性探究的基础上，对向心力的大小进行更深层次的研究。由学生设计实验－实验探究－汇报实验成果，通过探究，培养学生的实验能力，合作交流的能力，以及分析归纳和表达能力。 由于时间问题，每组学生只研究向心力与一个物理量之间的关系。通过这个环节，我发现学生的能力是不可忽视的，三个小组的代表都能很清晰地描述实验过程，汇报实验结论，并做好记录。在整个实验过程中，学生在掌握知识的同时，思维得到相应启发和训练，语言表达能力、自学能力、分析解决问题能力、团结协作的意识和能力都得到了训练和提高。 在实验的汇报环节我觉得还存在着一些不足。由于时间仓促，每组学生只研究向心力与一个量之间的关系。对于 F 与其他两个量之间的关系，部分学生了解得并不完全。在学生汇报实验成果的过程中，如能引导学生多做几组力之间的比值，可以让其他组的学生了解得更清楚，效果可能会更好。 整节课的教学设计基本上符合探究教学的要求，但同样存在着时间上的问题。学生活动很耗时间，一节课 45 分钟时间，探究的内容多，给学生思考的时间不足。为了让学生充分体验探究的过程，应该安排足够的时间让学生设计、评估、交流。 探究式教学要充分发挥学生的主体作用，教师在教学中要敢于“放”，要充分相信学生的能力。但是，敢“放”并不意味着放任自流，不要教师的指导，否则也就不叫“探究教学”。当学生在探究中遇到困难时，教师要予以指导；当学生的探究方向偏离探究目标而又浑然不觉时，教师也要予以指导。教学过程中应结合教学的内容、学生的特点和教师自身的教学修养，采用多种教学策略和方法，培养与提高学生的学习能力，促进学生可持续性发展。

第 6 章　中学物理实验教学拓展专题

专题一：实验报告的书写与范例

实验报告一般主要由实验题目、实验目的、实验原理、实验科学方法、实验探究过程、实验数据处理与分析、交流与评估等部分构成。实验目的部分主要介绍该实验在教科书、课程目标中的地位，课程标准中的内容，学生科学素养的提高能力等。实验原理主要介绍该实验的实验原理，包括主要的公式和必要的图表，此部分最好能用自己的语言叙述。常见的实验科学方法有累积法、放大法、观察法、归纳法、控制变量法、转换法、分析法、理想模型法、类比法、演绎推理法、模拟法(详见第 3 章第一节)。有的实验所涉及的实验科学方法不是独立的，同一探究过程中涉及多种方法，根据实验的特点和探究目的，选择 1～2 个合适的实验科学方法。实验探究过程主要包括实验器材的型号和数量、设计性实验的实验设计、实验步骤、数据记录等。实验设计和实验步骤应简要说明，数据记录最好设计成表格形式。实验数据处理与分析主要包含该实验所采用的误差处理方法、实验数据处理过程、实验误差分析。交流与评估包括学生对实验的收获体会、问题思考、实验拓展等。

实验报告范例：

用单摆测定重力加速度

【实验目的】

1. 通过实验，探究单摆的周期与摆长的关系。
2. 知道单摆的周期与摆长、重力加速度的关系。
3. 会用单摆测重力加速度。
4. 掌握减小实验误差的方法。

【实验原理】

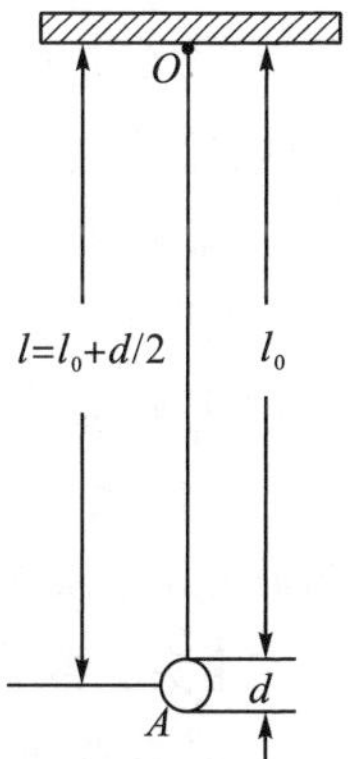

图 6-1-1　单摆

简谐运动是指物体在平衡位置做周期性往返运动，物体偏离平衡位置所受到的力与它到平衡位置的位移成正比，即 $F=-kx$。中学阶段常见的简谐运动模型有弹簧振子和单摆。以单摆实验为例，说明解析运动的规律。把一个金属小球 A 拴在一根细长的线上就构成了单摆，如图 6-1-1所示。考虑到摆球质量、空气阻力以及浮力的影响，实验过程中，要尽可能选用体积小且质量较大的摆球和较长的摆线，以减小实验误差的影响，实验过程中忽略浮力和空气阻力的影响。

单摆在小角度下(小于 5°)的振动可以看作是简谐振动，其周期为

$$T=2\pi\sqrt{\frac{l}{g}}$$

式中，l 是单摆的摆长，g 是当地的重力加速度，单摆周期 T 只与摆长 l 和重力加速度 g 有关。

将单摆周期公式变形可得 $g=\frac{4\pi^2 l}{T^2}$，只要测得单摆的摆长和周期，就可算出当地的重力加速度。

【实验科学方法】

累积法。

【实验探究过程】

1. 实验器材

铁架台、铁夹、细线、带小孔的金属球、游标卡尺、机械秒表、电火花计时器、光电门、数据采集器等。

2. 实验设计

(1)将铁夹固定在铁架台上，然后用一根不可伸长的细线(长约 1000 mm)穿过一带孔的金属小球 A，一端固定在悬挂点 O，构成单摆装置。

(2)用游标卡尺测量摆球的直径 d，再用刻度尺测出悬挂点到摆球的长度 l_0，摆长 $l=l_0+\frac{d}{2}$。

(3)测量摆球的周期。

方法一：

将单摆从平衡位置拉开一个很小的偏角(小于 5°)，然后放开小球让其摆动。摆动稳定后，用机械秒表测定其摆动 30 次所用的时间 $30T$，重复测量 5 次，求平均值，如表 6-1 所示。

表 6-1 测单摆周期的数据记录表

	1	2	3	4	5	平均
$30T$/s						

方法二：

将光电门传感器连接到数据采集器。调整摆长和光电门的位置，使摆球可通过光电门传感器并顺利挡光，以确保传感器定位在单摆的平衡位置。打开数据采集系统，设置相应的“数据采集设置”选项。将单摆从平衡位置拉开一个很小的偏角，让其摆动稳定。点击“自动”记录按钮，记录 30 次左右的周期后，再次点击“自动”记录按钮，停止记录数据。将摆长的数值输入到相应的位置。点击“公式”按钮，导出实验数据和实验图像。

(4)改变摆长，测重力加速度 g。多次改变摆长的长度，使摆长分别为 600 mm、700 mm、800 mm、900 mm、1100 mm，重复以上步骤，重新测定相应的周期。

【实验数据处理与分析】

本实验可采用两种数据处理方法来进行实验数据的处理。

方法一：公式计算法

由单摆的周期公式 $T=2\pi\sqrt{\frac{l}{g}}$ 可知，$g=\frac{4\pi^2 l}{T^2}$。单摆的周期与摆线长度有关，摆线越长，周期越大。根据每次测量出的不同摆线的长度和周期的平均值从而计算出相应的重力加速度 g_i，然后求出平均值 $\overline{g}=\frac{1}{n}(g_1+g_2+,\cdots,+g_i+,\cdots,+g_n)$。其中，$i$ 表示第 i 个数据，n 表示 n 种摆线的长度。

方法二：图像法

根据单摆周期的公式可知 $g=\frac{4\pi^2 l}{T^2}$，g 与 l、$1/T^2$ 成正比，故以 T^2 为横坐标，l 为纵坐标，在 $T^2 \sim l$ 关系图像曲线是一条直线，如图 6-1-2 所示。由于实验存在着一定的误差，所以数据不可能完全是一条直线，需要对数据点进行分析，作出一最佳的拟合直线，使尽可能多的数据点分布到直线两侧。该直线就是单摆摆长 l 与周期平方 T^2 的关系图像，直线的斜率为 $g/(4\pi^2)$，从而求出当地的重力加速度。

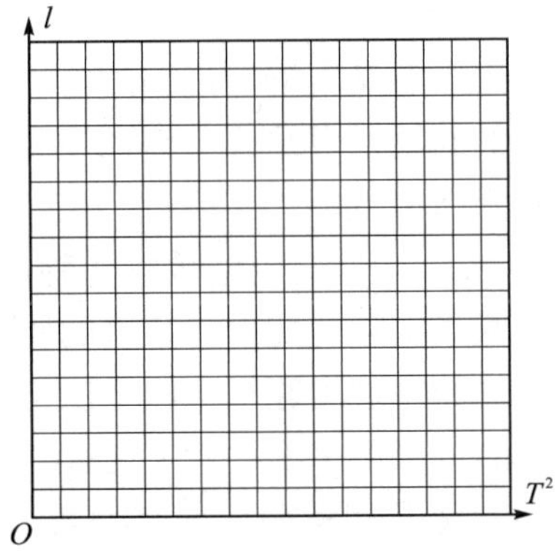

图 6-1-2　$T^2 \sim l$ 关系图

实验过程中存在的主要误差及可采取的对应措施如下所示。①单摆运动并不是严格的简谐运动，可通过增长细线长度、增大摆球质量、将其置于真空环境中等措施以减小实验误差。②单次测量摆线和摆球直径时，存在测量误差，多次测量以减小误差。③在周期测量过程中，由于人为判断单摆的最低位置和控制摆动时间，存在着一定的人为误差。为减小该部分误差，可在用停表测量周期时，选择摆球通过最低位置处计时。为了避免视差，应在标尺中央放一个有竖直刻线的平面反射镜，每当摆线、刻线及摆线在镜中的像三者重合时进行计时。

要注意使小球始终在同一个竖直平面内摆动，防止形成“圆锥摆”。

【交流与评估】

1. 用图像法处理数据时，为什么要用 $T^2 \sim l$ 图像，而不是用 $T \sim l$ 图像或 $T \sim \sqrt{l}$？

2. 请想出一种用摆锤为不规则形状的重物(如一把挂锁)制成“单摆”，并测定重力加速度 g 的方法。

专题二：实验论文的书写与范例

教师在进行实验教学过程中，要深入研究实验的基本理论、实验假设的理论基础、实验方案等，知道为什么要设计该实验，以及该实验在物理教学过程中的地位和作用。实验过程中，要不断总结实验教学经验，善于发现实验本身可能的缺陷和实验的改进方案以及学生在实验过程中可能存在的问题等，这些教学经验和研究就可撰写成相应的教学实验论文。发表论文的目的是为了更好地促进实验教学和提高学生的实验能力，让更多读者分享教学经验。

论文的撰写要贴近自己的实际教学，阐述的观点、角度要有新意，有一定的科学性和实用性。教师在实验论文的撰写过程中，要注意以下几方面。

1. 选题要有新意

一篇论文质量的优劣很大程度取决于该论文的选题。一篇论文往往只需说清楚一个问题，题目不宜选得过大或过小，题目过大不可能对该问题进行详细阐述，而题目过小会导致整个研究工作的价值不大。论文题目的大小往往由篇幅所决定，一篇论文以4000字左右为宜。实验方面的论文不同于一般的理论研究论文和科研论文，应突出实验在教学中的地位和作用，并有一定的理论依据，但又不能有过多的公式推导。选题应选择一些既有科学性、实用性，又便于开展研究的问题，可结合生活实践。同时论文还必须具有一定的创新性，不能将前人研究过的问题重新研究。

实验论文题目可以来源于生产、生活，将生活中的物品和科技成果运用到教学过程中，提高学生的学习兴趣和理论联系实际的能力。相应的实验教学手段和教学方式也随之改变，这也是当前课程改革所提倡的，这类题目一般是以某一章节可以采用哪些生活物品作为实验器材，或者某一生活物品可以用于哪些章节的教学活动。论文题目还可根据实验目的的不同来选择，常见的实验有测量型实验、探究型实验、演示型实验、设计型实验、验证型实验、开放型实验、操作型实验等。每种实验都有一定的侧重面，比如测量型实验的改进可从如何提高测量结果的精度、测量的方便性等方面考虑；演示型实验的改进可从提高仪器演示的可视性、操作性、精确度等方面考虑。

2. 符合科学性原则，有充分的理论依据

针对现有实验改进的实验项目，一定要遵循科学性原则，每项改进都有自身的依据，要善于总结和发现。特别是某些只是设计初期的实验项目和实验方案，由于方案本身并不成熟，所以这类方案的论证就需采用更加严密的理论推导和充分的论据，不能想当然的构想方案。

3. 实验数据充分，论证方案的可行性

对于改进型和制作型实验，由于实验仪器或产品已经制造完成，论文撰写过程中要说明该方案的理论依据和实验原理、制作过程、实验数据、仪器原型照片、尺寸等。重点说明该方案相比现有实验的优越性、改进的策略等。

4. 内容完整，格式规范

论文的格式要求规范，语言清晰，论据充分。其一般包含有论文题目、作者情况介绍、中英文摘要、关键词、正文、参考文献、附录等。其中，作者情况介绍主要包括作者姓名、工作单位、职称、研究方向、电子邮箱等，正文一般包含论文的研究背景、工作原理、研究方法、研究结论或实验数据、应用前景和研究意义等。

一篇实验论文完成后，要反复推敲，可将其放置一段时间后再进行推敲和修改，对论文的每一个细节都要仔细推敲，这样才能发现问题并改进问题。论文检查过程中，要特别注意检查论文格式是否规范、是否有错别字、标点符号是否错误、语句表达是否通顺、图形图像是否清晰等。论文修改过程中还可请同行或周围教师审阅，以征求更多的修改建议。论文修改完成后，选择合适的期刊杂志，一定要注意将论文投其所好，实验型论文应投在实验性刊物上，不要投到学术性很强的学术期刊上，这样可以提高论文的接收概率。可接收实验论文的中学物理期刊有《物理实验》《物理教学》《物理教学探讨》《实验教学与仪器》等。选定期刊后，查阅该期刊的论文格式，修改论文后发给杂志社，切记注意不能一稿多投。

论文投出后，就需耐心等待，若论文被接收，按编辑部老师的建议修改后重新提交给编辑部；若论文不能被发表，也不要气馁，有可能有两方面原因：①可能论文还未达到该期刊所要求的发表水准，应将论文重新修改以提升论文档次后再次投递；②可能论文内容不符该杂志所刊发的论文范围，可转投其他合适的期刊。

专题三：常用实验仪器的使用注意事项和简单维护

物理规律的发现、物理理论的建立都离不开实验数据，而获得实验数据最主要、最常见的手段就是测量。测量是中学物理实验中的基础实验技能之一，也是学生认识和了解自然现象的基本要素之一。测量是指按照某种规律，用数据来描述观察到的现象，即对事物作出量化描述，是人类对自然界中的现象和实体取得数量概念的一种认识过程。具体而言，测量就是指使用一定的量具或仪器，采用一定的方法，直接地或间接地与被测量对象进行比较，获得实验数据的一种手段。在物理教学过程中，长度、时间、质量、温度、力、电流、电压、电阻、压强等是最常见的物理量。在物理实验中，测量这些物理量的实验仪器通常有刻度尺、游标卡尺、螺旋测微器、秒表、打点计时器、天平、温度计、弹簧测力计、电流表、电压表、万用表、示波器、验电器等。下面对部分常用实验仪器使用时的注意事项和简单维护方法进行简要介绍。

一、游标卡尺

使用游标卡尺前，先将两测量爪靠拢，观察游标的零刻度线与主尺零刻度线是否重合，若不重合应记下零点读数(零点误差)加以修正，若游标的零刻度线在主尺零刻度线左侧应记录为负值，右侧则为正值。读数时，读出主尺上以游标的零刻度线对应的整数刻度值，即以毫米为单位的整数部分，然后从游标上读出以毫米为单位的小数部分。观察游标上的第几根刻度线与主尺对齐，如对于 10 分度的游标卡尺第 5 根刻度线与主尺对齐，则对应的小数部分为 0.5 mm。同理，对于 20 分度或 50 分度的游标卡尺，其对应的小数部分为 $n\times0.05$ mm 和 $n\times0.02$ mm。其中，n 表示第 n 根与主尺对齐的刻度线。最后测量结果表示为 $L=$整数部分$+$小数部分$-$零点误差(mm)。

注意事项及维护保养：

(1)使用时要注意轻拿轻放，不能碰撞或跌落在地上。注意保护测量爪，以防磨损刀口或钳口，不能用于测量表面粗糙的物体。

(2)测量时，轻轻滑动游标，将物体卡住，旋紧紧固螺钉后即可读数。两测量爪与物体之间不宜接触过紧，但也不能过松，防止被测量物体在测量爪内移动或滑动。

(3)读数时，视线应与刻度尺平面垂直，消除视差。游标卡尺测量数据时，数值没有估读数值。

(4)测量过程中，应从物体的不同部位进行多次测量，取平均值，减小测量误差。

(5)使用完毕，将两测量爪靠拢并锁紧，立即放回盒内，置于干燥处防止生锈。若长时间不用需涂抹上黄油或机油(防护油)。

二、螺旋测微器

测量前，需要校准零点。旋转微分套筒，使测砧和微动螺杆接触，然后旋转棘轮旋柄2～3次，直到使之空转为止。观察微分套筒上的零刻度线是否和基准线对齐，若不对齐，则将该数据记录作为零点误差；若零刻度线在基准线上方记为正值，反之在其下方则记为负值。测量时，可将物体置于测砧和微动螺杆之间，顺时针旋转微分套筒，使微动螺杆与待测物体即将接触为止。然后轻轻顺时针转动棘轮旋柄2～3次，直到使之空转为止；同时转动锁紧装置，使之不能转动，从固定套筒和微动套筒上读出相应数值。若通过直接旋转微分套筒来夹住物体，会因夹得太紧使测量值出现较大误差，因此当螺杆与物体接近时，采用旋转棘轮旋柄。最后的数据结果表示 D=固定刻度数值(半毫米的整数倍)+可动刻度数值(含估读)-零点误差(mm)。

注意事项及维护保养：

(1)测量前，将工件被测面、测砧和微动螺杆端面擦拭干净，检查零刻度线的位置是否正确，并记录零点误差。

(2)测量时，手握螺旋测微器的绝热部分，待测物体也尽量少用手接触，以免因热膨胀效应影响测量精度。

(3)读数时，要注意观察固定刻度标尺上的半毫米刻度线是否露出，若露出需在主尺整数毫米刻度的基础上加上 0.5 mm，同时还要对微分套筒上的数值进行估读。

(4)对待测物进行夹紧测量时，应轻轻转动棘轮旋柄推进螺杆，而不要直接旋转微分套筒，避免因压力过大而损坏螺旋测微器或待测物体。为了提高测量精度，可对物体的不同部分进行多次测量，减小测量误差。

(5)测量完毕后，旋转微分套筒，使测砧和微动螺杆之间留有间隙，以免因热膨胀而损坏螺旋测微器。然后将其装入专用盒内，并置于干燥处，若长时间不用需涂抹上润滑油。

三、秒　表

1. 机械秒表

机械秒表又称为机械停表，它是利用发条的弹力使得齿轮转动的原理来控制秒针的转动，从而进行计时的。常见的机械秒表有单键和双键两种，单键式机械秒表是指表壳上方只有一个旋钮，具有启动、停止和回零功能。使用时，首先给秒表上弦，具体方法是旋动表壳上方的旋钮，上紧发条，为秒表提供动力。然后按下按键开始计时，再次按下按键停止计时，第三次按下则回零(时针和分针都归零)。该表不具备连续计时功能。双键式机械秒表，顾名思义有两个按钮，具有暂停计时后重新启动秒表继续计时的功能。正上方的按键具有启动和停止计时功能，左侧按键则具有暂停和回零功能。使用前需要先给发条上弦，使用时分两种计时方法：一种是一次性计时，用时按压正上方按键，秒表启动，再次按下该按键表停，进行读数，然后按左侧按键让分针与秒针都归零；另一种则是连续性计时，用时按压正上方按键，秒表启动，按下左侧按键表暂停，再次按下左侧按键表继续计时，实现时间的连续多次计时。根据测量需要反复按压左侧按键，结束时，按下正上方按键，读数后按左侧按键秒表回零。

注意事项与维护保养：

(1)使用前，需给秒表上紧发条，为其提供动力，但不要过紧，以免损坏发条。每次回表后，校准零点读数，若不为零，将其数值作为零点误差。

(2)使用时要轻拿轻放，为避免使用时不慎掉到地上，可用绳子把秒表挂在手腕或脖子上使用。按表时，不要用力过猛，以免损坏零部件。

(3)严禁在强磁场和强电场附近使用和存放。

(4)使用完毕后，让发条处于完全放松状态，即存放时将秒表处于继续走动状态。

2. 电子秒表

电子秒表以其准确、方便、快捷等优势广泛运用于实验和生活中，它是以石英振荡器的振荡频率作为时间基准的。电子秒表不仅能显示分、秒，还能显示时、日、月及星期，一般能精确到 0.01 s，平均日差±0.5 s。常用的电子秒表有三个按键：如启动/停止键、复位/状态选择键、计时/日历调整键。电子秒表的外观各异、功能很多，因厂家的不同会有较大地差异，这里就不作一一介绍了。

四、打点计时器

1. 电磁打点计时器

电磁打点计时器是一种磁电式结构的、计时精度较高的中学常用仪器，其原理是利用电磁铁使振片有规律的振动来使振针在纸带上进行“时—空”定位的。当给电磁打点计时器的线圈通电后，线圈产生磁场，线圈中的振片被磁化，振片在永久磁铁磁场的作用下向上或向下运动，由于交流电的方向每个周期要变化两次，因此振片被磁化后的磁极要发生变化，永久磁铁对它的作用力的方向也要发生变化。当线圈通以 50 Hz 交流电时，振动片在线圈交流磁通和磁钢恒磁场的作用下，产生与电源频率同步的振动，振动片末端的尖钉跟着振动。当纸带从尖钉和复写纸间通过时，打点计时器便在纸带上打下一系列的点，记录运动的情况。

电磁打点计时器使用时应先固定。其底座有两条凹槽，可用台夹将它固定在实验桌的边缘或斜面的一端，注意使纸带的中心线位于物体的运动方向上或与斜面另一端的定滑轮凹槽方向一致。如单独使用电磁打点计时器，也可用台夹将它固定在铁支架的支杆上。

实验使用时，要在额定电压下工作，待频率稳定后记录打点，打点结束后，及时切断电源，以免损坏尖钉、限位板等部件。

2. 电火花打点计时器

电火花打点计时器是利用火花放电使墨粉在纸带上打出墨点而显出点迹的一种计时仪器。接上220 V电源，按下脉冲输出开关，计时器发出的脉冲电流，接正极的放电针和墨粉纸盘到接负极的纸盘轴，产生火花放电。当带有放电针的物体在两极间运动时，微弱的高压脉冲电流，由正极经运动体上的放电针，向负极放电；放电火花在击穿墨粉纸时，墨粉沉积于白纸上，于是在纸带上留下了一系列的点，而且在交流电的每个周期放电一次，因此电火花打点计时器打出点间的时间间隔等于交流电的周期，当电源频率为50 Hz时，它每隔0.02 s打一次点。

注意事项：

(1)接通电火花电源插座，按住轨道上脉冲同步开关，直到小车描迹完毕才松开，按下解俘按钮把小车从俘获装置沿轨道方向退出。

(2)若无点迹，可能正负极插反或计时器损坏，或白纸未紧贴在墨粉纸上。在按下脉冲输出开关时身体不要接触金属裸露部分。

(3)纸带上的点是每隔相同时间间隔内打出的一系列点，描绘出了相应的“时－空”信息分布图像。由于放电针与纸带之间没有相互接触，阻力很小，这就是可将其作为定量分析实验的主要原因，因此电火花打点计时器比电磁打点计时器的误差小。

(4)电火花打点计时器的使用成本低，因为描迹所用的墨粉纸，可反复使用达百次以上，实验消耗的主要是白纸，但白纸可通过移行或翻面再次使用。

五、天　平

天平是一种按等臂杠杆原理制成的称量质量的仪器。常见的天平有托盘天平、物理天平、电子天平、分析天平等。托盘天平和物理天平的精度比分析天平要低，但基本原理类似；电子天平的灵敏度与使用对象、用途等有关，可高可低。

1. 托盘天平

托盘天平主要由底座、托盘架、托盘、标尺、平衡螺母、指针、分度盘、游码和横梁等构成。左侧横梁臂上托着一个托盘，放待测质量的物体，右侧横梁臂上托着的托盘放已知质量的物体(砝码)，游码则在标尺上滑动，用于微小调节天平的平衡。固定在天平横梁上的指针指向正中央(平衡位置)或左右两侧摆幅很小且相同，此时天平处于平衡状态，左侧物体的质量等于右侧砝码的质量和游码位置的示数之和。

注意事项及维护保养：

(1)托盘天平要放置在水平台上使用，测量前放置托盘时，注意托盘的编号要与横梁的编号一致，不能放错位置。同时，游码放在标尺左端的零刻度线处，然后调节横梁平衡，将右端的平衡螺母移动，使指针在分度盘的中间处。

(2)取用砝码时必须使用镊子，不能把砝码弄湿、弄脏，游码也要用镊子拨动；取下的砝码应放到砝码盒中，测量完毕后要及时将游码移回零点位置。

(3)称量时将被测物体放在左盘，砝码放在右盘，用镊子夹取物体和加减砝码时一定要轻拿轻放。然后调节游码在标尺上的位置，直至横梁恢复平衡。被测物体质量等于右盘中所有砝码的质量与游码所对刻度之和。

(4)过冷或过热的物体不能在天平上称量，应在干燥环境下放置到室温时再进行测量。

(5)称量干燥的固体药品时，应在两侧托盘内放置两张质量相同的纸。

(6)称量易潮解物体时，必须将其放到玻璃器皿中称量。

(7)为了减小实验测量误差，应尽可能减少砝码的个数。待测物体的质量不要超过天平的最大称量或低于感量。

2. 物理天平

物理天平主要由横梁、游码、悬挂支撑刀口、固定托盘、水平调节螺钉、制动旋钮、底座、秤盘、气泡水平仪、平衡标尺、平衡指针、制动支架、平衡调节螺母、支点等构成。物理天平的构造原理与托盘天平类似。

注意事项及维护保养：

(1)待测物体的质量不要超过天平的最大称量。

(2)取用砝码必须使用镊子，取下的砝码应放到砝码盒中，测量完毕后要及时将游码移回零点位置。

(3)为了减小实验测量误差，尽可能减少砝码的个数，加减砝码过程中应按照质量大的砝码向质量小的砝码依次加减。

(4)天平使用过程中，要注意保护刀口。调节升降制动旋钮和加减砝码动作要尽量缓慢，做到轻拿轻放。升降制动旋钮时要先微微升降，观察到横梁不平衡后应立即轻轻放下，不必等横梁完全升到顶再观察是否平衡。

(5)使用完毕后要及时将刀口和刀承部分分离，横梁处于制动处。

(6)各天平之间的配件不能互换，相互之间不得混淆。

(7)天平和砝码均需注意防潮、防锈、防蚀。不得用于称量高温、低温、腐蚀性化学药品等高危物品。

3. 电子天平

电子天平是一种利用传感器对物体质量进行测量的仪器，一般由托盘、显示器、开关、去皮重键、气泡水平仪、水平调节螺钉等构成。电子天平一般根据应变式传感器、电容传感器和电磁平衡式传感器制成。采用应变式传感器的电子天平，结构简单、造价低、使用方便，常用于日常生活中的普通测量，如电子秤。其中，一种常见的应变式传感器为力传感器，荷重变化时，贴在传感器表面的应变片电阻发生变化，通过这一变化得到荷重的质量。采用电容式传感器的电子天平的性价比较高，称量速度快，但其精度不是太高。采用电磁平衡传感器的电子天平，其特点是称量准确可靠、显示快速清晰并且具有自动检测系统、简便的自动校准装置以及超载保护等装置。

注意事项及维护保养：

(1)电子天平应置于干燥环境中使用，需注意防水、防潮、防锈。

(2)测量表面积较大的物体质量时，如果受风力影响出现尾数跳动现象时，应将其置于无风或背风环境中使用。

(3)易腐蚀、易潮、粉末物品称量时要将其盛到相应的器皿中，不能直接称量。

(4)称量物品的质量不能超过仪器的最大称量。

4. 分析天平

分析天平是一种称量精度更高的测量仪器，一般的分析天平能准确称量到 0.1 mg。分析天平的种类很多，有机械式、电子式、手动式、半自动式、自动式等。其结构主要由横梁、立柱、制动系统、悬挂系统、框罩和读数系统等构成。

注意事项及维护保养：

(1)分析天平是精密测量仪器，尽量不要随意搬动，每次测量前都要重新测定零点。

(2)测量过程中，为防止两侧质量过大而打翻天平，手应始终不离开制动旋钮，以便及时修正天平。

(3)测量时，两侧窗门要及时关闭，避免风力的影响，手不要挤压桌面，以免引起示数跳动，示数稳定后再记录数据。

(4)测量完毕后，将砝码盘及时取下，使刀刃和刀承分离。每次测量完毕后要及时将升降旋钮处于制动状态，将横梁托起。

(5)每次使用后，要将两侧窗门及时关闭，盖上防尘罩，避免空气中灰尘污染。

六、温度计

温度计根据使用目的不同，可以分为液体温度计、热电阻温度计、热电偶温度计、半导体 PN 结温度计、辐射温度计等。

1. 液体温度计

液体温度计是根据液体热胀冷缩现象而设计的测温仪器，根据该液体对温度的线性膨胀关系，进行相应的定标后就可测量物体的温度。

注意事项及维护保养：

(1)使用前注意温度计的测温范围，不能超出温度计的测温范围。

(2)温度计具有热惯性，应在温度计示数稳定后再读数，对于水银温度计应该在液面的凸出部分的最高切线方向读取。

(3)温度计液泡较薄，使用过程中不能将其作为搅拌器使用。

(4)测量气温时，不能对着温度计呼气或直接用手触摸温泡。

(5)测量待测液体时，温度计的液泡部分应在待测液体的中央位置，不能触碰容器壁和容器底。

(6)读数时，眼睛与温度计的液面凸出(凹面)要在同一水平线上，减小读数误差。

2. 热电阻温度计

热电阻温度计是根据金属和半导体的电阻值随温度变化而变化的关系制成的温度计，其测温范围一般为－200～500 ℃。不同材料的电阻温度系数不相同，电阻随温度的变化曲线也不相同，金属温度计主要采用铂、铜、铁和镍等，具有比较大的电阻率，特性复制性好，测温范围内材料的化学、物理性质稳定。

半导体温度计利用半导体的电阻率随温度变化的特性而制成的测温传感器，有三种类型，即正温度系数(PTC)、临界温度系数(CTR)和负温度系数(NTC)。半导体温度计具有电阻温度系数大、灵敏度高、响应速度快等优点。

3. 热电偶温度计

热电偶温度计是根据热电效应现象制成的测温仪器。热电偶温度计具有结构简单、使用方便、精确度高、热惯性小、可实现远距离测量等优点，测温范围为 100～1300 ℃。常见的热电偶有铂铑-铂热电偶、镍铬-镍硅热电偶、镍铬-考铜热电偶、铜-康铜热电偶等，适用于不同的测量环境。

七、电表类

电表类的测量仪器种类很多，有电压表、电流表、检流计、示波器、万用表等，常用于电磁学实验中。电表类仪表有数字式和指针式两类。

磁电式指针仪表的使用注意事项及维护保养：

(1)测量前，观察电表是交流型还是直流型，根据需要选择合适类型和量程。对于多量程的电表，若不能估计测量值的范围，为了安全起见，一般先接入大量程，获得测量范围后再换成小量程，减小测量误差。

(2)电流表和电压表的零刻度线一般位于左侧，电表的正、负极端不能接反。

(3)测量前根据测量要求旋转合适的准确度等级的电表，一般实验室电表等级为 0.5 级或 1.0 级。

(4)电路分析时，要考虑电表的内阻对电路的影响。

(5)测量过程中，仪表不要随意搬动。

(6)注意仪器仪表的使用环境，远离强外磁场和电场。

示波器和万用表的使用方法，根据使用用途和制造厂商的不同，外观和功能也有很大的差异，因此这里也不做单独介绍。

八、验电器

验电器是一种用于检验物体是否带电的仪器。其一般主要由金属球、金属杆、绝缘塞、外壳、指针等部分构成。

注意事项及维护保养：

(1)使用前和使用过程中一定要保持验电器清洁，特别是绝缘塞部分，若发生漏电现象，一般检查绝缘塞的绝缘和清洁情况。选用一些比较好的绝缘材料(如有机玻璃等)，也可在绝缘塞和外壳之间融一层石蜡。

(2)验电器的使用环境也要保持清洁、干燥，为保证其能在较潮湿的天气下正常使用，可使用电吹风在验电器周围吹1分钟左右即可。

(3)使用过程中，不能用脏手、湿手随意触摸金属杆，以防漏电发生。

专题四：处理实验数据的常用软件介绍

受教学条件和实验条件的限制，每个物理规律都能用实物进行实验演示是不可能的，而且实验数据处理复杂，因此计算机辅助教学就显得尤为重要。利用现代技术手段，可让比较复杂的物理规律完美再现，常见软件有 Flash、Mathematica、Labview、Matlab 等。通过模拟仿真及绘制图线将复杂、抽象的物理过程直观地展现在学生面前，从而提高学生的认知和理解能力，达到提高课堂效率的目的。教学过程中，为了更好的理解物理规律，需对实验数据进行相应的处理和分析，数据处理软件常有 Excel、Origin、Matlab 等。这些软件在图形虚拟和数据处理方面有着独特的优势，对于学生理解和学习物理规律有一定的促进作用。为便于更好地理解这些软件在数据处理方面的应用，将以三种常见的数据处理方式来说明。

一、Excel 软件在实验数据处理方面的应用

Excel 是一个功能较强的电子表格处理软件，可以帮助我们快速地进行物理实验数据的处理——即分析数据、产生图表、计算结果等。Excel 软件操作便捷，容易掌握，因此用 Excel 软件对实验数据进行处理非常方便。下面以几种常见的应用方法为例简单介绍。

1. 处理算术平均值问题的应用

为了提高实验的准确度，减小单次测量的误差，往往需要多次测量再求平均值以减小实验误差。以游标卡尺测量单摆摆球直径实验为例，进行5次测量的某一实验数据如表6-4-1所示。

表 6-4-1　单摆摆球直径的测量数据表

次数	1	2	3	4	5
直径/mm	20.0	20.1	19.9	20.0	20.1

启动 Excel 软件，将表中的实验数据输入到工作表中，选取单元格点击工具栏中的“平均值”按钮，或点击“插入”菜单栏中“f_x 函数”中的“AVERAGE”函数求得这组实验数据的平均值，如图6-4-1所示。点击回车键，就可得到该组实验数据的平均值。

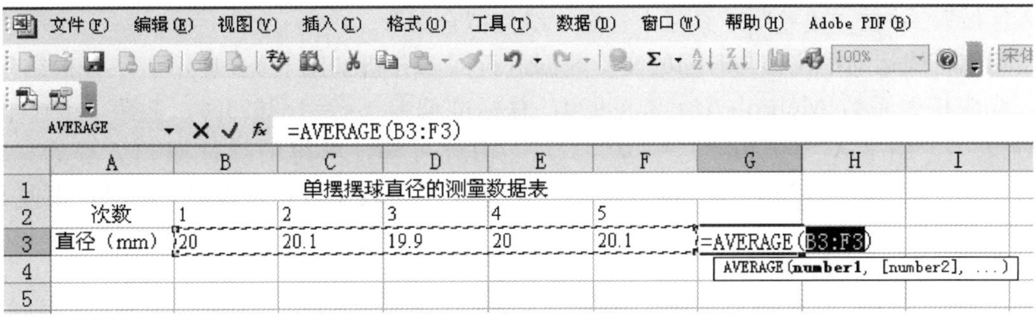

图 6-4-1　单摆摆球直径测量数据图

2. 处理线性关系问题的应用

作为一种电子表格及数据分析的实用性工具软件，Excel 提供了许多分析工具，为辅助教学提供了许多方便。利用回归分析工具我们可以非常容易地将实验数据进行线性回归分析，并求出线性相关系数 R、截距 Intercept、斜率 Variable、总标准误差、斜率的标准误差、截距的标准误差、线性拟合公式及线性拟合图等(注意：在使用数据分析工具前一定要先安装 Excel 的加载宏程序并安装数据分析工具后这一功能才可使用)。

例如，高中物理在讲匀速直线运动的位移与时间的关系时，位移与时间的某一实验数据如表 6-4-2 所示。

表 6-4-2　匀速直线运动中的位移与时间的实验数据表

时间/s	0	4.9	10.0	15.1	19.8
位移/m	0	50	100	150	200

启动 Excel 软件，将表中的实验数据输入到工作表中，注意数据应按列方式输入，否则不能进行线性回归分析工具求解。

选择“工具”菜单中的“数据分析”选项，并从弹出的“数据分析”对话框中选择“回归”列表项。这时，系统回弹出如图 6-4-2 所示的“回归”对话框。选择“X、Y 值的

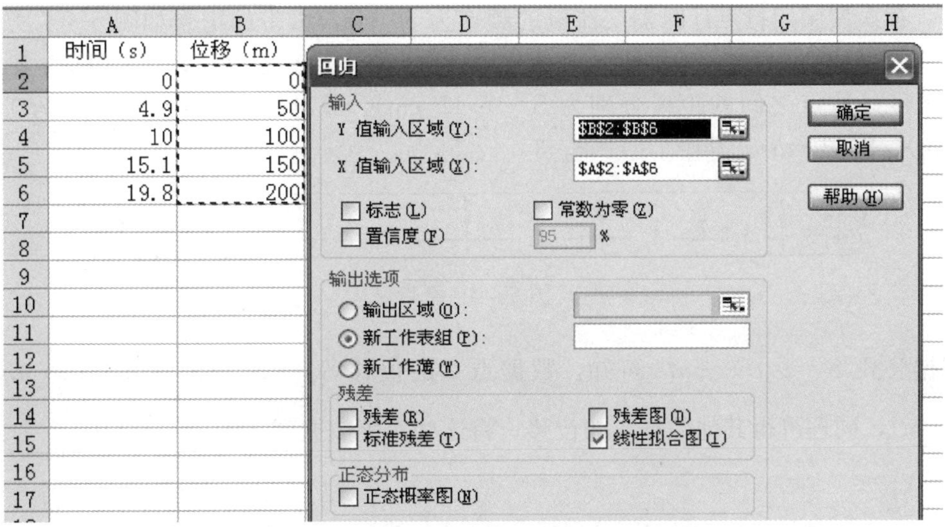

图 6-4-2　利用 Excel 软件进行线性拟合图

输入区域”，并在“残差”工具栏中勾选“线性拟合图”。

匀速直线运动中位移与时间的实验数据进行回归分析如图 6-4-3 所示。从分析结果可知，线性相关系数 Multiple $R=0.99990$，总标准偏差 $Sy=1.269868$，截距 Intercept$=0.0193507$，斜率 X Variable $1=10.038217$。由此可知，求得的线性回归方程为：$S=0.01935+10.038t$。从线性拟合的公式 $Y=A+B*X$ 呈现了该物理过程的状况，根据 $S=S_0+vt$ 可知，初始位移 $S_0=0.01935\ \text{m}\approx 0\ \text{m}$，速度 $v=10.038\ \text{m/s}\approx 10\ \text{m/s}$，即 $S=10t$。

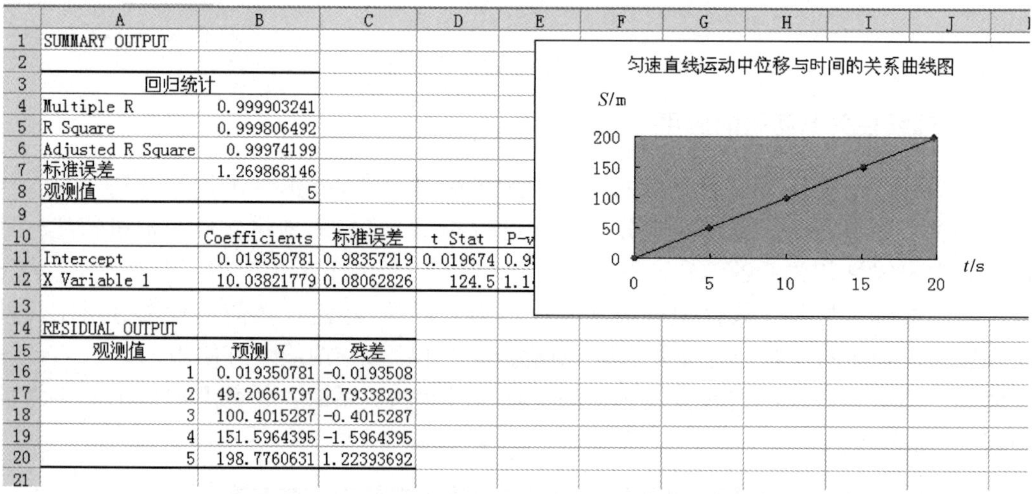

	A	B	C	D	E
1	SUMMARY OUTPUT				
2					
3	回归统计				
4	Multiple R	0.999903241			
5	R Square	0.999806492			
6	Adjusted R Square	0.99974199			
7	标准误差	1.269868146			
8	观测值	5			
9					
10		Coefficients	标准误差	t Stat	P-v
11	Intercept	0.019350781	0.98357219	0.019674	0.9
12	X Variable 1	10.03821779	0.08062826	124.5	1.1
13					
14	RESIDUAL OUTPUT				
15	观测值	预测 Y	残差		
16	1	0.019350781	-0.0193508		
17	2	49.20661797	0.79338203		
18	3	100.4015287	-0.4015287		
19	4	151.5964395	-1.5964395		
20	5	198.7760631	1.22393692		
21					

图 6-4-3 利用 Excel 软件进行线性拟合回归分析图

通过 Excel 软件对物理实验数据进行处理和分析，学生轻松地理解了该物理规律，同时体现了软件工具在物理学习中的重要性。在中学物理实验中，匀变速直线运动、电阻定律、闭合电路欧姆定律、理想气体定律等实验都可以运用该方法。

3. 处理非线性关系问题的应用

以匀加速直线运动的物理实验为例来说明 Excel 软件的绘图、数据分析和非线性拟合的应用。某次实验用打点计时器交流电的频率为 50 Hz，纸带的记录如图 6-4-4 所示，图中 0 点为纸带的第一个点，每两个点作为一个计数点，图中只标出计数点。用毫米刻度尺测量出该纸带计数点之间的距离分别为 $S_i=5.12$(cm)、5.74(cm)、6.41(cm)、7.05(cm)、7.68(cm)、8.33(cm)，其中 $i=1$、2、3、4、5、6。

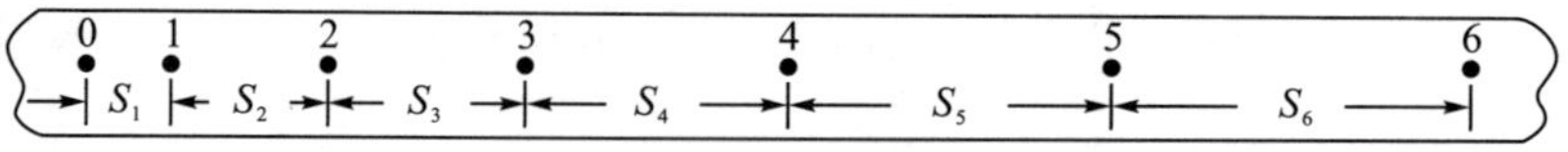

图 6-4-4 纸带

根据公式 $S=v_0t+\frac{1}{2}at^2$ 可知，数据点 2 的位移 $S_{\text{II}}=S_1+S_2=0.0512+0.0574=0.1086$(m)，同理可得其他数据点的位移，将这些实验数据列入到表 6-4-3 中。

表 6-4-3　匀加速直线运动中的位移与时间的实验数据表

	1	2	3	4	5	6
时间/s	0.04	0.08	0.12	0.16	0.20	0.24
位移/m	0.0512	0.1086	0.1727	0.2432	0.3200	0.4033

启动 Excel 软件，将表中的实验数据输入到工作表中，注意数据应按列方式输入。选择“插入”菜单栏中的“图表”选项，在“标准类型”中选择“XY 散点图”，并从右侧“子图表类型”中选择“平滑线散点图”。点击下一步，选择数据区域，根据用户需要依次设置，最后点击“完成”按钮，得到一条拟合曲线。在曲线上右键选择“趋势线格式”，在“类型”选项中选择“多项式”，将其阶数设置为 2，然后在“选项”栏中的“显示公式”复选框前勾选，点击“确定”。在“图表”选项中，根据用户自身需要设置相应的参数，就可得到如图 6-4-5 所示的拟合图像。

从拟合图像可以看出，初始位移 $S_0=3\times10^{-5}$ m≈0 m，初速度 $v_0=1.1974$ m/s≈1.2 m/s，加速度 $a=2\times2.0123$ m/s^2≈4 m/s^2，即匀变速直线运动的物体的位移 $S=1.2t+2t^2$。

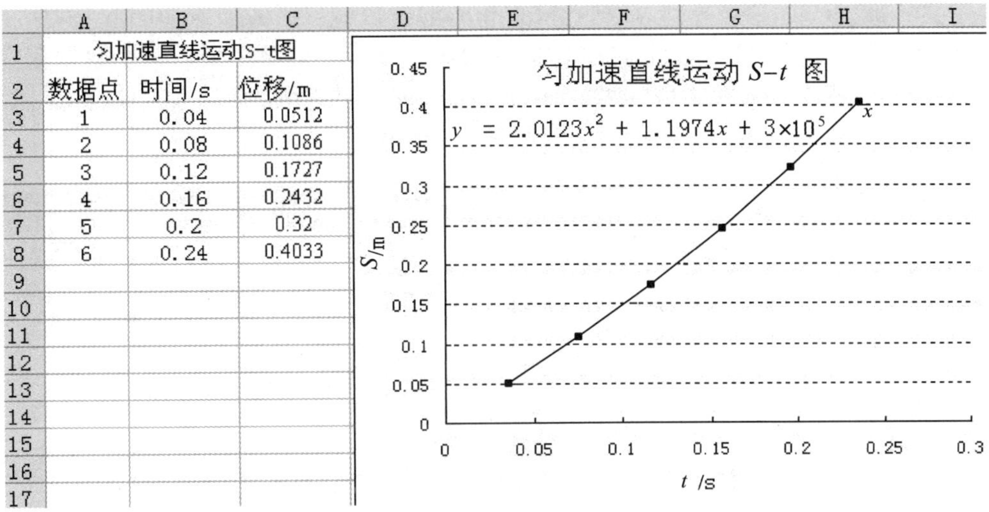

图 6-4-5　匀变速直线运动中的线性拟合图

对其他类型的物理实验，如用单摆测定重力加速度等实验均可采用以上方法进行非线性模拟分析。

二、Origin 软件在实验数据处理方面的应用

Origin 软件是美国 OriginLab 公司开发的 Windows 平台下的图形可视化和数据分析软件(professional data analysis and graphing software)，由于其操作如同使用 MS Office 软件一样简便、灵活、易学，且其具有功能开放，占用空间小，安装简便，对系统要求低，普及性强等特点，成为国际流行的分析、工程制图软件之一。Origin 软件有两个重要的功能：数据制图和数据分析。对于物理实验中的各种图表均能胜任，且有高分辨率的输出性

能；其数据分析包括计算、数理统计、排序、数据标准化、平滑、拟合、频谱分析等。除满足便捷、准确地分析、处理物理实验数据的需要外，还可通过实验数据在不同条件下的拟合过程及拟合结果，验证物理规律。为了更好地介绍 Origin 软件在实验数据处理方面的应用，实验数据采用与 Excel 软件相同的数据，即表 6-4-1、表 6-4-2、表 6-4-3 中的实验数据。

1. 处理算术平均值问题的应用

在物理实验中，测量某一物理量往往需要进行多次测量，再求平均值。以用游标卡尺测量单摆摆球直径为例，随机选取其中的三组实验数据如表 6-4-4 所示。

表 6-4-4　三组测量摆球直径的实验数据　(单位：mm)

次数	1	2	3	4	5
A 组	20.0	20.1	19.9	20.0	20.1
B 组	19.9	20.0	19.9	20.1	20.0
C 组	20.0	19.9	20.1	20.1	20.4

打开 Origin 软件，将 A、B、C 组实验数据输入到数据表格中，使用“Plot”菜单栏下的“Symbol”中的“Scatter”选项，设置相应的参数后，实验图表如图 6-4-6 所示。由图 6-4-6 可以直观的看出这些数据的平均值约为 20.0 mm，C 组中最后一个数据偏离比较明显，说明该数据存在着较大的误差。通过该方法就能直观的将数据通过软件显示出来，使学生清楚地发现偶然误差。

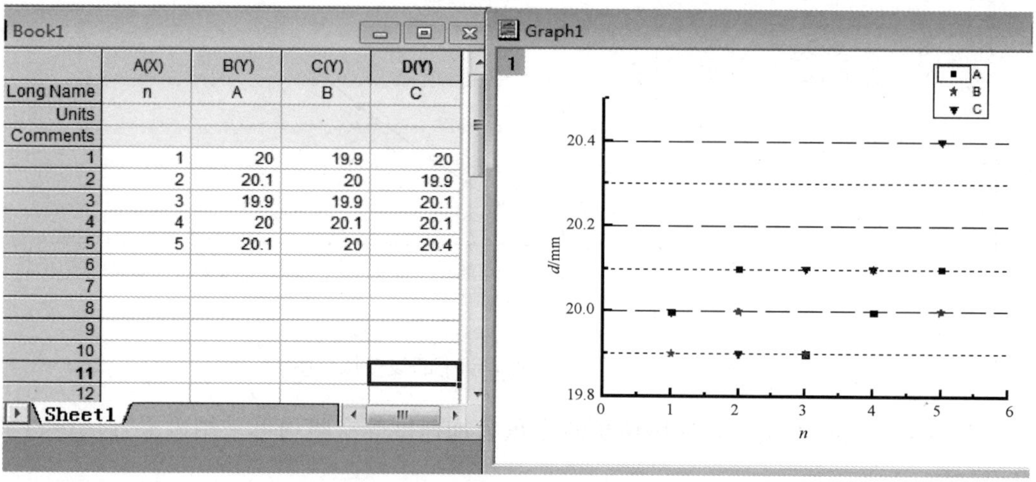

图 6-4-6　利用 Origin 软件实验图

2. 处理线性关系问题的应用

以探究匀速直线运动中位移与时间关系实验为例，说明 Origin 软件在数据线性误差分析上的应用。将数据输入到数据表格中或者将 Excel 中的数据复制到数据表格中，使用“Plot”菜单栏下的“Line+Symbol”中的“Line+Symbol”选项，选中输出图形点击“Analysis”菜单栏下“Fitting”中的“Fit Linear”选项，根据用户需要设置其他的参数后就可得到相应的拟合曲线图，如图 6-4-7 所示。

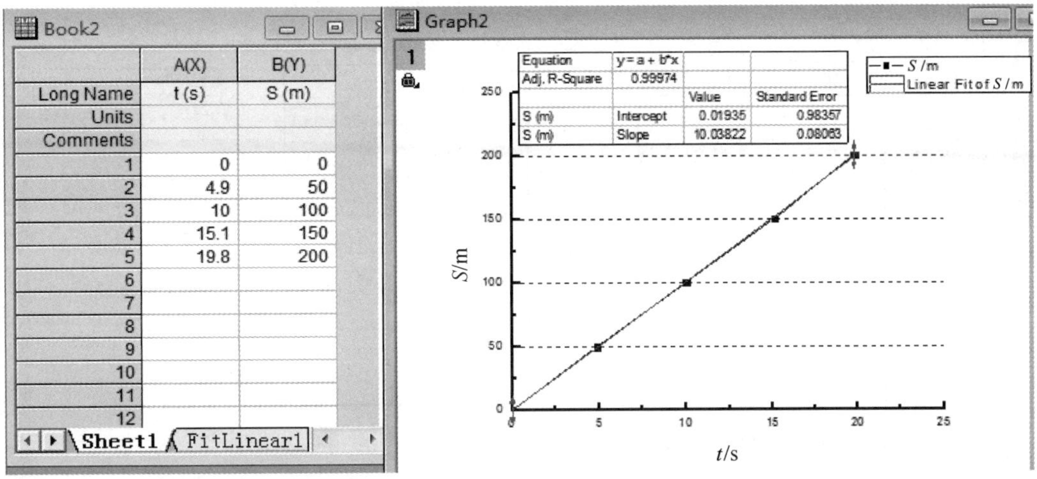

图 6-4-7　利用 Origin 软件进行线性拟合

图 6-4-7 中的拟合参数数据表如图 6-4-8 所示，从分析结果可知，数据的线性相关系数 $R^2=0.99974$，截距 Intercept=0. 01935，斜率 Slope=10. 03822。由此可知，求得的线性回归方程为：$S=0.01935+10.038\ t$。从线性拟合的公式 $Y=A+B*X$ 呈现了该物理过程的状况，根据 $S=S_0+vt$ 可知，初始位移 $S_0=0.01935\ \text{m}\approx 0\ \text{m}$，速度 $v=10.038\ \text{m/s}\approx 10\ \text{m/s}$，即 $S=10t$。这种拟合方法与 Excel 软件进行线性拟合的结果相同。

Equation	$y=a+b^x x$		
Adj. R-Square	0. 99974		
		Value	Standard Error
S/m	Intercept	0. 01935	0. 98357
S/m	Slope	10. 03822	0. 08063

图 6-4-8　线性拟合结果输出

3. 处理非线性关系问题的应用

以探究匀变速直线运动中位移与时间关系的实验为例，说明 Origin 软件处理非线性误差、数据分析上的应用。将数据输入到数据表格中，或者将 Excel 中的数据复制到数据表格中，使用“Plot”菜单栏下的“Line+Symbol”中的“Line+Symbol”选项，选中输出图形点击“Analysis”菜单栏下“Fitting”中的“Fit Polynomial”选项，根据用户需要设置其他的参数后就可得到相应的拟合曲线图，如图 6-4-9 所示。

从拟合图像可以看出，图 6-4-9 中的拟合参数数据表如图 6-4-10 所示，初始位移 $S_0=3\times10^{-5}\ \text{m}\approx 0\ \text{m}$，初速度 $v_0=1.19742\ \text{m/s}\approx 1.2\ \text{m/s}$，加速度 $a=2*2.01228\ \text{m/s}^2\approx 4\ \text{m/s}^2$，即匀变速直线运动的物体的位移 $S=1.2t+2t^2$。拟合结果与 Excel 软件进行线性拟合的结果相同。

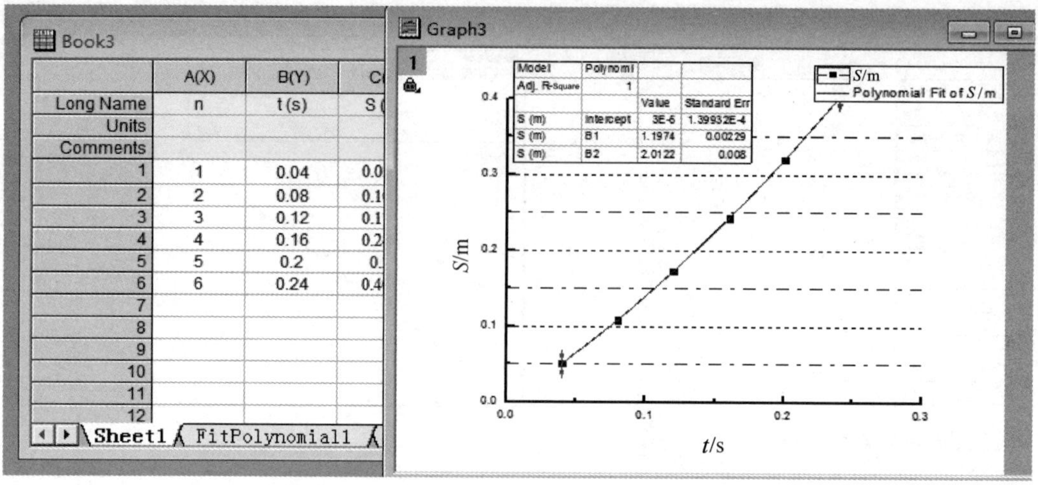

图 6-4-9 利用 Origin 软件进行非线性拟合

Model	Polynomial		
Adj. R-Square	1		
		Value	Standard Error
S/m	Intercept	3E-5	1. 39932E-4
S/m	B1	1. 19742	0. 00229
S/m	B2	2. 01228	0. 008

图 6-4-10 非线性拟合结果输出

通过对 Origin 软件的简单应用就可发现，该软件在数据分析和绘图方面有着其显著的优势。能够迅速处理数据，绘出图形的图形质量高，因此在中学教学和科学研究中常用该软件来绘制物理图形。

三、Matlab 软件在实验数据处理方面的应用

为更好地介绍 Matlab 软件在实验数据处理方面的应用，实验数据同样采用前文表中的实验数据。

1. 处理算术平均值问题的应用

以用游标卡尺测量单摆摆球直径为例，说明 Matlab 软件在数据处理方面的应用。打开 Matlab 软件，选择“File”菜单“New”中的“Black M−File”，新建一个空白的 M 文件，在该文件中输入数据和命令，如图 6-4-11 右侧所示，点击“Run”按钮后，输出结果在图左侧显示。

三组单摆摆球直径的实验数据，用简单的“mean”（求平均值命令）命令就可将数据迅速显示出来。

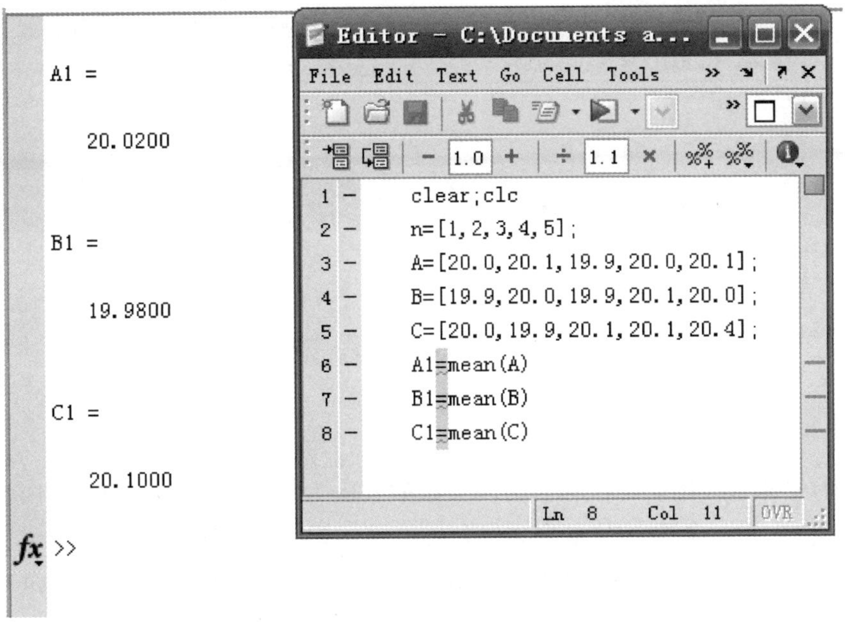

图 6-4-11　利用 Matlab 软件进行结果输出

2. 处理线性关系问题的应用

以探究匀速直线运动中位移与时间关系实验为例，说明 Matlab 软件在数据处理、数据线性拟合等方面的应用。在空白的 M 文件中输入，输入相应的数据和命令，然后点击“Run”按钮得到如图 6-4-12 所示的拟合图。

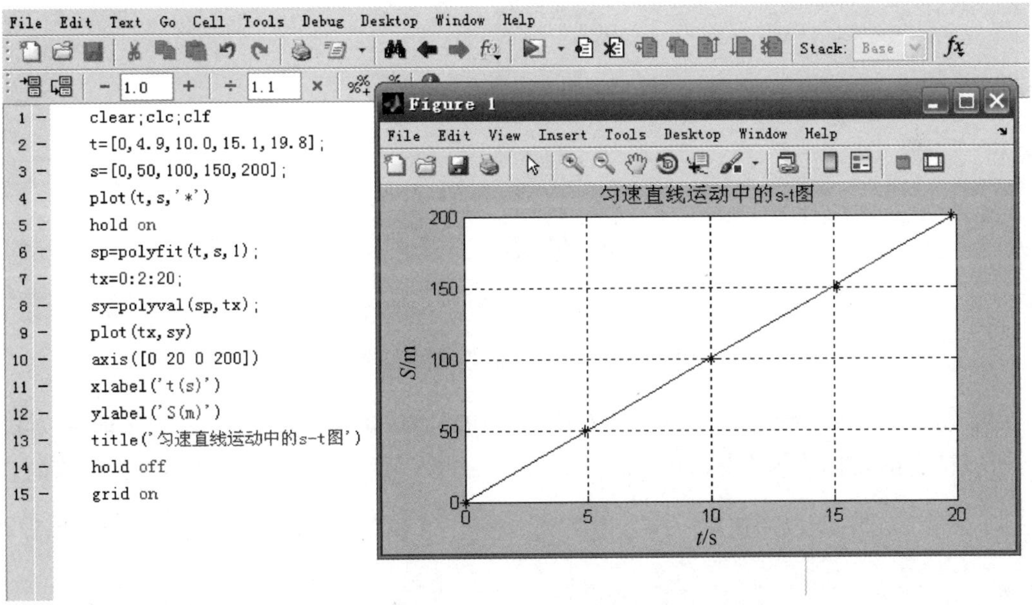

图 6-4-12　利用 Matlab 软件进行线性拟合

命令窗口中“sp”的输出值为 10.0382、0.0194，输出结果如图 6-4-13 所示。由此可知，求得的线性回归方程为：$S=10.0382t+0.0194$。结合匀速直线运动的位移公式 $S=S_0+vt$ 可知，初始位移 $S_0=0.01935\ \text{m}\approx 0\ \text{m}$，速度 $v=10.038\ \text{m/s}\approx 10\ \text{m/s}$，即 $S=10t$。

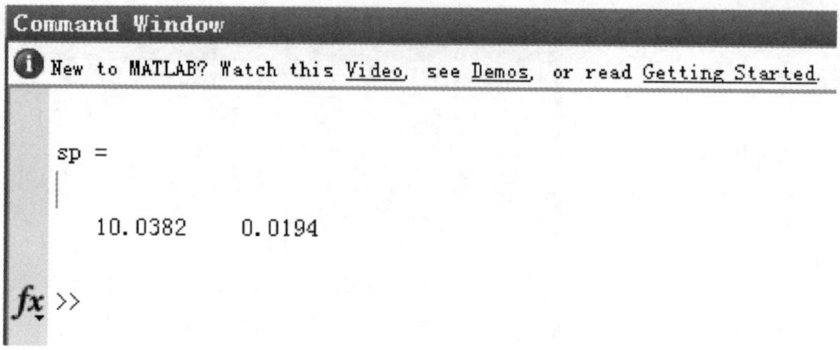

图 6-4-13 利用 Matlab 软件进行结果输出

3. 处理非线性关系问题的应用

以探究匀变速直线运动中位移与时间关系的实验为例，说明 Matlab 软件在数据处理、非线性拟合等方面的应用。在空白的 M 文件中，输入相应的数据和命令，然后点击“Run”按钮得到相应的非线性拟合图，如图 6-4-14 所示。在 Matlab 软件中进行数据拟合所采用的拟合原理是最小二乘法。

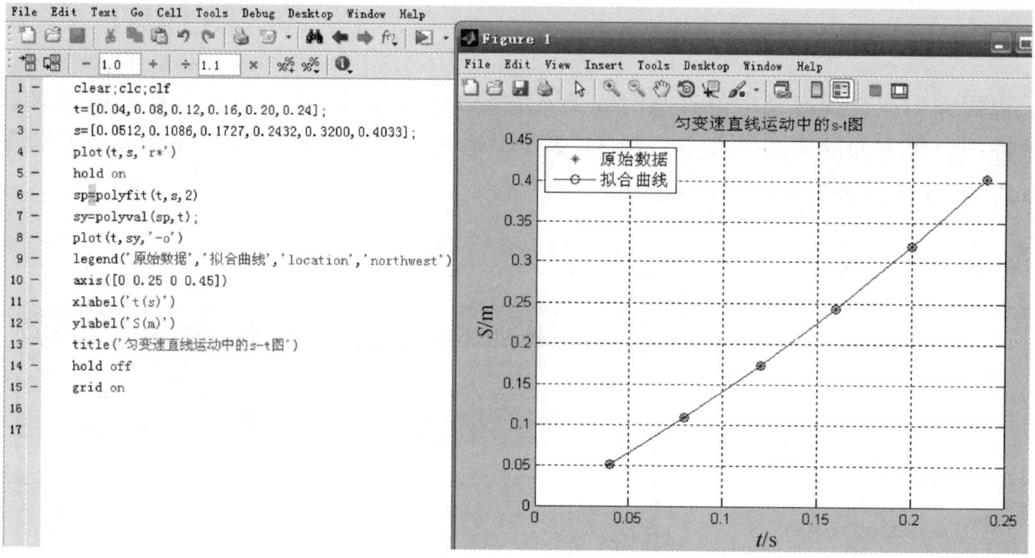

图 6-4-14 利用 Matlab 软件进行非线性拟合

命令窗口中“sp”的输出值为 2.0123、1.1974、0.0000。该实验采用 2 阶多项式拟合，所以拟合的表达式为 $S=2.0123t^2+1.1974t+0$，再结合匀加速直线运动中位移的表达式 $S=v_0t+\frac{1}{2}at^2$，所以初速度 $v_0=1.19742\ \text{m/s}\approx1.2\ \text{m/s}$，加速度 $a=2*2.01228\ \text{m/s}^2\approx 4\ \text{m/s}^2$。

由于 Matlab 软件的程序简单、易于读写，在实验数据处理和分析中常使用该软件进行相应的处理，特别是在物理实验数据较多和复杂时越能突显其处理的快捷性和优越性。当程序编写完成后，每次只需更新相应的实验数据就可得到相应的实验结果，使输出结果的操作更为简单，可以提高课堂教学效率。

通过以上事例简单说明了 Excel 软件、Origin 软件、Matlab 软件在物理数据处理、图形输出等方面的简单应用，对于它们的具体应用可结合具体实际情况进行调整和修改。Excel 软件简单易学，Office 办公软件中均有，侧重于对数据的简单处理；Origin 软件在数据处理方面要稍弱，但图形输出方面做得较好；Matlab 软件则在数据方面具有明显优势，不仅可以进行简单的算术运算，还可以进行矩阵、符号运算，但图形输出方面没有 Origin 软件做得精细，因此人们常常用 Matlab 软件进行数据处理，将输出结果保存的数据文件用 Origin 软件进行相应的图形绘制工作。

初 中 篇

实验 1：探究同种物质质量和体积的关系

【预备知识】

早在 1620 年，培根在《新工具》一书中最早提出了质量的概念，将质量定义为“物体所含物质之量”。牛顿在《自然哲学之数学原理》中定义物体的质量为“物质之量”，质量“是用密度和体积一起来量度”。质量又分为引力质量和惯性质量。引力质量表述为万有引力定律公式中的质量，是物体产生引力场的源头或物体间引力作用的依托，一般用天平称得的物体质量就是物体的引力质量。惯性质量表述为牛顿第二定律公式中的质量，它是物体惯性的量度，用惯性秤可以确定物体的惯性质量。实验证明，引力质量和惯性质量是成正比的两个量，两者反映了物质的两种不同的属性：引力和惯性。惯性质量和引力质量等价是广义相对性原理的基本出发点之一。

在学生心中普遍存在着质量和重量不分的误区。质量是物体所含物质的多少，而重量是物体所受重力的大小；质量不随物体形状、位置、状态的变化而变化，但重量要随物体位置的变化而变化，即同一个物体在太空中、月球上，它的质量不变但重量要变。教师在授课的时候一定要给学生区分清楚。凡是利用杠杆原理制成的测量工具测量的是物体的质量，如天平、杆秤；凡是利用二力平衡原理制成的测量工具测量的是物体的重量，如弹簧秤。

《义务教育物理课程标准(2011 年版)》规定“测量固体和液体的密度”是学生必做实验，对探究物体的质量和体积之间的关系实验有明确要求：“通过实验，理解密度；会测量固体和液体的密度；解释生活中一些与密度有关的物理现象”。在课程标准的“活动建议”中也提出让学生测量一些固体和液体的密度，如让学生自己设计一种方法，测量酱油、食用油、醋、盐、塑料制品、肥皂、牛奶等物品的密度。六套初中物理教科书对本节知识内容的呈现均有实验探究。而通过这节的教学，不仅要使学生了解质量的定义，而且要使学生了解测量质量和体积的方法，教会学生区分正比和反比。

阅读与思考：

1. 阅读物理学史，了解物质本原思想的演变。
2. 阅读初中物理教科书，思考该实验内容的教学组织形式。

【训练目的和要求】

一、实验技能的训练目的

1. 通过实验，找出同种物质的质量和体积的关系。
2. 应用“比值”方法，探究物质特性，建立密度的概念。
3. 积极参与探究活动，培养并保持自己的探究兴趣，锻炼合作与交流的能力。
4. 养成细心、认真的品质和爱护仪器的良好习惯。

二、实验教学能力的训练要求

1. 教会学生使用天平的正确步骤。

2. 学会编写该实验教学教案，并在小组内讨论交流。

3. 认真撰写训练报告，报告包括操作反思、教学反思、评价及改进措施等内容。

【实验器材】

体积不同的长方体铝块、木块、铁块和铜块若干，刻度尺、托盘天平、杆秤、酒精、煤油、清水等。

1. 托盘天平

本实验中使用的天平是托盘天平，其他天平的介绍见第 6 章中的专题三。

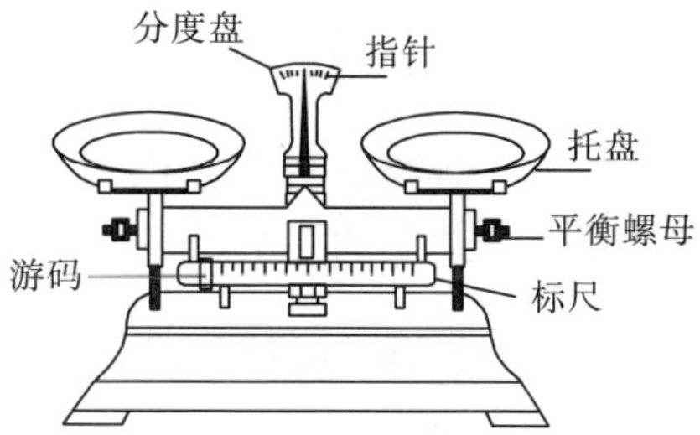

图初-1-1 托盘天平

托盘天平主要由立柱、横梁、吊挂系统、底座和制动装置组成。如图初-1-1 所示，立柱垂直固定在底座上，用以支撑横梁。立柱顶部装有分度盘，底部装有托架，在天平不工作时支托横梁。在横梁中部装有一把中刀。天平工作时，中刀搁置在与升降杆顶端连接的刀承上，作为支点。中刀两边装有两把边刀，分别作为重点和力点，起承受和传递载荷的作用。中刀下横梁底面装有指针，指针上固定有可上下移动以调节横梁重心位置的重心砣，它起调节天平灵敏度的作用。横梁顶部刻有分度标尺，标尺上有一移动游码。横梁两端还装有可调整天平空载平衡位置的平衡螺母。吊挂系统包括小吊环、挂盘架和秤盘。挂盘架吊挂在小吊环吊钩上，两把边刀通过小吊环分别承受秤盘砝码和被称物的重力。底座装有两个调整天平水平的螺旋调整脚，底座上面还安置有水准器以显示天平水平度。调整水平是为了避免天平不水平而产生称量误差。制动装置主要由开关旋钮、开关轴和偏心凸轮(或连杆)组成。转动旋钮使凸轮(或偏心连杆)偏转一定角度，即可使立柱中的升降杆上下移动，通过中刀承将横梁托起或落下，以开启或关闭天平。

2. 量筒

量筒一般由玻璃制成，外壁上刻有刻度，可以读取液体体积。常用的规格有 10 mL、25 mL、50 mL、100 mL、250 mL、500 mL、1000 mL 等。向量筒里注入液体时，应用左手拿量筒，使量筒略倾斜，右手拿试剂瓶，使试剂瓶口紧挨着量筒口，使液体缓缓注入。待注入的量比所需要的量稍少时，把量筒放平，改用胶头滴管滴加到所需要的量。注入液体后，等 1～2 分钟，使附着在内壁上的液体流下来，再读出刻度值。否则，读出的数值偏小。读数时，应该将量筒放在平整的桌面上，观察刻度时，视线与量筒内液体的凹液面的最低处保持水平，再读出所取液体的体积数。否则，读数会偏高。

使用注意事项：不能用量筒加热或者量取过热的液体；量筒的刻度是指温度在20 ℃时的体积数。不能在量筒中进行化学反应或配制溶液。使用量筒后，如果仅仅是为了使测量准确，没有必要用水冲洗，因为制造量筒时已经考虑到有残留液体这一点，如果冲洗反而使所取体积偏大；如果要用同一量筒再量别的液体，就必须用水冲洗干净，以防止杂质的污染。在量液体时，要根据所量的体积来选择大小恰当的量筒，否则会造成较大的误差。

【实验训练内容】

一、实验技能的强化训练

1. 提出问题

由同一种物质制成的不同的实心物体，很容易想到：体积大，质量大，它们的质量和体积有什么样的定量关系呢？是像父亲的年龄和儿子的年龄关系呢？还是像家里所交的水费与所用的水量之间的关系？

2. 猜想与假设

由同一种物质制成的不同的实心物体，它们的质量与体积的关系应该是所交的水费与所用的水量之间的关系，即正比例关系。

3. 设计实验和进行实验

第一种方案：

分别用刻度尺测出铝块的长、宽、高，算出它们的体积；用天平测出铝块的质量。通过列表法和作图法找出铝块的质量和体积的关系。

①检查器材是否齐备完好。

②分别用刻度尺测出 4 个铝块的长、宽、高再算出它们的体积，将算出的体积填入表初-1-1中。

表初-1-1

物体	长	宽	高	体积/cm^3
铝块 1				
铝块 2				
铝块 3				
铝块 4				

③调整天平：首先观察天平的结构，熟悉天平的操作方法，查看砝码盒里的砝码、镊子是否齐全。然后将天平放在水平台上，取下天平托架下的橡胶垫；左手轻扶天平的托架，制动天平，右手用镊子将游码拨至标尺的零刻度线处，然后放开左手，使天平处于自然状态中，观察天平是否平衡；如不平衡，调节横梁右端的平衡螺母，使横梁平衡。

④测量铝块质量：调整好天平后用天平分别称 4 个铝块的质量。把铝块轻轻放在天平的左盘里；估计被测质量，由大到小地选取合适的砝码，用镊子夹取砝码轻轻放入天平的右盘；当把最小砝码加上去嫌多，取下嫌少时，使用游码，左手制动横梁，右手用镊子拨动游码，直到横梁平衡为止。称量结果记入下表中。

⑤取下被测铝块放回原处，用镊子把砝码放回砝码盒。左手制动天平，用镊子将游码拨至零刻度线处，再调节天平至平衡。继续用天平称下一个铝块的质量，直至完成表初-1-2。

表初-1-2

物体	质量/g
铝块 1	
铝块 2	
铝块 3	
铝块 4	

⑥整理检查所有器材并将其恢复到实验前状态和摆放位置。

第二种方案：

先用杆秤称一块砖的质量，再用刻度尺测一块砖的体积，然后称两块砖的质量和体积……直至完成表初-1-3。

表初-1-3

物体	体积/cm^3	质量/kg	$\frac{\text{质量}}{\text{体积}}$	结论
1 块砖				
2 块砖				
3 块砖				
4 块砖				

4. 分析和论证

将测得的数据，以体积为横坐标，质量为纵坐标在坐标图上描点，再把这些点连接起来。据此找出质量 m 跟体积 V 的关系。

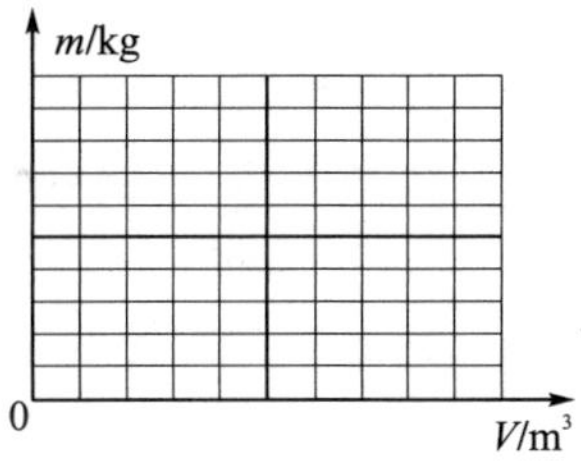

通过以上探究性实验可以得到如下结论：

①同种物质的质量与体积之比是____________。（填“一定的”或“不一定的”）

②不同物质的质量与体积之比是____________。（填“相同的”或“不同的”）

5. 交流与评价

①本探究活动主要是作出在一条直线上的坐标点，真正理解同种物质的质量与体积的比值的含义，即该值反应了物质的一种特性。

②把你的探究过程及结论告诉同学和老师，或者把这个探究记录给他们看，征求他们的意见。既要改正自己的错误、弥补不足，又要为自己正确的观点和做法辩护。把交流的情况简要记录下来。重点交流探讨如何正确使用天平，以及所测数据的精确度。

二、实验教学能力的训练

进行完上述实验技能训练后，重点进行实验教学能力的训练。探究物质质量和体积的关系实验，旨在让学生通过探究理解密度的概念，知道密度是物质本身的一种属性。本节课的教学一般采取学生分组实验的方式进行，让每组学生测量不同物质或者同种物质不同体积的质量和体积的关系。在进行实验前还可以让学生先探讨怎样设计实验来验证猜想，让学生初步了解控制变量法的运用，培养学生的实验能力。

下面提供一则教学设计，希望读者在阅读本节给的教学案例后，认真撰写自己的实验教学教案，然后分小组进行微格实验教学并按要求撰写训练报告。

【实验教学设计】

一、教学目标

知识与能力：探究同种物质的质量与体积的关系，培养观察能力、实验能力、分析能力和运用图像处理物理问题的能力。

过程与方法：体验探究过程，学习探究方法。

情感态度与价值观：培养严谨求实的科学态度和科学精神，学习交流、合作的学习方法。

二、教学过程

1. 新课引入

自然界是由各种各样的物质组成，不同物质有不同的特性，正是根据物质的这些特性来区分、鉴别不同的物质。

教师展示酒精、煤油、清水、木块、铁块、铜块的实物，分别让学生进行区分辨别；并指出：特性指物质本身具有的，能进行相互区别、辨认的一种性质，例如颜色、气味、味道、硬度等都是物质的特性。

教师拿出体积相同的铁块和铝块，颜色都是白色，问学生：你们怎么能鉴别出哪种是铁块，哪种是铝块？引导：颜色、气味、味道、硬度等都不好区分，最简单的方法是用手感觉一下轻重。然后拿出一个已调节好的托盘天平，分别把两金属块放在两盘中，让学生说出哪个是铁块，从而引入新课。

实验一：用天平测量具有相同体积的不同物质(铁块、铜块、铝块)的质量。

实验二：测量不同体积的相同物质(铁块)的质量。

教师用投影仪打出下面的表格，指导学生将实验数据填入表初-1-4中，分析实验数据，概括结论。

表初-1-4

物体	质量/g	体积/cm^3	质量/体积/(g/cm^3)
铁块			
铜块			
铝块			

物体	质量/g	体积/cm^3	质量/体积/(g/cm^3)
铁块 1			
铁块 2			
铁块 3			

实验一结论：相同体积的不同物质质量不同，即不同的物质，单位体积的质量是不同的。

实验二结论：同种物质，不同体积质量不同，即相同物质，单位体积的质量是相同的。

设疑：以上两个实验，客观事物不同，有没有共性的东西？

很自然顺势提出：为表述这样的客观现象有必要引入一个新的物理概念——密度。

2. 新课教学

2.1 密度概念的建立

学生实验：测三个铝块的质量。最大的铝块体积是最小的铝块的三倍。较大的铝块的体积是小铝块的两倍。同样测出体积成倍数关系的三个铁块的质量。(也可以不是整数倍)

教师用投影仪打出下面的表初-1-5。

表初-1-5

物体	质量/g	体积/cm^3	质量/体积/(g/cm^3)
铝块 1			
铝块 2			
铝块 3			

物体	质量/g	体积/cm^3	质量/体积/(g/cm^3)
铁块 1			
铁块 2			
铁块 3			

实验三结论：铝块体积增大 2 倍，质量也增大 2 倍。铝块的质量和体积的比值是一定的。铁块体积增大 2 倍，铁块的质量也增大 2 倍，铁块的质量和体积的比值是一定的。

归纳推理：

①相同种类的物质，它的体积增大几倍，它的质量也增大几倍；且质量跟体积的比值是个定值。

②不同种类的物质，质量跟体积的比值是不同的。

总结：质量跟体积的比值就等于单位体积物质的质量。不同种类的物质，单位体积的质量不同。可见，单位体积的质量反映了物质的一种特性。密度就是表示物质这种特性的物理量。

2.2 密度概念的展开

密度的定义：某种物质单位体积的质量叫做这种物质的密度，用符号 ρ 表示。

(启发学生思考回答：知道物质的质量和体积，如何算出密度，根据什么呢？大家可以回忆一下以前关于速度的定义及公式)

密度的公式：密度=质量/体积，可以写作 $\rho=m/V$

注意：让学生记住并理解公式，知道公式中 ρ、m、V 各表示什么？还学会写 ρ。结合前面的物理实验数据，理解公式的物理意义，明确 ρ、m、V 的关系。强调在一定外界条件下，物质的密度是由物质的种类决定的，与体积、质量无关。

密度的单位：通过前面实验，用质量和体积的比值引导学生回答密度的单位是由哪些物理单位组成的，也可以让学生通过比较速度的公式得到密度公式，从而得到密度的单位。

密度的单位由质量和体积的单位组成。密度的国际单位是：kg/m^3，此外还有 g/cm^3，要懂得进行单位的换算 $10^3\ kg/m^3=1\ g/cm^3$。

铁的密度为 $7.9\times10^3\ kg/m^3=$__________g/cm^3，怎样读？物理意义是什么？

密度的计算：用投影打出下面的例题。

一块铝，它的质量是 0.675 t，体积是 25 dm^3，求铝的密度。

请同学们完成这道计算题，解题也要按要求写出已知、求、解、答。单位一律采用国际单位。

在学生练习时，教师在学生中巡视，及时发现同学在解题过程中出现的问题，并进行指点。

已知：$m=0.675\ t=675\ kg$，$V=25\ dm^3=2.5\times10^{-2}\ m^3$，求：铝的密度。

解：$\rho=m/V=675\ kg/(2.5\times10^{-2}\ m^3)=2.7\times10^4\ kg/m^3$

答：铝的密度是 $2.7\times10^4\ kg/m^3$

注意：教师边讲解要求及过程，边分析巡视中发现的学生的问题，提醒同学今后注意。

3. 归纳小结

今天我们学习了重要的物理概念——密度。密度是表征物质特性的一个物理量。它表征的是单位体积的物质质量的大小。每种物质都有一定的密度，不同物质密度一般不同，密度公式 $\rho=\dfrac{m}{V}$，物质的密度是由物质的质量和它的体积的比值求出的，但不是由它的质量和体积决定的。

【训练报告】

1. 请完成本节课的实验教学训练后对实验操作和教学过程进行反思和自我评价，完成实验技能和实验教学训练报告。

2. 改进本节课的实验教学方案。

3. 本节内容重点培养学生动手能力，让学生初步了解控制变量的实验方法，请回答以下与本节课相关的测试题。

(1)同学们在实验室里测某种小矿石的密度，选用天平、量筒、小矿石、细线、烧杯和水，进行了如下的实验操作：

A. 将小矿石用细线系好后慢慢地放入量筒中并记下总的体积。

B. 把游码放在标尺的零刻度线处，调节横梁上的螺母，使横梁平衡。

C. 把天平放在水平桌面上。

D. 将小矿石放在左盘中，在右盘中增减砝码并移动游码直至横梁平衡。

E. 在量筒中倒入适量的水并记下水的体积。

①正确的实验操作顺序是__________(只填字母序号)。

②在调节天平时，发现指针位置如图初-1-2 甲所示，此时应将平衡螺母向________调

（选填“左”或“右”）。

③用调节好的天平称小矿石的质量。天平平衡时，放在右盘中的砝码和游码的位置如图初-1-2乙所示；量筒量出小矿石的体积如图初-1-2丙所示，由此可知，小矿石的密度$\rho=$________kg/m^3。

④实验中，由于小英同学不小心把量筒打碎了，但实验室里已没有量筒了，老师就给她增加了一个溢水杯。现请你帮她想办法测出小矿石的体积，写出简要的实验步骤。

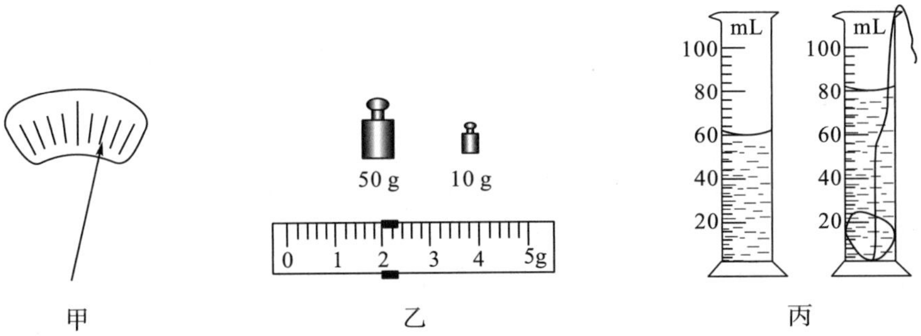

图初-1-2

(2)小明家安装自来水管时，将一根水管截成长短不同的两段，则这两段水管（　　）

A. 质量相等　　B. 密度相等　　C. 重力相等　　D. 体积相等

(3)对固体的质量与体积的比是一个定值学生很容易理解，而对同一种液体是否也存在质量与体积的比是一个定值？又如何用实验探究？

(4)在上面几个探究活动中，如果换成其他几种物质，这个比值还一样吗？作出来的图像又有什么样的区别？以后又如何直接通过图像来识别比较不同的物质？

(5)如果把两种不同的物质按照一定的比例混合，那么它们的质量与体积的比又如何呢？又如何用实验来探究？

【实验创新视野】

本实验在教师演示和学生分组实验时采用“引导－探索－总结归纳”的教学方式，通过设置不同小组测量同种物质不同体积的质量和同种体积不同物质的质量两种情况下物质质量和体积的关系，让学生初步理解控制变量法；同时为说明密度反映了物质的一种特性提供案例解释。这种分组实验的方法提高了效率，使教学易于进行。此外，用比值来定义物理量是物理学中常用的方法，这里用质量和体积的比值来定义密度，与速度的定义类似，通过这种类比可使学生初步了解这种定义物理量的方法。

【链接】

[1]李绍荣. 探究同种物质的质量与体积的关系[J]. 初中生世界(八年级物理)，2011(1)：5.

[2]王猛. 关于“质量与体积”一节的教科书分析与教学设计[J]. 物理通报，2000(5)：24-25.

[3]陈长林. 物理实施“问题教学”个案——物质密度教学设计[J]. 基础教育研究，2005(10)：28-30.

实验 2：弹簧测力计的制作和使用

【预备知识】

发生弹性形变的物体由于要恢复原状，对与它接触的物体产生力的作用，这种力叫做弹力。平时所指的弹力一般是压力、支持力和拉力。发生形变的物体，若能恢复原状，这样的形变叫做弹性形变。物体形变过了一定的限度则不能恢复原状，这样的形变叫做范性形变。这个限度称作弹性限度。在弹性限度内，弹力的大小跟弹簧的形变大小(伸长或缩短量)成正比，此即胡克定律，表达式为 $F=kx$。

在现实生活中任何物体都会发生形变，不发生形变的物体是不存在的。之所以人们认为有些物体不发生形变是因为这些物体的形变不明显，甚至是肉眼看不出来的，需要用一些实验方法或是仪器才可以显现出来的。而作为弹性形变相对比较明显的弹簧在物理研究中经常作为测量作用力大小的工具。

弹力是在学生学习力的概念的基础上对生活中常见的力进行的研究，是高中进一步学习弹力的基础。而弹簧测力计是力学中重要的测量仪器，是研究重力、摩擦力、浮力、机械效率的基本工具。这节课的内容和方法在初中物理教科书中可以说起到了承前启后的作用。《义务教育物理课程标准(2011 年版)》规定“用弹簧测力计测量力”是学生必做实验，在学习机械运动与力学部分的内容时，要求学生能够“用示意图描述力；会测量力的大小”。课程标准同时也建议在本节课的学习过程中开展“用弹簧或橡皮筋制作简易测力计”的活动。

阅读与思考：

1. 阅读文献，了解放大微小形变的实验方法，并思考是否可以改进。
2. 思考除初中物理教科书中制作弹簧秤的方案外，还可以利用哪些材料制作相关器件。
3. 思考这个课题给你的教学启发，如教学组织形式、课程资源的开发与利用。

【训练目的和要求】

一、实验技能的训练目的

1. 认识弹簧测力计，了解它的结构。
2. 经历制作和使用弹簧测力计的过程，学会正确使用弹簧测力计测量力的大小。
3. 通过实验加深对力的大小的具体感知和对力的相互性的体会。

二、实验教学能力的训练要求

1. 通过自己完整的实验过程，体会在该实验中学生可能出现的状况。
2. 学会编写该实验教学的教案，并在小组内讨论交流。

3. 通过微格实验教学，学会引导初中生体验完整的探究过程，关注学生的独立性、主动性，体会如何使学生获得成就感。

4. 正确规范操作实验仪器，并在实验完后整理实验器材。

5. 认真撰写训练报告，报告中包括操作反思、教学反思、评价及改进措施等内容。

【实验器材】

螺旋弹簧(带指针)、弹簧测力计、钩码、直尺、木板、白纸、图钉、铅笔、铁架台、橡皮筋、等质量的小钢珠或小螺丝帽若干。

【实验训练内容】

一、实验技能的强化训练

实验训练内容一

1. 检查器材是否齐备完好。

2. 按图初-2-1 装置，将木板竖直地固定在铁架台上，用图钉把白纸钉在木板上。

3. 把螺旋弹簧上端固定在铁架台上，使弹簧自由停留在竖直方向上，指针靠近木板纸面(从说明书中了解弹簧的限度)。

4. 不挂钩码时待弹簧静止，用铅笔在纸上标出指针位置，并记为“0”，用刻度尺测出弹簧原长(即悬挂点到指针的长度)。

5. 分别挂钩码为 50 g、100 g、150 g、200 g、250 g、300 g、350 g、400 g、450 g、500 g，并分别记下指针所对应的位置，用直尺测出每次的弹簧长度(即总长)。

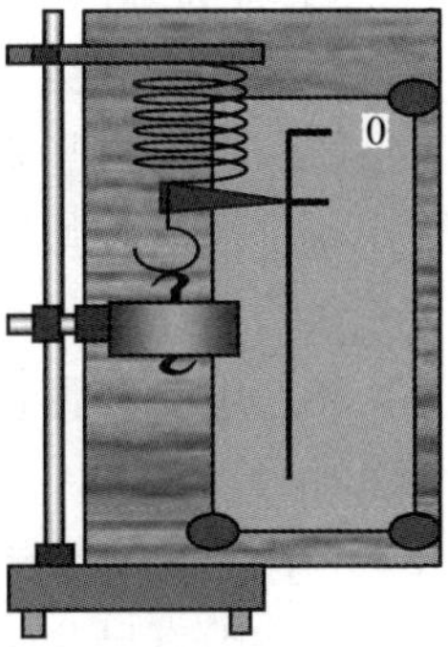

图初-2-1

6. 将测得的弹簧原长和总长、钩码的重力填入表初-2-1。

弹簧原长 L_0 =____________cm

表初-2-1

弹簧长度/cm										
弹簧伸长长度/cm										
钩码重力/N										

7. 用直尺测量刻线间的距离，看是否相等?

8. 通过 $F=G=mg$ 换算，从上至下由“0”开始分别在纸上标出：0.49、0.98、1.47、1.96、2.45、2.94、3.43、3.92、4.41、4.9，并标出单位“N”。

9. 将每一格 5 等份，每一份为 0.096 N，为弹簧秤的分度值，量程为 4.9 N。

10. 用该简易弹簧秤测文具盒、课本等物品所受的重力，将测量结果填在表初-2-2内。

表初-2-2

弹簧秤 \ 物体	文具盒 G/N	课本 G/N	其它 G/N
自制			
仪器			

11. 整理检查所有器材并将其恢复到实验前的状态和摆放位置。

实验结论：由实验步骤 5 可知，在弹性限度内，弹簧所受拉力越大，弹簧伸长量越________。由步骤 7 可知，在弹性限度内弹簧的伸长跟弹簧所受拉力成________比。

注意事项：

弹簧测力计的测力原理是弹簧的伸长量与弹簧受到的拉力成正比，而其制作的关键是标准其刻度。其所挂砝码不能太多，以免超过其弹性限度不能恢复原状。

在制作弹簧秤的过程中，采用表格法或一次函数 $F=kx$ 分析法记录数据，再作出图像。要区分弹簧原长、弹簧的长度、弹簧的伸长量(在拉力作用下，弹簧在原长基础上增加的长度)。理解分度值和量程的概念。

实验训练内容二

1. 检查器材是否齐备完好。
2. 将木板竖直安装在铁架台上，把白纸钉在木板上。
3. 将螺旋弹簧上端固定在木板上方。
4. 不挂钩码，用直尺测量悬挂点到指针的距离(即弹簧原长)。
5. 用已知弹簧秤竖直向下拉螺旋弹簧的挂钩(该拉力不超过螺旋弹簧的量程)，弹簧秤的示数为 1 N、2 N、3 N、4 N、5 N，分别在指针对应处标上短横线，并写上 1、2、3、4、5 字样，刻度盘上注明单位“N”。
6. 用直尺测量每条刻线间的距离，观察是否相等？说明什么？
7. 分别记录弹簧的固定端到每条刻线间的竖直距离，即弹簧的长度，求出每次弹簧的伸长量是否满足 $F=kx$。
8. 再将所标刻度的每一格 5 等分，每小格为 0.2 N 即分度值，量程是 5 N。
9. 用该简易弹簧秤测文具盒、书本等重力，将测量结果填在表初-2-3。

表初-2-3

弹簧称 \ 物体	文具盒 G/N	课本 G/N	其他 G/N
自制			
仪器			

10. 整理检查所有器材并将其恢复到实验前状态和摆放位置。

注意事项：

拉弹簧秤时，一定要让其稳定后再划横线并标刻度。

实验训练内容三

1. 检查器材是否齐备完好。
2. 将 3～4 根等长等粗的橡皮筋两端用细线扎在一起。

3. 将贴有白纸的小方木板竖直地固定在铁架台上。

4. 在木板的上端钉一颗铁钉并把橡皮筋上端挂上，橡皮筋下端拴上小钩和水平指向的细铁丝(作为指针)。

5. 让橡皮筋自由悬着，在白纸上记下指针的位置“0”。

6~10 步和注意事项按实验训练内容二进行。

二、实验教学能力的训练

在进行完该项实验技能训练后，重点进行实验教学能力的训练。希望读者能认真撰写实验教学教案，然后分小组进行微格实验教学并按要求撰写训练报告。为了方便读者进行实验教学能力的训练，我们提供该项实验项目的教学设计供大家参考。

【实验教学设计】

一、教学目标

知识与技能：知道什么是弹力，弹力产生的条件；能正确使用弹簧测力计；知道形变越大，弹力越大。

过程与方法：通过观察和实验，了解弹簧测力计的结构；通过自制弹簧测力计以及弹簧测力计的使用，掌握测力计的使用方法。

情感、态度与价值观：对周围生活中弹力应用的实例有浓厚的兴趣，体会科学技术的价值。乐于制作弹簧测力计，在实际制作过程中养成严谨的科学态度，渗透科学、技术、社会(STS)教学的指导思想。

二、教学重点、难点

重点：①让学生经历用弹簧测力计测力的过程。

②掌握用弹簧测力计测力的正确方法。

难点：①微小形变的理解。

②弹簧测力计的原理。

三、教具准备

钩码、弹簧、弹簧测力计、刻度尺、多媒体课件(注：通常由实验员作前期准备，但作为授课教师，一定要提前检测所有仪器设备)。

四、教学过程

1. 弹力

活动(1)：观察课件上的一幅图——跳水运动员为什么要向下压跳板？

活动(2)：(动手操作，观察现象)①用力弯直尺；②用力拉橡皮筋；③用力拉弹簧。

结论：这些物体受力会发生形变，不受力时又恢复到原来的形状，物体的这种特性叫做弹性。

活动(3)：(动手操作，观察现象)④用力捏橡皮泥；⑤用力揉面团。

结论：这些物体受力会发生形变，不受力时不能恢复到原来的形状，物体的这种特性叫做塑性。

活动(4)：⑥将乒乓球分别压在橡皮泥和弹簧上，松手后观察现象。

结论：将乒乓球压在橡皮泥上松手，乒乓球仍静止；而压在弹簧上松手后，乒乓球会弹跳起来；而且弹簧的形变越大，松手后乒乓球弹跳得越高。

弹力产生的条件：①物体相互挤压；②物体发生弹性形变。

填一填：这种因＿＿＿＿＿＿而产生的力叫做弹力。

你还知道哪些物体在哪种情况下产生弹力？

（撑杆跳高、射箭、拉长橡皮筋以及打篮球时球与地面的挤压或碰撞）

我们通常所说的拉力、压力、支持力等，是从力产生的效果而加以区分的。从实质上说，它们都是弹力。

举例：把手压在桌面上，手掌肌肉发生形变，对桌面有一个力（弹力）的作用；同样，桌面发生形变，对手也有力（弹力）的作用。手对桌面的弹力就是压力，而桌面对手的弹力就是支持力。

学生可能存在的疑问：桌面的形变我们都看不出来。

关于物体微小形变的演示实验：瓶子上加一细管及简单标度，用红墨水演示。

2. 弹簧测力计

要知道力的大小，我们就要用专门的仪器进行测量，测量力的仪器叫测力计，实验用的测力计叫弹簧测力计。

(1)结构

教师展示弹簧测力计，请大家观察桌面上的弹簧测力计的构造：刻度盘、弹簧、指针。

(2)原理

要求学生思考（弹簧受到的拉力能不能无限制地增大？弹簧会不会无限地伸长？会出现什么情况？）

在一定的弹性范围内，受到的拉力越大，弹簧伸长就越长，弹簧测力计就得根据弹簧这个特性来量度力的大小的。

工作原理：在一定的弹性范围内，弹簧受力越大，伸长越长。

补充其它测力计，如握力计、拉力计等。

(3)正确使用弹簧测力计

观察弹簧测力计：

①弹簧测力计上的刻度值单位是什么？

②弹簧测力计上最大刻度是多少？

（说明：弹簧测力计上的这个最大刻度就是量程，弹簧测力计受到的拉力不能超过它的量程，否则弹簧测力计会损坏）

③弹簧测力计的最小刻度值是多少？

（说明：不同弹簧测力计的最小刻度不一定相同，应据刻度值和格数去算。）

④零刻度的调整。

填一填：你的弹簧测力计的量程是＿＿＿＿，待测力的大小不能超过＿＿＿＿N。弹簧测力计的分度值是＿＿＿＿。测量前应先＿＿＿＿。测力时，要使测力计内的弹簧轴线方向跟所测力的方向＿＿＿＿＿＿，弹簧不要靠在刻度盘上。

注意事项：

①了解弹簧测力计的测量范围（量程），不要测量超过它的量程的力。

②明确分度值：了解弹簧测力计的刻度，每一大格表示多少 N，每一小格表示多少 N。

③校零：测力前要使指针对准零刻度线，如果有偏差，要调节指针在拉杆上的位置直到两者对齐为止。

④测力时，要使测力计的弹簧轴线方向跟所测力的方向一致。

⑤读数时，视线应与刻度面板垂直，消除视差。

⑥尽量避免弹簧、拉杆等活动件与刻度面板间的摩擦。

(4)演示实验

①测量一钩码的拉力，并请一位同学说明测量过程。

②学生分组实验：用手拉弹簧测力计的挂钩，使指针指到 1 N、2 N、3 N，感受一下 1 N、2 N、3 N 的力有多大。

③测量头发能够承受的拉力大小为________N。

④有两个弹簧测力计在水平方向上互相拉，看看谁对谁的拉力大些。你知道结果是什么吗？(物体间力的作用是相互的)

(5)弹簧测力计的制作

①提出问题：能否利用身边的器材自己制作一个弹簧测力计呢？

②学生制作简单的弹簧测力计。

制作一个橡皮筋测力计：用一条或几条橡皮筋、一块硬纸板、一个小瓶盖、一个回形针(或一小段铁丝)和一些棉线，就可以做一个图初-2-2 所示的橡皮筋测力计。做这种测力计的关键是如何标注它的刻度。

同学们可以各显神通，做出既简易美观又刻度准确的测力计来。在学生分组动手制作前，教师应该让学生说一说所选的器材及做法。

③交流评估：让学生展示自己制作的测力计，找出其优点和不足，教师都要予以肯定或表扬。

④让学生利用自制的测力计测定一些物体的重力，并与弹簧测力计测定的力比较，检验其准确程度。

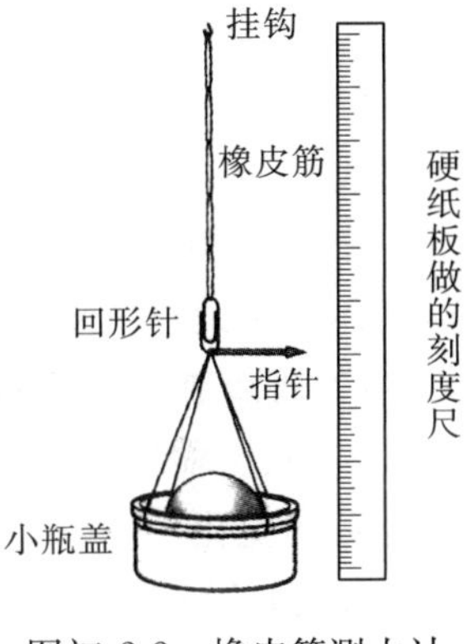

图初-2-2 橡皮筋测力计

【训练报告】

1. 请完成本节课内容的实验教学训练后，对实验操作和教学过程进行反思和自我评价，完成实验技能和实验教学训练报告。

2. 改进本节课的实验教学方案，提出创新的设计方法。

3. 请回答以下与本节课相关的测试题。

(1)使用弹簧秤时要注意看清它的________和________，指针调到________处，加在弹簧秤上的力不能超过它的________。力的单位是________，用字母________表示。

(2)如图初-2-3 所示的弹簧测力计，它的最大刻度值是________，刻度上每一小格表示________，图中物体 M 受到的拉力大小应为________。

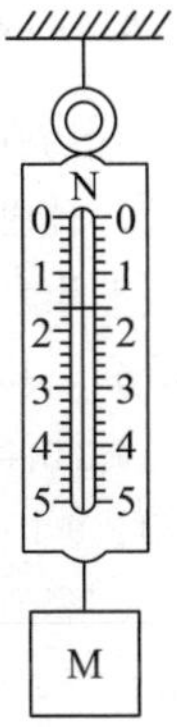

图初-2-3

(3)如图初-2-4所示，将木块放在压缩了的弹簧旁，释放弹簧，木块沿水平地面向右运动，离开弹簧后，木块运动一段距离后停下来，下列说法正确的是 ( )

A. 木块所受摩擦力使木块由静止开始运动

B. 弹簧对木块的弹力使木块由静止开始运动

C. 木块所受摩擦力不会改变木块的运动状态

D. 木块最终停止运动是由于失去弹簧的弹力作用

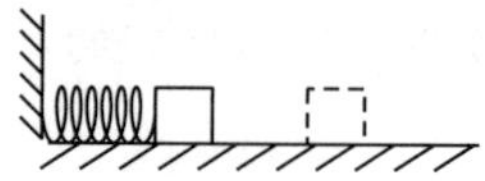

图初-2-4

(4)如图初-2-5所示，两个物体甲和乙通过细绳与弹簧连接在一起。甲重10 N放在地面上，乙重5 N被吊在空中，它们均保持静止。若不计弹簧细绳的重量，弹簧受到的拉力为________N，甲物体受到的合力为________N。

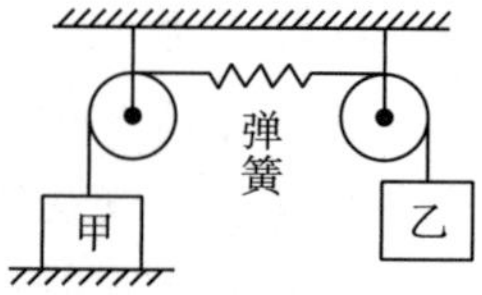

图初-2-5

【实验创新视野】

本实验与生活实际联系紧密是其特点之一，可以通过设计新颖的教师演示实验或学生实验展开学习。

实验创新视野提示：

(1)保护弹簧秤：通过在弹簧两端系上一根细线，弹性限度内细线弯曲，最大限度时使细线充分拉直以保护弹簧。

(2)将初中物理教学中的探究重力与质量的关系、浮力大小的测量、杠杆平衡条件的探究、估测大气压强等实验中弹簧测力计的使用综合在一起讨论。

(3)理解弹簧测力计的示数和弹簧测力计受到的合力。

(4)从逐增形变量、逐增形变量回放、逐减形变量回放等三种方式进行实验探究劲度系数k的变化。

(5)讨论弹簧倒置使用、水平或竖直调零使用、折断后使用、不同运动状态中的使用情况。

(6)通过制作简单的弹簧测力计，了解其静态和动态测量及其改进。

【链接】

[1]杨春岩. 初中物理教学中弹簧测力计的妙用[J]. 中学物理(初中版)，2013(10)：28-29.

[2]孙世芳. 弹簧测力计的示数怎么读[J]. 数理天地(初中版)，2013(5)：33-34.

[3]唐利芳，陈娜娜，石荣海，等. 拉伸方式对橡皮筋的弹力与伸长关系的影响[J]. 物理教师，2013(4)：43-44.

[4]沈泽军. 探究“弹簧测力计”活动的片段与反思[J]. 物理教学探讨(初三年级学研期)，2007，25(3)：9-10.

[5]廖凯燕. 探究弹簧测力计的使用 培养观察与思考的能力[J]. 中学物理(初中版)，2013(10)：25-26.

[6]潘镇高. 也谈弹簧测力计的简单制作及其使用方法[J]. 中学物理(初中版)，2010(6)：34-35.

实验 3：摩擦力的大小与什么因素有关

【预备知识】

摩擦是生活中常见的现象，摩擦力的知识与生活的联系非常紧密。走在结冰的路面上比走在水泥路面上更容易滑倒，车轮胎上有各式各样的纹路等生活现象都可以用摩擦力进行解释。物体所受的滑动摩擦力与正压力成正比，与接触面的粗糙程度有关，即 $f=\mu N$；物体所受的静摩擦力是可以变化的，即 $0\leqslant f\leqslant f_m$（$f_m$ 为最大静摩擦力）。探究摩擦力的大小与什么因素有关，首先要解决摩擦力大小的测量问题，运用二力平衡的知识分析物体的受力，理解在实验中使物体在水平面上做匀速直线运动的要求。

《义务教育物理课程标准(2011 年版)》规定“测量水平运动物体所受的滑动摩擦力”是学生必做实验；要求“通过常见事例或实验，了解重力、弹力和摩擦力”。

从课程标准的表述可以看出，对于摩擦力的要求属于“了解”层次，了解压力和接触面的粗糙程度对摩擦力大小的影响及增大和减小摩擦的方法。现行六套初中物理教科书均将摩擦力大小的影响因素作为实验探究内容进行呈现，都注重实验探究过程的要求和控制变量法的学习。

阅读与思考：

1. 阅读文献，思考摩擦力产生的实质(摩擦力的产生在原子层面)。
2. 阅读文献，了解摩擦力在工程技术中的各种应用。
3. 结合高中物理，思考此实验与高中物理的衔接问题。

【训练目的和要求】

一、实验技能的训练目的

1. 正确使用弹簧测力计。
2. 会用二力平衡原理测量滑动摩擦力的大小，能分析误差产生的原因，改进实验方法，比较准确地测量摩擦力。
3. 通过实验探究，知道滑动摩擦力与哪些因素有关。

二、实验教学能力的训练要求

1. 通过完整的实验过程，体会在该实验中学生可能出现的状况。
2. 学会编写该实验教学的教案，并在小组内讨论交流。
3. 通过微格实验教学，学会引导学生体验完整的探究过程，关注学生的独立性、主动性，体会如何使学生获得成就感。
4. 正确规范地操作实验仪器，并在实验完后整理实验器材。
5. 认真撰写训练报告，报告中包括操作反思、教学反思、评价及改进措施等内容。

【实验器材】

弹簧测力计、小车、光滑木板、毛巾、棉布、砝码等。

【实验训练内容】

一、实验技能的强化训练

训练内容一：正确使用弹簧测力计

1. 观察弹簧测力计的量程，明确每一大格和每一小格表示多少。

2. 校零：测力前要使指针对准零刻度线，如果有偏差，要调节到两者对齐为止。

训练内容二：用二力平衡的原理测量滑动摩擦力的大小

1. 按图初-3-1 安装好实验装置。

2. 拉动弹簧秤让木块做匀速直线运动，则摩擦力的大小等于弹簧秤的读数。

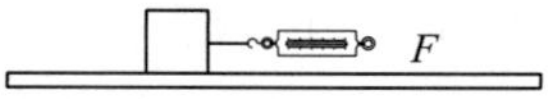

图初-3-1

思考：还有没有别的实验方法测滑动摩擦力的大小？

训练内容三：探究滑动摩擦力与压力大小的关系

1. 检查仪器是否齐备完好。

2. 把木块放在水平长木板上，用弹簧测力计拉木块做匀速直线运动。读出此时弹簧测力计的示数，填入表初-3-1 中。

3. 在木块上添加一个砝码，如图初-3-2，重复实验步骤 2，填入表初-3-1。

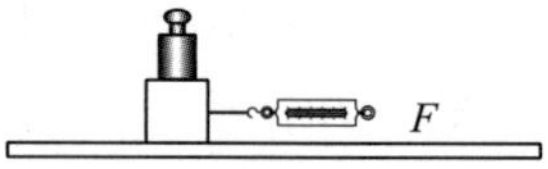

图初-3-2

4. 在木块上再添加一个砝码，重复实验步骤 2，在表初-3-1 中填入数据。

表初-3-1

木板上	压力 F_1/N	测力计示数 F_2/N	摩擦力 F_3/N
一个木块			
一个木块加一个砝码			
一个木块加两个砝码			
结论：			

5. 整理检查所有器材并将其恢复到实验前的状态和摆放位置。

注意事项：为了保证接触面粗糙程度相同，木块与木板之间的接触情况不能改变。为了保证弹簧测力计拉木块时做匀速直线运动，移动弹簧测力计的动作要轻、要慢、要均匀。为了使弹簧测力计的示数误差尽可能小，要让弹簧测力计顺着自身所在的直线移动。

训练内容四：探究滑动摩擦力与接触面的粗糙程度的关系

1. 检查器材是否齐备完好。

2. 把木块放在水平长木板上，用弹簧测力计拉木块做匀速直线运动，读出此时弹簧测力计的示数，填入表初-3-2 中。

3. 在水平木板上固定好棉布，重复实验步骤 2。

4. 将水平长木板上的棉布换成毛巾，把毛巾固定在水平木板上，重复实验步骤 2。

表初-3-2

接触面	接触面粗糙程度	测力计示数 F_1/N	摩擦力 F_2/N
木块与木板			
木块与棉布			
木块与毛巾			
结论：			

5. 整理检查所有器材并将其恢复到实验前的状态和摆放位置。

注意事项：实验所使用的木板、棉布、毛巾等必须干燥。将木板铺上棉布或毛巾时，一定要铺平、绷紧、固定好；否则，实验的结果不准确。

训练内容五：探究滑动摩擦力与接触面的面积的关系

1. 检查器材是否齐备完好。
2. 把长方体木块平放在水平长木板上，用弹簧测力计拉木块做匀速直线运动，读出此时弹簧测力计的示数，填入表初-3-3 中。
3. 把长方体木块侧放在水平长木板上，重复实验步骤 2。
4. 把长方体木块立放在水平长木板上，重复实验步骤 2。

表初-3-3

	木块平放	木块侧放	木块立放
摩擦力/N			
结论：			

分析与论证：

由以上五个实验探究可以论证出：

1. 摩擦力大小与正压力的大小____________________；
2. 摩擦力大小与接触面的粗糙程度____________________；
3. 摩擦力大小与接触面的面积____________。（填“有关”或“无关”）

讨论与思考：

1. 本实验采用了控制变量法来研究影响摩擦力的因素，控制变量法对于研究物理规律的意义是什么？
2. 滑动摩擦力与正压力有无定量关系？猜想是什么定量关系？
3. 滑动摩擦力还可能与哪些因素有关，你怎样设计实验验证？

二、实验教学能力的训练

在进行完该项实验技能训练后，重点进行实验教学能力训练。希望读者能认真撰写实验教学教案，然后分小组进行微格实验教学并按要求撰写训练报告。为了方便读者进行实验教学能力的训练，我们提供该项实验项目的教学设计供大家参考。

【实验教学设计】

一、教学目标

知识与技能：了解滑动摩擦、滚动摩擦、静摩擦现象；知道影响滑动摩擦力大小的因素；会举例说出增大有益摩擦和减小有害摩擦的方法。

过程与方法：通过实验探究，初步体会科学研究的方法，培养学生对实验信息进行收集和处理的能力；通过对生活中摩擦现象的讨论，初步培养学生信息交流的能力。

情感、态度与价值观：培养学生对科学的兴趣，乐于探索自然现象和日常生活中的物理学道理，拉近生活、社会、科技与物理的距离；通过探究与交流，使学生产生将自己的见解公开与他人交流的愿望，认识交流合作的重要性，有主动与他人合作的精神。

二、教具准备

小车、木板、弹簧测力计、砝码、毛巾、棉布、多媒体课件等。

三、教学过程

1. 课堂导入

利用两个实验引入：

(1)演示筷子提米的实验：在一玻璃杯中放入一定量的大米，插入一只筷子并压紧大米，再向米中加少量的水，等一会儿，拿起筷子就可以把玻璃杯提起。类似实验：一塑料袋放入一纸杯中，提起塑料袋，纸杯不会被提起；若向塑料袋中装入适量水，再次提起塑料袋，发现纸杯也一同被提起。

(2)手提空瓶的实验：在手上沾一些洗衣粉水，握住瓶颈部分向上提，提不起来；再将瓶子擦干净，用毛巾覆盖在瓶颈部分，手握毛巾向上提瓶，瓶很容易被提起。

请学生分析讨论并举出身边的摩擦现象，引入新课。

2. 重点和难点化解(探求新知、质疑导学、课堂反馈)

学生活动内容	教师活动内容
(1)列举身边的摩擦现象。 (2)用手按在桌面上滑动，体会手的感觉；脚在地面上蹭一蹭，体会脚的感觉。 猜想：滑动摩擦可能与哪些因素有关？ ①与重力大小有关； ②与压力大小有关； ③与接触面粗糙程度有关； ④与接触面的面积有关。 (3)设计实验方案、交流实验方案 设计思想： ①保证接触面粗糙程度不变，改变压力的大小，比较摩擦力的大小； ②保证压力不变，改变接触面粗糙程度，比较摩擦力的大小。 (4)尝试设计表格 (5)进行实验 学生分组实验； 完成记录表格。 (6)交流与合作，总结实验结果。 (7)进行课堂小结，谈谈自己的收获。 (8)利用课堂小练习巩固新知识。	(1)根据学生列举的摩擦现象，引导学生认识滑动摩擦、滚动摩擦和静摩擦。 (2)影响滑动摩擦力的因素 教师将学生的猜想列在黑板上，并强调：本节课由于时间有限，我们只探究其中的两个或三个因素：影响滑动摩擦力与压力、接触面粗糙程度及接触面的面积。 (学生没有学过压力，教师可以演示讲解重力和压力的区别，指出水平自由放置的物体对水平面上的压力等于重力，在斜面上的物体对斜面的压力小于重力) (3)教师介绍实验器材，讲解并演示测量摩擦力的原理和注意事项。 ①将物体放在水平面上，用弹簧测力计水平拉着物体做匀速直线运动。 ②此时摩擦力的大小就等于物体受到的拉力，即弹簧测力计的示数。 (4)根据学生交流的情况，引导学生理解。 研究过程采用的控制变量法，总结最佳设计方案。 (5)实验要求： ①态度认真，一丝不苟； ②要注意小车做匀速直线运动时，摩擦力的大小才等于拉力的大小，即弹簧测力计的示数。 ③多次进行测量，仔细观察，进行实验时要做好记录。 ④在学生实验的过程中进行巡回指导。及时发现学生实验中存在的问题，并对此进行启发和引导。 (6)用展示台展示学生的实验数据，和学生一起分析数据，总结实验结果。 (7)引导学生进行课堂小结。 (8)带领学生完成课堂小练习。

【训练报告】

1. 请完成本节课内容的实验教学训练后对实验操作和教学过程进行反思和自我评价，完成实验技能和实验教学训练报告。

2. 改进本节课的实验教学方案，提出创新的设计方法。

3. 请回答以下与本节课相关的测试题。

(1)为了测定木块所受到的滑动摩擦力，两个实验小组分别设计了甲、乙两种实验方案，实验装置如图初-3-3 所示。实验中不计弹簧测力计的重力。

甲方案：在水平实验桌面上将木板用线拉住，通过弹簧测力计沿木板方向水平拉木块，使木块在木板上面滑动。

乙方案：将木板放在水平实验桌面上，用线通过弹簧测力计水平地拉住木块，沿木板方向水平拉木板，使木板在木块下面滑动。

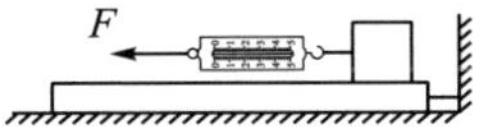

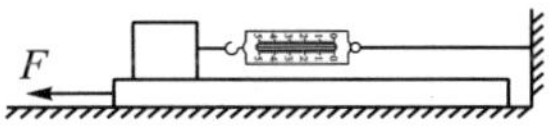

图初-3-3

①从实验操作方面考虑，应选择________方案。简述你选择的理由？

②从实验误差方面考虑，应选择________方案。简述你选择的理由？

(2)表初-3-4 是某实验小组所做的“探究摩擦力大小跟哪些因素有关”的实验记录：

表初-3-4

实验次数	接触面的材料	压力 F/N	摩擦力 $f_{摩}$/N
一	木块与木板	8	1.6
二	木块与木板	12	2.4
三	木块与毛巾	12	5.0

①分析比较序号一与二的实验数据，可得出的结论是________________________。

②分析比较序号________的实验数据，可得出的结论是：压力相同时，接触面越粗糙，摩擦力越大。

③上述研究方法叫“控制变量法”，下列实验中用到此方法的有________。(填序号)

A. 探究电流与电压、电阻的关系　　B. 探究动能跟哪些因素有关

C. 探究固体熔化时温度的变化规律　　D. 研究影响电磁铁磁性强弱的因素

【实验创新视野】

这是一节科学探究课，本节课以探究滑动摩擦力与哪些因素有关为主线，安排了学生提问与猜想、制定与设计实验、实验探究、合作交流等教学过程，主要突出“猜想与假设”这个环节；同时在“制订计划”环节中认识控制变量的意义和方法，让学生经历探讨滑动摩擦力与压力、接触面粗糙程度关系的过程。本节课内容与学生的生活实际联系十分密切，很好地体现了“从生活走向物理，从物理走向社会”的理念。

创新视野提示：

(1)教学设计创新：创设问题情境，增设感性认识情境，将感性认识逐渐过渡到定性认识，将探究的问题细化为若干小问题，步步推进。

(2)实验设计创新：改进滑动摩擦力测量的实验装置；估测运动鞋受的摩擦力与鞋底纹深度的关系。

【链接】

[1]王启伟．关于探究滑动摩擦力的大小的研究性教学[J]．中学物理(初中版)，2010(11)：26-27.

[2]林灿焕．滑动摩擦力的大小与接触面积的大小有关系吗[J]．物理通报，2008(7)：14-15.

[3]李国新．摩擦力大小的教学案例[J]．现代教育科学(中学教师)，2013(9)：131.

[4]谢勇．透析生活中的摩擦现象——初二物理《探究滑动摩擦力的大小与什么有关》教学例析[J]．教育科学论坛，2007(10)：44-46.

[5]马文蔚，苏惠惠，解希顺．物理学原理在工程技术中的应用[M]．北京：高等教育出版社，2006：4-6.

实验4：探究浮力的大小

【预备知识】

在科学史上阿基米德为国王鉴定金王冠的故事广为流传。阿基米德在其论著《论浮体》中从一些公理出发，利用数学方法，从他对于液体的基本认识中将阿基米德原理推导出来。这个基本认识就是：液体是一种在任何大小的剪力作用下都要退让的物质。他通过严密逻辑论证得到沉于液体里的物体所失去的重量等于它所排开的液体的重量，浮于液体中的物体所排开的液体的重量等于它自身的重量。

阿基米德推导浮力大小的方法是利用了控制变量法：第一种方法是控制浸没在液体中的物体的质量相同，排开液体的体积不同，通过测量排开液体的质量来判断；第二种方法是控制浸没在液体中的物体的体积相同，而浸没在液体中的物体的质量不同，通过测量浸没在液体中的物体的重量来判断。在教学中设计探究浮力大小的实验，一般利用控制变量的方法研究物体的重力、浸没在液体中的物体排开液体的重力、浸没在液体中的物体的重力这三者的关系。在研究问题过程中，引导学生注重科学方法的探究，提倡多种学习方式；使学生成为知识的"发现者"和"创立者"，充分激发学生的创造性思维；充分发挥学生的主体地位，让学生通过自己设计、思考、讨论、实验等方式参与到教学过程中，真正成为课堂的主人。

探究浮力的大小这节课在力学中占有重要地位，《义务教育物理课程标准(2011年版)》将"探究浮力大小与哪些因素有关"规定为学生必做的物理实验项目。其内容标准部分对该部分描述是"通过实验，认识浮力。探究浮力大小与哪些因素有关。知道阿基米德原理，运用物体的浮沉条件说明生产、生活中的一些现象"。可见课程标准对浮力的要求已达到"运用"层次，即能够利用本节课所学知识解释潜水艇等物体沉浮现象的原理。初中物理六套教科书均将探究浮力大小作为实验探究活动进行设置，其中"教科版"直接将"科学探究：浮力的大小"作为一节内容单独呈现，采用"实验探究－理论探讨－实验验证"的设计方式。即，首先让学生关于浮力的物理现象猜想液体中物体所受浮力大小与什么因素有关；然后设计实验对猜想进行验证，利用控制变量法得出浮力大小和物体浸在液体中的体积、物体的密度以及液体的密度的关系；最后利用"替代法"进行实验探究得出阿基米德原理。

阅读与思考：

1. 阅读文献，了解浮力在工程技术中的应用。
2. 阅读文献或做实验，深度探究浮力产生的原因。
3. 思考该课题的教学组织形式。

【训练目的和要求】

一、实验技能的训练目的

1. 掌握阿基米德定律实验仪的使用方法。

2. 会用不同方法验证阿基米德原理。

3. 通过学生探究实验，知道浮力的大小与哪些因素有关，知道阿基米德原理。

二、实验教学能力的训练要求

1. 通过自己完整的实验过程，预测在该实验中学生可能出现的状况。

2. 学会编写该实验教学的教案，并在小组内讨论交流。

3. 通过微格实验教学，学会引导初中生体验完整的探究过程，关注学生的独立性、主动性，体会如何使学生获得成就感。

4. 正确规范地操作实验仪器，并在实验完后整理实验器材。

5. 认真撰写训练报告，报告中包括操作反思、教学反思、评价及改进措施等内容。

【实验仪器】

金属块、溢水杯、弹簧测力计、细线、盛水杯、塑料吊桶、阿基米德定律演示仪。

J2118 阿基米德定律演示器

1. 用途

J2118 阿基米德定律演示器，供中学物理验证阿基米德原理和测量物体的密度用。

2. 结构

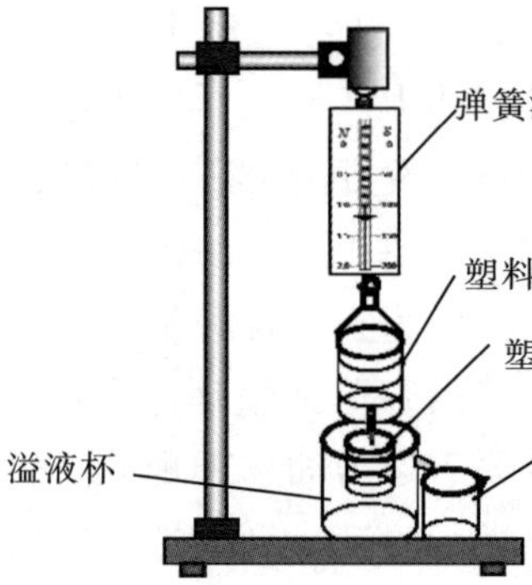

图初-4-1

如图初-4-1 所示，其主要部件有：弹簧测力计、塑料吊桶、塑料圆柱体、溢液杯、盛液杯(可自备)。测力计面板有 0 g、50 g、100 g、150 g、200 g 和 0 N、0.5 N、1.0 N、1.5 N、2.0 N 的对应刻度，两者的示值误差≤1%。塑料圆柱体的体积为 100 cm^3，有等分刻度线，质量≥120 g；塑料吊桶透明，容积为 100 cm^3，有等分刻度线；溢液杯透明。

3. 用法举例

(1)验证阿基米德原理。①将内装铁块的塑料圆柱体挂在塑料桶下的挂钩上，读出测力计示数 G。②将圆柱体缓慢浸入盛满水的溢液杯中，测力计示值逐渐减小，当圆柱体全部浸入时，所受浮力最大，读出此时的示数 F，浮力大小即为 $G-F$。③圆柱体完全浸入溢液杯后，将溢出的液体倒入塑料桶内，可见此时示数为 G，证明圆柱体所受的浮力等于它排开的液体的重力。

由此得出结论：浸在液体里的物体受到向上的浮力，浮力的大小等于物体排开液体的重力。

(2)测量物理的密度。用测力计测出任意被测物体的重力，计算出其质量 m，然后把它没入盛满水的溢液杯中，用测力计测出溢液杯的水的重力 G，计算出其体积 V，即被测物体的体积；根据质量和体积可得出其密度。

(3)模拟演示：根据轮船载重线的不同测定液体的密度。

【实验训练内容】

一、实验技能的强化训练

实验训练内容一：影响浮力大小的因素

1. 猜想：浮力的大小可能与____________、____________、____________、____________有关。

2. 影响浮力的因素有很多，在实验时应采取的研究方法是____________。

3. 测量浮力的大小：在空气中测出金属块的重力 G，然后将金属块浸入水中某一深度，读出此时测力计的示数 G'，则金属块所受的浮力 $F=$____________。

4. 实验探究：物体密度是否对浮力有影响。选择____________相同，____________不同的两个金属块，分别挂在测力计上浸入________种液体____________深度，分别测出两个金属块所受的浮力进行对比。

5. 实验探究：液体密度是否对浮力有影响。其他条件相同，将金属块分别浸入两种密度不同的液体当中，测出其浮力进行对比，发现在密度大的液体中，金属块所受的浮力较大。

6. 实验探究：物体的体积是否对浮力有影响。将体积不同的同种金属块浸没到同种液体当中，分别测出其浮力 F_1、F_2，比较 F_1、F_2 得出初步结论：浮力大小与物体体积有关。

7. 实验探究：物体浸入液体的深度是否对浮力有影响。将同一金属块缓慢的浸入液体中，在浸入过程中浮力大小的变化情况是先____________，后____________。

总结前两步得出结论：物体所受的浮力与物体浸入液体的体积有关。

结论：浮力的大小与________________________、________________________有关，和________________________没有关系。

实验训练内容二：验证阿基米德原理

实验方案(一)：

1. 检查器材是否齐备完整。

2. 测出金属块所受的重力 $G_{物}$(图初-4-2)。

3. 测出小桶受到的重力 $G_{桶}$(图初-4-3)。

4. 测出金属块浸在水中时受到的向上的拉力 F(图初-4-4)。在水中的金属块受到三个力的作用，根据这三个力的关系：$F+F_{浮}=G_{物}$，可以求出金属块所受到的浮力，并且收集物体所排开的液体。

5. 测出小桶和小桶内水所受到的总重力 G(图初-4-5)，求出金属块排开水所受到的重力 $G_{排}=G-G_{桶}$。将以上所得数据填入表初-4-1 中，比较表中数据即可验证阿基米德原理。

表初-4-1

金属块所受到的重力 $G_{物}$/N	水中金属块受到的拉力 F/N	浮力 $F_{浮}$/N
小桶所受的重力 $G_{桶}$/N	小桶和水所受的总重力 G/N	排开水所受的重力 $G_{排}$/N

6. 整理检查所有器材并将其恢复到实验前状态和摆放位置。

图初-4-2

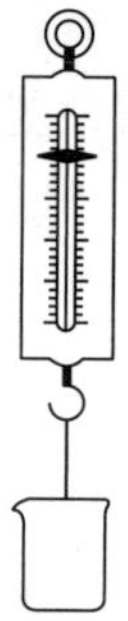

图初-4-3

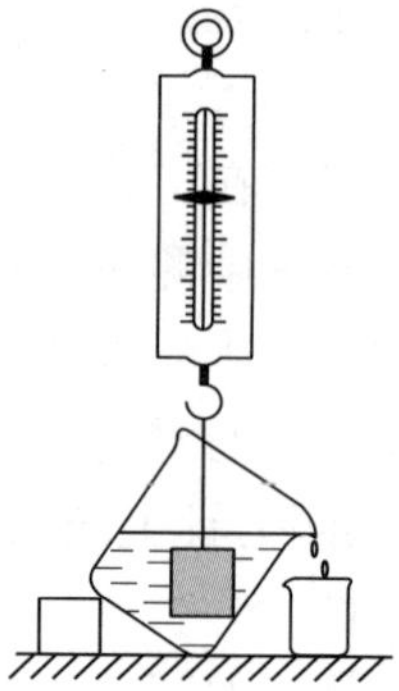

图初-4-4

图初-4-5

实验方案(二)：

1. 检查器材是否齐备完整。

2. 将金属块和小桶挂在弹簧秤下，记下弹簧秤指针的位置 1 的读数(图初-4-6)。

3. 将金属块浸没在水中，记下弹簧秤指针的位置 2 的读数(图初-4-7)，并且收集物体所排开的水。

4. 保持图初-4-7 中金属块在水中的位置不变，再将排开的水倒入弹簧秤下的小桶中，记下弹簧秤指针此时的位置 3 的读数(图初-4-8)，将上面弹簧秤读数均记录在表初-4-2 中。实验分析：弹簧称指针位置 3 的读数与指针位置 1 的读数是否相同？这说明________。

表初-4-2

弹簧秤指针的位置 1 的读数	弹簧秤指针的位置 2 的读数	弹簧秤指针的位置 3 的读数

5. 整理检查所有器材并将其恢复到实验前状态和摆放位置。

图初-4-6

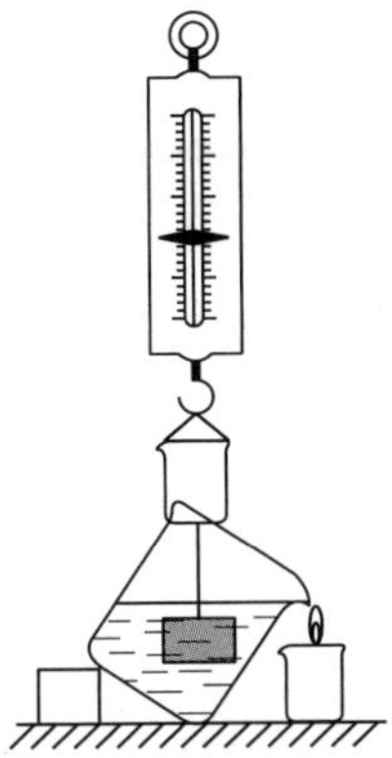
图初-4-7

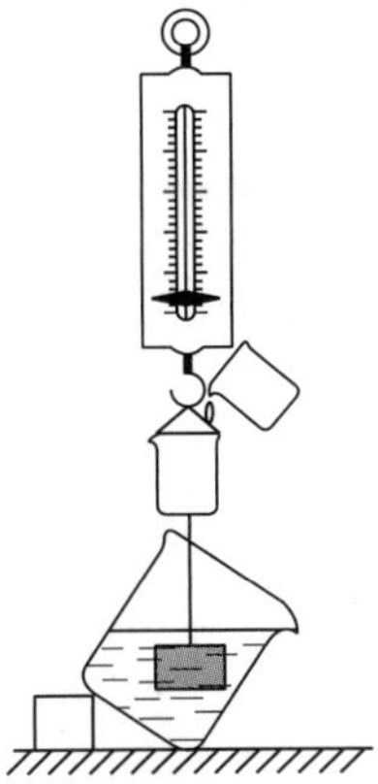
图初-4-8

注意事项：

(1)物体浸入溢水杯前，溢水杯中的水要刚好能溢出。

(2)要缓慢的将金属块放入溢水杯中，避免引起水波动造成误差过大。

二、实验教学能力的训练

在进行完该项实验技能训练后，重点进行实验教学能力训练。希望读者能认真撰写实验教学教案，然后分小组进行微格实验教学并按要求撰写训练报告。

为了方便读者进行实验教学能力的训练，我们提供该项实验项目的教学设计供大家参考。

【实验教学设计】

探究浮力的大小

一、教学目标

浮力是中考的“常考点”，经常出现在选择题、填空题和计算题当中，同时浮力也是初中阶段学生学习的难点知识。设定三维教学目标如下：

知识与技能：知道浮力的大小与哪些因素有关；知道阿基米德原理；会求出浮力的大小。

过程与方法：通过学生实验，探究浮力的大小与哪些因素有关，培养学生的猜想假设、实验设计能力等科学探究能力，培养学生有步骤进行实验的条理性。

情感、态度与价值观：通过实验探究，培养学生尊重科学、实事求是的科学态度。

二、教具准备

弹簧测力计、溢水杯、小桶、铁块（铜块、钩码、石块均可）、食盐水、小塑料袋。

三、教学过程

	教师活动设计	学生活动设计
1. 实验探究：浮力大小与什么有关系？	(1)引导猜想：你认为浮力的大小与什么有关系？	学生猜想："与浸没在液体中的深度有关"、"与物体的形状有关"、"与物体的密度有关"、"与物体的体积有关"、"与物体的质量有关"、"与浸入液体的体积有关"、"与液体的密度有关"……
	(2)强调控制变量法： 在研究一个物理量与另一个物理量的关系时，我们常常运用"控制变量法"，也就是说我们现在要研究浮力与物体浸没在液体中的深度的关系，那么我们必须控制其他的实验条件相同，我们用同一个物体浸入同一种液体中，那么我们就可以研究浮力与物体浸没在液体中的深度的关系了。 如果在不同的深度，浮力不变， ・那么意味着什么？ ・也就是浮力不随着深度的变化而变化？ 进行分组探究实验，把上面不同的检验猜想的实验分给不同的小组进行探究。	学生学会控制变量进行探究，得到实验结果。
	(3)在探究结束后，总结出以上各个猜想的正误，引导学生自己得出浮力与哪些因素有关。对照课本上的相关部分，看看自己写的和书上的表述哪个更好。	学生自己总结出："浮力的大小与浸入液体的体积和液体的密度有关"。
	(4)启发学生明白"浸入液体的体积"就是"排开液体的体积"，"浸入液体的密度"就是"排开液体的密度"，那么我们可以猜想一下浮力的大小是否与排开液体的重力有关。	学生讨论，引发思考。
2. 阿基米德原理	(1)演示实验 用弹簧测力计、小石块、溢水杯、小桶来探究阿基米德原理。 ①先测出小桶在空气中的重力 G_1； ②再测量出小石块在空气中的重力 G_2； ③将溢水杯的水正好接到刚好要溢出的位置，然后将小桶放在溢水杯的溢水口处； ④将弹簧测力计挂着的小石块浸入水中，同时它排开的水通过溢水口进入小桶，这时读出弹簧测力计的读数 G_3； ⑤用弹簧测力计测出这个时候盛水的小桶的重力 G_3。	学生动手做实验，记录数据，发现关系。
	(2)引导学生得出结论：分析数据，从数据中得出结论；写出自己的阿基米德原理，并与书上的对照，看有什么不同，比较哪个写得更好。	学生自己比较实验数据结果，得出结论，写出自己的阿基米德陈述，与书上内容对照。
	(3)进一步实验：用弹簧测力计吊起一只装满水的小塑料袋(袋内不留空气)，观察弹簧测力计示数，然后把这袋水逐渐浸入水中，弹簧测力计示数怎样变化？当完全浸没以后，弹簧测力计的示数是多少？	学生自己描述阿基米德原理，并且与书上对照。 观察实验，学生解释为什么弹簧测力计示数为 0。
	小结：同学们，你们和阿基米德一样经历了浮力探究的过程，如果你生活在 2000 多年以前，你就是阿基米德了。阿基米德是在他洗澡的时候得到灵感的，我们也要学会在生活当中去发现问题，并运用自己学过的知识去解释和探究这些问题。	激发学生的成就感。
3. 知识拓展	气体和液体都是流体，因此物体在气体中也受到浮力。氢气球脱手后会上升，是因为受到空气对它的浮力，因此阿基米德原理也适用于气体。 举出在生活中物体受到浮力的例子。	学生举例： 轮船受到浮力； 热气球、飞艇受到浮力； 水里的鱼受到浮力。
4. 浮力计算	小结： (1)实验室测量浮力的方法； (2)浮力产生的原因； (3)阿基米德原理。 例子：书上的例题"橡皮泥块"。	(1)$F_{浮}=F_1-F_2$； (2)$F_{浮}=F_{下}-F_{上}$； (3)$F_{浮}=G_{排}$； 学生解答。

续表

	教师活动设计	学生活动设计
5. 拓展	(1)分析密度计原理： (2)注意密度计的刻度是从上到下逐渐增大的。 (3)“排水量”概念的解释。	学生了解密度计。 熟悉生活中常用的术语。
6. 作业	根据情况布置作业。	

【训练报告】

1. 请完成本节课的实验教学训练后对实验操作和教学过程进行反思和自我评价，完成实验技能和实验教学训练报告。

2. 改进本节课的实验教学方案，提出创新性的设计方法。

3. 自制密度计。

4. 请回答以下与本节课相关的测试题。

(1)关于物体受到的浮力，下列说法正确的是 (　　)

A. 漂在水面的物体比沉在水底的物体受到的浮力大

B. 物体排开水的体积越大受到的浮力越大

C. 没入水中的物体在水中的位置越深受到的浮力越大

D. 物体的密度越大受到的浮力越小

(2)有一泡沫块漂浮在水面上，它有3/4的体积露出水面，则它的密度为__________kg/m^3。当一质量为0.4 kg的水鸟停在该泡沫块上时，泡沫块刚好完全浸没在水中，则该泡沫块的体积为__________m^3。

(3)探究浮力产生的原因：如图初-4-9所示小气球放入去底的饮料瓶中，打开瓶盖，底部朝上，将水从上部倒入，观察到的现象是气球不上浮。为什么？____________________。

再将饮料瓶浸入烧杯内的水中，观察到的现象是气球上浮。为什么？____________________。

实验结论：通过上面两步实验，可以看出小气球前后左右的压力有什么特点？__________；浸入液体中的物体，上下两个表面的________就是液体对物体的浮力。

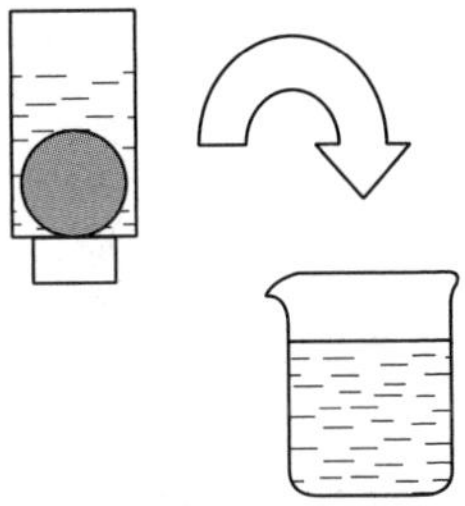

图初-4-9

(4)如何打捞起沉船？说出你的打捞步骤？

____。

(5)水池中浮着一只装有石块的小船，若把石块卸下并投入水中，问：池中水面是否有变化？若有，是怎么变化？若没有，为什么？

____。

(6)如何用实验的方法来测出浸在空气中的物体受到的空气浮力的大小？

____。

(7)曹冲是如何利用浮力称量大象体重的？请结合相关的物理知识进行解释。

____。

【实验创新视野】

浮力的问题是学生熟悉和感兴趣的知识，但在日常生活中积累了一些片面的或错误的概念。我们的意图是在学生原有概念的基础上建立起科学的浮力概念，让学生们明白“漂浮物体和浸没在液体中的物体都受到浮力”。“浮力产生的原因”是本节课的难点，可以根据上节学过的知识，巧妙进行类比；“浮力的大小与什么有关”让学生大胆猜测，引导学生用控制变量法来进行探究实验，让他们以科学的探究方式来解决问题。阿基米德原理的得出用了一个巧妙的例子，这样也训练了学生的思维。该实验教学在整个过程中设立了一道道的关卡，引导学生去解决问题，通过引导，他们会觉得是他们自己解决的问题。

其他创新提示：

(1)对教科书中器材、方法的改进，使其实验偏差降低，实验效果直观、明显。比如，用糖水代替食盐水等。

(2)自制浮力产生的原因的演示仪。

(3)设计利用浮力测量物体密度的实验方案。

【链接】

[1]马文蔚，苏惠惠，解希顺. 物理学原理在工程技术中的应用[M]. 北京：高等教育出版社，2006：17-18.

[2]韩月红. 把核心处的自由还给学生——以“浮力”教学为例探索“以学定教”[J]. 人民教育，2012(2)：38-42.

[3]孙树红. 初中物理《浮力》教学设计[J]. 教育实践与研究，2012(10)：62-64.

[4]高风杰. 在《科学探究：浮力的大小》一课中谈我对科学探究的认识[J]. 科技信息，2009(27)：631，703.

[5]袁铃. 再议物体与容器底壁部分紧密接触时浮力的大小[J]. 高师理科学刊，2013，33(1)：41-44.

[6]高秀娟. 探究影响浮力大小的因素[J]. 云南教育(中学教师)，2008(10)：27-28.

[7]胡世月. 探究浮力大小实验改进与创新[J]. 教学仪器与实验，2013，29(5)：14-16.

[8]张永明. 浮力产生的原因演示器[J]. 中小学实验与装备，2012(1)：36.

[9]周峰. 浮力测物质的密度[J]. 科教文汇，2009(28)：181.

[10]陈风青. 对浮力实验和阿基米德实验的改进[J]. 物理实验，2013，33(8)：27-29.

[11]刘文武. 对“探究影响浮力大小的因素”实验的改进[J]. 物理教师(初中版)，2011(4)：44.

[12]潘传盛. “浮力产生的原因”之教学初探[J]. 物理教学探讨(初二学研卷)，2008(2)：60-61.

实验 5：探究杠杆的平衡条件

【预备知识】

阿基米德曾说："给我一个支点和足够长的杠杆，我可以把地球撬起来"，这句话充分反映了杠杆原理。杠杆在古代就已得到广泛的应用，例如我国古代的等臂天平、舂米、桔槔等。阿基米德在其论著《论平面图形的平衡》中提到"两重物平衡时，所处的距离与重量成反比"。他所利用的公理和命题是："同重的物体放在和支点距离相等的地方，就保持平衡"；"同重的物体放在和支点距离不等的地方，就不平衡，其离支点较远的一端必定下坠"。这些公理实际上已经包含了杠杆原理，只是其将定律与人们认为比较简单的道理统一起来。

"杠杆的平衡条件"一节内容是力学部分的重要内容，《义务教育物理课程标准(2011 年版)》将其列为学生必做的实验项目；其内容标准部分的表述是："通过实验，探究并了解杠杆的平衡条件"。可见课程标准要求对本节内容的学习要通过实验探究的方式进行。现行六套初中物理教科书在本节课的内容中均包含实验探究的内容，都是让学生通过实验，探究杠杆的平衡条件。例如，"教科版"在给出杠杆平衡的概念和让学生观察杠杆平衡现象的基础上，让学生探究杠杆究竟在什么条件下才能保持平衡。首先，通过概念界定和现象观察，启发学生设计探究方案，让学生通过改变钩码位置和钩码个数，得出动力、动力臂、阻力和阻力臂几组数据的定量关系，从而推导出杠杆平衡的条件。

> 阅读与思考：
>
> 1. 思考实验要点：①在探究影响杠杆平衡的因素中，如何引出力臂对杠杆平衡的影响？②杠杆水平调节的作用。
>
> 2. 阅读文献，了解杠杆原理在工程技术中的广泛应用。

【训练目的和要求】

一、实验技能的训练目的

1. 掌握杠杆及支架的使用原理。
2. 会探究杠杆平衡条件。

二、实验教学能力的训练要求

1. 通过完整的实验过程，体会在该实验中学生可能出现的状况。
2. 学会编写该实验教学的教案，并在小组内讨论交流。
3. 通过微格实验教学，学会引导初中生体验完整的探究过程，关注学生的独立性、主动性，体会如何使学生获得成就感。
4. 正确规范地操作实验仪器，并在实验完成后整理实验器材。

5. 认真撰写训练报告，报告中包括操作反思、教学反思、评价及改进措施等内容。

【实验仪器】

带标尺的杠杆、钩码、铁架台(或杠杆支架)、细线、弹簧秤、三角板、硬币、刻度尺、铅笔等。

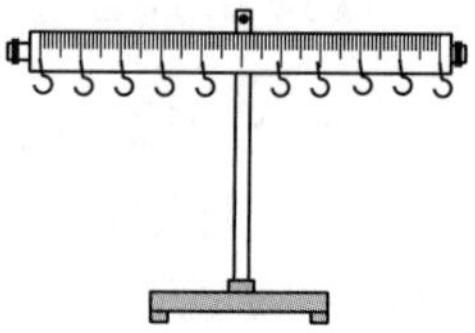

图初-5-1

杠杆及支架的使用方法：如图初-5-1所示的装置，这套装置由杆身和支架组成。支架上有轴承、轴、挂钩、水平指示器。杆身两端有调节螺母，指针装在杆身中间，当它与水平器基准尖相对时，表示杠杆处于水平状态。调节螺母，使杆身保持水平(水平指示器两尖相对)。在杆身两端铁丝挂钩上各挂几个钩码，改变钩码的位置，使杠杆在水平位置平衡。记下左右两边钩码所受的重力 F_1 和 F_2(杠杆在水平位置时 L_1 和 L_2 即力臂)，可验证：$F_1 : F_2 = L_2 : L_1$。本仪器也可供研究有固定转轴物体的平衡条件时使用。但应注意：如果杠杆不在水平位置上平衡时，力臂 L 应取支点到力的作用线的距离。

注意事项：

(1)杠杆的转轴处可滴加少量润滑油，以保证杆身的灵敏转动和保存时防锈。

(2)注意不要弄弯杆身上的指针和支架上的水平指示器的基准尖，否则，无法保证杆身处于水平的平衡状态，增大实验误差。

(3)仪器存放时注意防潮，不要受压。

【实验训练内容】

一、实验技能的强化训练

实验训练内容一

1. 检查器材是否齐全，杠杆的各部分是否完好。

2. 把杠杆的中点安装在铁架台(或杠杆支架)上，使杠杆以中点为转动轴(支点)灵活转动；调节杠杆两端的螺母，使杠杆在不挂钩码时平衡。

3. 在杠杆支点两边挂不同数量的钩码，先让左边的钩码悬挂在某一刻度上(到支点的距离为整数)，然后改变右边钩码悬挂的位置，尝试怎样使杠杆恢复平衡。

4. 把杠杆支点右方的钩码重当作动力 F_1，支点左方的钩码重当作阻力 F_2；用木直尺量出杠杆平衡时动力臂 L_1 与阻力臂 L_2(力臂长度精确到厘米)。

5. 记录动力 F_1、动力臂 L_1、阻力 F_2、阻力臂 L_2。

6. 改变 F_1 和 L_1(也可以只改变力或只改变力臂)，按上述操作步骤再进行两次实验操作，将杠杆再平衡后的结果填入表初-5-1中。

7. 分别求出每一次实验中的动力×动力臂、阻力×阻力臂的数值。比较结果，得出杠杆的平衡条件。

表初-5-1

实验次数	动力 F_1/N	动力臂 L_1/cm	动力×动力臂	阻力 F_2/N	阻力臂 L_2/cm	阻力×阻力臂
1						
2						
3						
杠杆平衡条件						

8. 整理器材，把钩码放入盒内，把仪器按实验前的状态和位置放好。

实验训练内容二

1. 检查器材是否齐备完好。

2. 将直尺放在铅笔上，实验装置如图初-5-2 所示，调节平衡。

3. 在直尺两端的不同位置放上不同数量的硬币，使直尺在水平位置重新平衡。这时记下直尺两边硬币个数。铅笔左边的作用力当作动力 F_1，右边的作用力当作阻力 F_2，左、右两边硬币到铅笔的距离叫动力臂和阻力臂 L_1、L_2；将实验数据填入表初-5-2 中。

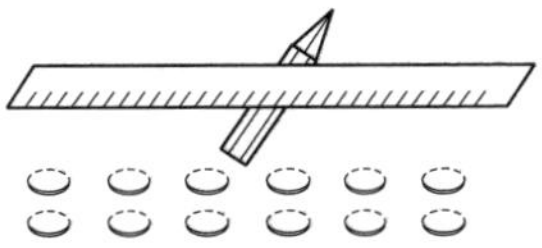
图初-5-2

4. 改变硬币个数、移动硬币所放的位置，重复两次(放上硬币后再重新调节直尺平衡，支点始终不能改变)，将实验数据填入表初-5-2 中。

表初-5-2

实验次数	左边硬币个数 F_1	动力臂 L_1/cm	右边硬币个数 F_2/N	阻力臂 L_2/cm
1				
2				
3				
结论				

5. 整理器材，放回原位。

实验训练内容三

1. 检查器材是否齐全，杠杆的各部分是否完好。

2. 调节杠杆两端的螺母，使杠杆在水平位置平衡。

3. 按照图初-5-3 所示，在杠杆一端挂上不同数量的钩码，在另一端用弹簧称拉，使杠杆在水平位置重新平衡。这时记下杠杆所挂钩码的重力以及弹簧称拉力的大小。支点左边的作用力当作动力 F_1，右边的作用力当作阻力 F_2，用刻度尺分别量出动力臂 L_1，用三角板量出阻力臂 L_2；将实验数据填入表初-5-3 中。

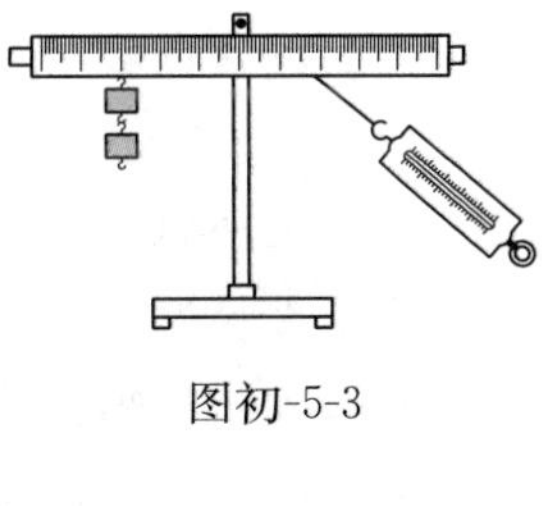
图初-5-3

4. 改变所挂钩码的个数或对应力臂的数值(也可以同时改变弹簧称拉力的作用点和方向)，重复两次，将实验数据填入表初-5-3 中。

表初-5-3

实验次数	动力 F_1/N	动力臂 L_1/cm	拉力 F_2/N	阻力臂 L_2/cm
1				
2				
3				
结论				

5. 通过以上数据的相加、相减、相乘、相除等运算来找出相应的规律，得出结论。整理器材，放回原位。

以上各项实验中的注意事项：

(1)调节杠杆平衡过程中，应用手扶住杠杆的一端，以免杠杆翻落。

(2)测量各力臂的数值时，不要求有估读数字。

(3)探究杠杆平衡的条件时，需要多测几组数据，但是多测几次不是为了求平均值减小误差，而是根据不完全归纳法来发现杠杆的平衡条件。

二、实验教学能力的训练

在进行完该项实验技能训练后，重点进行实验教学能力训练。希望读者能认真撰写实验教学教案，然后分小组进行微格实验教学并按要求撰写训练报告。

为了方便读者进行实验教学能力的训练，我们提供该项实验项目的教学设计供大家参考。

【实验教学设计】

实验教案：探究杠杆的平衡条件

一、教学目标

知识与技能：通过参与探究活动，能对杠杆平衡条件进行猜想与假设，并设计出验证方案；能对探究活动中获得的信息进行处理，得出杠杆平衡条件。

过程与方法：在探究过程中，培养学习的兴趣；通过探究活动，获得提出问题和解决问题的能力；学会用观察、比较、列表的方法进行归纳和总结。

情感、态度与价值观：培养学生探究的兴趣，结合我国古代劳动人民对杠杆的研究和应用事例的介绍，激发学生对祖国古代文明的自豪感。

二、教具准备

带有刻度的杠杆及支架、钩码若干个、弹簧测力计(注：通常由实验员作前期准备，但作为授课教师，一定要提前检查测试所有仪器设备。)。

三、教学过程

1. 课堂导入

阿基米德曾经说过："给我一个支点和足够长的杠杆，我可以把地球撬起来"，也曾经有一位学生说过："给我足够长的杠杆和一个电动机，我可以让物体达到光速"。你能说出这样的豪言壮语吗？其中有没有一定的科学道理？

你还记得你小的时候，你父母是如何和你玩跷跷板游戏？你现在是一个大孩子，又如何去和一个三、四岁的小孩玩跷跷板游戏？

____________________叫杠杆，____________________叫杠杆平衡，

____________________叫力臂，____________________叫力支点。

2. 探究活动

(1)提出问题

是不是两个力大小相等，杠杆就平衡了？是不是两个力臂相等就可以平衡呢？还是力和力臂相加其和相等就平衡呢？

(2)猜想和假设

如果两个力大小相等，杠杆就平衡的话，必须要两个重量完全相同的人才能玩跷跷板游戏了，大和尚和小和尚也没法抬水喝，很多的现象无法解释。

由小孩和大人玩跷跷板游戏可想到，大人必须离支点近一点，而小孩必须离支点远一点，则力越大，力臂越小，力和力臂之间有没有准确的定量关系呢？为了简便、即时准确地读出力臂，我们选择了一个有标尺的杠杆。

(3)制订计划与进行实验

为检验杠杆平衡时动力、阻力、动力臂、阻力臂关系的猜想正确与否，我们可以用如图初-5-1所示装置，多次改变所挂钩码的个数，并移动钩码在杠杆上的位置，将每次杠杆平衡在水平位置时的动力、阻力、动力臂、阻力臂大小记录在表格中。

(4)分析与论证

将实验所得数据进行交流与讨论，得出实验结论。

杠杆平衡条件是：动力×动力臂=阻力×阻力臂，即 $F_1 \times L_1 = F_2 \times L_2$

(5)交流与评价

把你的探究过程及结论告诉同学和老师，或者把这个探究记录给他们看，征求他们的意见。既要改正自己的错误、弥补不足，又要为自己正确的观点和做法辩护。把交流的情况简要记录下来。

【训练报告】

1. 请完成本节课的实验教学训练后对实验操作和教学过程进行反思和自我评价，完成实验技能和实验教学训练报告。

2. 改进本节课的实验教学方案，提出创新性的设计方案。

3. 请回答以下与本节课相关的测试题。

(1)实验前，为什么要调节杠杆在水平方向平衡？如果不是在水平位置平衡，对实验结果有无影响？如果让杠杆不在水平位置平衡，是否一样可以进行实验，如果可以的话，力臂怎样才能测出呢？

(2)如果加在杠杆上的两个力都在支点的同一侧，杠杆有可能平衡吗？

(3)结合杠杆的平衡原理，猜想一下，四川省珙县的悬棺是如何悬挂上的？写一篇科技小论文。

(4)某同学进行正确的实验操作后，得到的数据为 $F_1=6$ N、$L_1=20$ cm、$F_2=4$ N和 $L_2=30$ cm。该同学根据这些数据能否得出探究结论？____________________。理由是：____________________。

【实验创新视野】

杠杆平衡的条件是可传动的物体所受力的力矩平衡，探究杠杆平衡的条件是本章的重点内容，建议教师在教学中首先通过生活中学生熟悉的事例入手(如跷跷板)，引出问题：杠杆平衡条件是什么？即动力、阻力、动力臂、阻力臂之间存在什么样的关系？同时，鼓励学生提出各种猜想与假设，以及制定验证猜想与假设的计划。在这里教师应留给学生足够的讨论时间，实验中要注意培养学生的科学态度和实事求是的科学精神，对通过实验得不出平衡条件的学生，要引导他们分析实验过程，找出错误所在或误差过大的原因，组织学生充分讨论与交流探究的结果。

创新提示：

(1)教学创新：用动力×左边距离=阻力×右边距离，过渡到动力×动力臂=阻力×阻力臂，加深对力臂的理解。

(2)教学拓展：用刚体绕固定轴转动定律推导并分析出：动力×动力臂=阻力×阻力臂是杠杆平衡的必要条件。

(3)实验创新：探究过程中弹簧测力计竖直向上拉，消除弹簧测力计的自重影响，或者采用两个弹簧测力计校对。

【链接】

[1]W. C. 丹皮尔. 科学史及其与哲学和宗教的关系[M]. 李珩，译. 桂林：广西师范大学出版社，2009：56-57.

[2]廖伯琴. 物理探究活动开发与指导[M]. 江苏：江苏教育出版社，2012：78-83.

[3]秦伟. 初中物理教科书经典教学实验评介[M]. 广州：广东科技出版社，2013：141-148.

[4]张步高. “探究杠杆的平衡条件”实验教学探讨[J]. 中学物理(初中版)，2011(3)：28-29.

[5]凌志勇. “探究杠杆的平衡条件”实验中常见问题[J]. 初中生世界(八年级物理)，2013(7)：41-42.

[6]苏小林.《科学探究：杠杆的平衡条件》教学设计[J]. 物理教学探讨(中学教学教研专辑)，2013(5)：71-74.

[7]朱仁文.《探究杠杆的平衡条件》教学案例[J]. 现代教育教学杂志，2011(2)：95-97.

[8]孙达家. 对《探究杠杆的平衡条件》实验的思考[J]. 中学物理(初中版)，2013(2)：47.

[9]侯永. 杠杆的平衡条件及其应用[J]. 初中生世界(八年级物理)，2012(7)：6-8.

[10]钱永兴，陈林桥. 论杠杆的平衡条件[J]. 中学生数理化(学研版)，2012(2)：25.

实验6：探究声音是怎样产生和传播的

【预备知识】

振动学是声学的基础。声波均来源于物体的振动，声学现象的实质就是传声媒质(气体、液体、固体等)质点所产生的一系列力学振动传递过程的表现。声波是物质波，是弹性介质(气体、液体和固体)中传播的压力、应力、质点运动等的一种或多种变化。气体和液体可以看做是流体介质。其中，理想流体介质的弹性主要表现在体积改变时出现的恢复力，不会出现切向恢复力。所以，理想流体介质中声振动传播的方向与质点振动方向是一致的，也就是纵波。固体中除了同样有纵波传播外，还有横波。

《义务教育物理课程标准(2011版)》对本节内容的规定是“通过实验，认识声音的产生和传播的条件”，要求通过实验教学手段，让学生认识关于声音的基础知识，现有的六套物理教科书均有声学实验。本节教学重点是声音的产生和传播，其中通过观察生活和实验现象归纳出声音产生的原因，引导学生运用归纳法；在声音的传播过程通过实验体验固体、液体、气体均能传声，通过科学推理的方法得出真空不能传声的结论。

> 阅读与思考：
>
> 1. 阅读文献，思考声音产生和传播的实质。
> 2. 阅读文献，了解现代技术中声学知识的一些应用。

【训练目的和要求】

一、实验技能的训练目的

1. 利用身边的材料制作简易器材。
2. 通过实验演示，从现象归纳出：振动产生声音；固体、液体和气体能够传声。
3. 通过实验演示，从现象科学推断出理想情况，即真空不能传声。

二、实验教学能力的训练要求。

1. 结合当地情况制作适合的教学仪器。
2. 从学生的生活角度思考问题，将学生从形象思维引向逻辑思维。
3. 从现象出发，引导学生在科学推断基础上得出理想实验的结果。

【实验器材】

小鼓、锯条、小提琴(或一种其他弦乐器)、抽气盘、真空泵、闹钟、音叉、橡皮锤、铁架台、细线、乒乓球、水槽、空饮料瓶(瓶内装小绒球)、纸杯、细棉线、木板、音叉锤、小钢球、音乐盒、泡沫。

【实验训练内容】

一、实验技能的强化训练

实验训练内容一：探究声音是怎样产生的

1. 提出问题

做各种活动，使物体发声。声音是怎样产生的？你能使正在发声的物体停止发声吗？正在发声的物体有什么共同特征？

2. 猜想与假设

一切物体都能发声，正在发声的物体都有共同的特征，而没有________的物体就不具有这种特征。

3. 设计实验和进行实验

第一种方案：

①检查实验器材是否齐备完好。

②敲击鼓面：先将纸屑放在不发声的鼓面上，纸屑不被弹起。然后敲击鼓面，鼓面上的纸屑被弹起，用手按住鼓面，鼓面不发声了，纸屑静止。

思考：纸屑在什么情况下被弹起？它在什么情况下静止？

③振动尺子：把刻度尺的三分之二伸出桌边，一手将另三分之一紧压在桌边上，另一手拔动伸长端，有声音产生，尺子停止振动发声也停止。

思考：当听到声音时，尺子处于什么状态？当没有听到声音时，尺子又处于什么状态？

④拔动小提琴的弦。先拔动小提琴的弦使其发声，然后用手按住琴弦。

思考：当听到声音时，琴弦处于什么状态？当没有听到声音时，琴弦又处于什么状态？

⑤整理检查所有器材并将其恢复到实验前状态和摆放位置。

注意事项：

①敲击鼓面时，力度适中，不要猛烈敲击。

②用适当的力拨动刻度尺，拨动时要把刻度尺的一端压紧在桌面上。

第二种方案：

①检查实验器材是否齐备完好。

②将乒乓球用线穿起挂在铁架台上。

③用橡皮锤敲击音叉发出声音后，立即将音叉叉股慢慢靠近悬挂的乒乓球，直到音叉刚接触乒乓球，就立即停止移动音叉，观察乒乓球的状态，如图初-6-1。

④将敲击发出声音的音叉立即插入盛水的容器中，使叉股刚接触水面就停止移动，观察水面此时的状态，如图初-6-2。

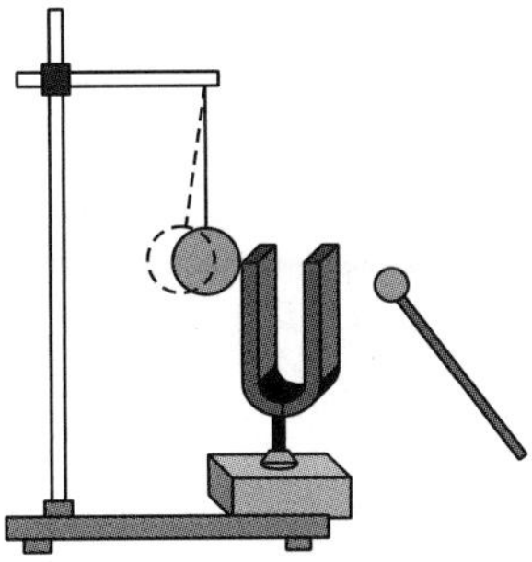
图初-6-1

图初-6-2

⑤一位同学向空饮料瓶内吹气，听发出的声音，同时另一位同学观察瓶内小球，然后交换进行。

⑥整理检查所有器材并将其恢复到实验前状态和摆放位置。

注意事项：

①敲击音叉的实验要多试几次，以看到明显的效果。

②敲击音叉后要立即靠近乒乓球和水面，所以音叉不要离乒乓球和水面太远，但要接近乒乓球和水面时要慢、要轻靠近直到接触。

4. 分析和论证

(1)分析

①正在发声的鼓面，小纸屑在____________；鼓面在____________。

②正在发声的刻度尺，刻度尺在____________。

③正在发声的小提琴，琴弦在____________。

④发声的音叉，能使跟它接触的乒乓球__________，能使跟它接触的水面__________，同时我们还听到这时水也发出了一种声音。

⑤向空瓶子里吹气，听到声音的同时，看到瓶内小绒球在____________。

(2)结论

①发声的物体都在____________，当声音停止时，____________也停止了。

②除了固体可以发声外，____________、____________也能发出声音。

5. 交流与评估

(1)通过实验探究，你有什么心得体会，探究过程有什么成功和不足之处，重点交流以下问题。

①是不是所有发声的物体都在振动？你和同学还能想出哪些发声的物体？他们都在振动吗？

②有的发声的物体不容易看到它哪部分在振动，我们可以采用哪些办法间接的说明它在振动，在以上的探究实验中我们用了哪些科学研究方法？

(2)把你的探究过程和结果与老师、同学交流，看看他们的看法，既要改正自己的错误，弥补不足；又要为自己正确的观点和做法辩护。把交流的情况简要记录下来。

同学自评：____

同学互评：______________________________

教师评价：______________________________

实验训练内容二：探究声音的传播

1. 提出问题

声音是由振动产生的，那么声音怎样从发声的物体传播到远处呢？

2. 猜想与假设

声音要传播出去，可能需要什么物质来作媒介。

3. 设计实验和进行实验

1)探究声音传播的条件

①检查实验器材是否齐备完好。

②将玻璃罩底部边缘涂抹适量凡士林油，将闹钟通电后放入真空罩。

③用抽气机将钟罩内的空气抽出。

④停止抽气，让空气重新进入玻璃罩。

⑤仔细听，用抽气机逐渐从真空罩内抽空气的过程中，声音有无变化？如果有，是怎样变化的？停止抽气，打开阀门，让空气逐渐进入真空罩，声音有无变化？如果有，是怎样变化的？

⑥根据实验现象，思考真空是否能够传声？

2)探究声音在固体中的传播

①检查实验器材是否齐备完好。

②把两张课桌紧紧地挨在一起。一个同学轻敲桌面，另一个同学把耳朵贴在另一张桌面上。

③把两张桌子离开一个小缝，再试一次，一个同学轻敲桌面，另一个同学把耳朵贴在另一张桌面上。

④按图初-6-3装配好实验，两位同学相互配合，一位同学对着纸筒说话，另一位同学用耳朵对着另一纸筒倾听。

图初-6-3 土电话装配图

⑤用剪刀剪断棉线，再仔细听听，还能听到刚才的声音吗？

⑥思考：两张桌子紧紧地挨在一起时，声音是由____________传播到另一个同学的耳朵；两张桌子离开一个小缝时，声音是由____________传播到另一个同学的耳朵。利用自制土电话是否可以听到一个与空气中完全不同的声音，棉线剪短后呢？声音可以靠什么媒介传播声音？

⑦整理检查所有器材并将其恢复到实验前状态和摆放位置。

3)探究声音在液体中的传播

①按图初-6-4安装好实验。

②打开音乐盒开关，将连着泡沫的音乐盒放入水槽中。

③仔细观察和聆听，实验现象是：______________________________

____。

④剪断细线，使音乐盒沉在水底，仔细观察和聆听，实验现象是：____

____。

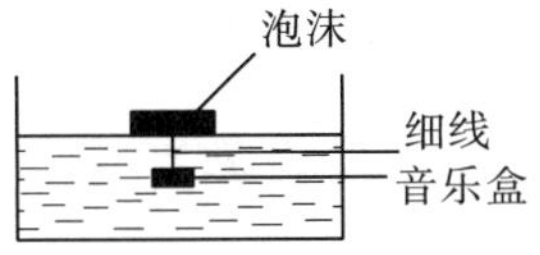

图初-6-4 声音在液体中的传播

⑤利用所提供的实验器材，再设计实验，演示声音在液体中的传播。

4)探究声音在空气中的传播

在日常生活中我们接触到的最多的声音，就是我们人耳直接听到的声音，声音是如何传入人耳的呢？发声体与人耳间充满着空气，因此我们猜测声音可能是通过空气传播的，那么我们如何用实验来验证呢？

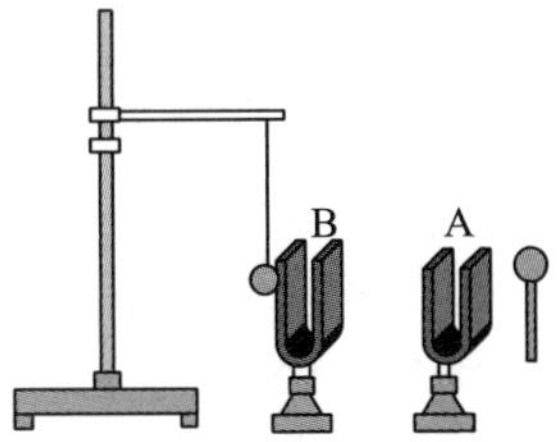

图初-6-5 声音在空气中传播的实验

①按图初-6-5 装配好实验，用音叉锤敲击音叉 A，然后将音叉 A 靠近音叉 B，观察有什么现象发生。

②在作空气传声的探究实验时，实验不易成功，实验要注意以下几点：金属小球与音叉顶端要刚好接触并且要有一点压力，音叉 A、B 一定要相同。

③思考：音叉 A 的振动通过________传给了音叉 B，即________可以传声。

4. 分析与论证

声音可以在________、________、________中传播，不能在________中传播。

5. 交流与评价

把你的探究过程及结论告诉同学和老师，或者把这个探究记录给他们看，征求他们的意见。既要改正自己的错误、弥补不足，又要为自己正确的观点和做法辩护。把交流的情况简要记录下来。

重点探究交流以下问题：

(1)效果最好的是哪个方案？

(2)能利用身边物品做实验的是哪些方案？

(3)是否可以对方案提出改进建议？

学生自评：____

学生互评：____

教师评价：____

二、实验教学能力的训练

在进行完该项实验技能训练后，重点进行实验教学能力训练。声学的产生和传播是比较抽象的物理现象，而初中生正处在形象思维向抽象思维过渡阶段。所以将声音产生的条件和传播途径以学生感兴趣的方式展现出来，通过实验探究或物理现象展示对本节课教学效果的达成至关重要。

希望读者在阅读下面的教学设计后，认真撰写自己的实验教学教案，然后分小组进行微格实验教学并按要求撰写训练报告。

【实验教学设计】

一、教学目标

知识与技能：通过观察和实验初步认识声音产生的条件。探究声音是如何传播的，培养观察能力、分析能力和实验能力。

过程与方法：通过观察、对比发声体与不发声体的差异，总结出发声体共同的特征，并概括出声音产生的条件；通过实验渗透一种科学研究的方法——化抽象为具体，化细微为显著，体验探究过程，学习实验加科学推理(理想实验)的方法。

情感态度与价值观：通过听觉感知给学生美的感受，初步领略声现象，使学生乐于探究自然现象和日常生活中的物理道理，激发学生学习的兴趣和科学的求知欲望，活动中培养学生善于与其他同学交流的意识，培养严谨求实的科学态度和科学精神，学习交流、合作的学习方法。

二、教学过程

教学过程	教师活动设计	学生活动设计
引课	播放动画：动画片《星球大战》中，神鹰号太空船将来犯的天狼号击中，听到天狼号“轰”地一声被炸毁，神鹰号宇航员得意地笑了。你觉得这个片断有没有违背科学？	认真、仔细观看动画，并思考； 激趣、设疑。
真空不能传声	演示：将一只小电铃放在玻璃钟罩内，接通电源，然后用抽气机逐渐抽去玻璃罩内的空气。最后停止抽气，让空气重新进入玻璃罩内。 提出问题：真空能不能传声？ 空气能不能传声？	观察、思考、交流得出结论：声音不能在真空中传播，但能在空气中传播。(板书) 回答上面引课留下的疑问：太空接近真空，天狼号爆炸发出的声音根本无法传到神鹰号上。 联系实际举一些真空不传声，空气传声的例子：如月球上宇航员不能直接交谈，而是用无线电话交谈。
声音的传播需要介质	固体传声 演示：“土电话”实验 介绍：《西游记》第68回中，写到孙悟空利用“悬丝诊脉”之法治好了朱紫国国王的病，所谓“悬丝诊脉”，相传是将丝线系在病人手腕上，医生从线的另一端可以感受出病人的脉搏跳动情况，从而诊断病情。	随堂实验：两人一组，一人耳朵紧贴桌面，另一人轻敲桌面，然后两人互换，并交流体会。 随堂实验：模拟贝多芬晚年失聪，用牙齿咬住木棒敲击键盘听琴声。
声音的传播需要介质	液体传声 演示：在盛水的水槽中，放入发声器，能否听到音乐声？ 播放动画：渔民捕鱼时利用电子发生器发出鱼喜欢的声音，将鱼诱入渔网。 介绍介质：能传播声音的物质。(板书)	认真观察、思考，回答问题。 交流、总结得出：声音可以在气体、固体、液体等介质中传播。(板书) 联系实际举一些固体、液体传声的例子。如机器内部发出的噪声主要是通过机器外壳传出。

续表

教学过程	教师活动设计	学生活动设计
人怎样听到声音	提出问题：声音在空气中是怎样传播的？ 演示：纵波的传播 介绍声波：物体的振动是使它附近的空气时而变密，时而变疏，就在空气中形成了疏密相间的状态，并不断地向远方扩展。（板书） 提出问题：人是怎样听到声音的？ 出示人耳模型讲解。 声源振动 —声波→ 鼓膜振动 → 刺激听神经 → 大脑	观察纵波实验，将声波与纵波类比理解声波，对声波有个感性认识。 请一位学生根据生物课所学知识，结合人耳模型，讲人是怎样听到声音的。 其他学生仔细倾听。
课外实践	教师给予鼓励为主的评价。	①自制“土电话”，做完后和其他同学通话，看能否听到？ ②一位同学在一楼轻敲不锈钢扶手，另一位同学在五楼耳朵紧贴扶手，看能否听到声音？ ③设计一个测量空气中声速的方案。并与其他同学交流。

【训练报告】

1. 请完成本节课的实验教学训练后对实验操作和教学过程进行反思和自我评价，完成实验技能和实验教学训练报告。

2. 重新设计本节课的实验教学仪器。

3. 改进本节课的实验教学方案。

4. 请回答以下与本节课相关的测试题。

(1)为了探究声音的响度与振幅的关系，小明设计了如图初-6-6 所示的几个实验。你认为能够完成这个探究目的的是

把罩内的空气抽去一些后，闹钟的铃声明显减小　A

用力吹一根细管，并将它不断剪短，声音变高　B

用发声的音叉接触水面时，水面水花四溅　C

用大小不同的力敲打鼓面，观察纸屑跳动的情况　D

图初-6-6

(2)如图初-6-7 所示，用悬挂着的乒乓球接触正在发声的音叉，乒乓球会多次被弹开. 这个实验是用来探究　（　）

A. 声音能否在真空中传播

B. 声音产生的原因

C. 音调是否与频率有关

D. 声音传播是否需要时间

图初-6-7

(3)下列说法中正确的是　（　）

A. 只要物体振动，就一定能听到声音

B. 固体、液体、气体都能传播声音

C. 宇航员们在月球上也可以直接用口语交谈

D. 声音在固体、液体中比在空气中传播得慢些

(4)有些耳聋病人配有骨导式助听器就能听到声音的原理是____________________。

(5)两人相距较远说话时，听不到对方的声音，但同样情况下，用自制的土电话就可以听到相互的说话声；耳朵贴在铁轨上能听到远处火车开来的声音而站起来就听不到了。

对此，请你提出一个要研究的问题______________________________。

(6)关于声现象下列说法正确的是 (　　)

A. 真空不能传声是通过实验与推理的方法获得的

B. 发出较强声音的喇叭能使它前面的烛焰“跳舞”，说明声波能传递能量

C. 课堂上听到老师的讲话声，说明声音可以在空气中传播

D. 声音在不同介质中传播速度相同

【实验创新视野】

该节内容的实验比较多，但有些实验现象并不十分明显，所以本节实验的创新之处体现在如何提高各个实验的实验现象上。

创新提示：

(1)利用共鸣箱：从一根横截面积约 1 cm^2 的木棒上截取长约 20 cm 一段，把一端削细一些，使之可以插在共鸣箱上。首先，用手拿着音叉柄，用橡皮锤敲音叉，能听到音叉发出的较小的声音。然后，把音叉柄插在共鸣箱上，用同样的方式敲音叉，音叉发出的声音传到共鸣箱上后被放大了。最后，把木棒较细的一端插在共鸣箱上，用手拿着竖直放置的音叉柄，再用同样的方式敲响音叉，接着上下移动音叉，使音叉柄下端与木棒上端时而接触，时而分开，听到的声音时而大时而小。这是由于音叉柄下端不接触木棒上端时，声音是从音叉发出的，音叉柄下端接触木棒上端时，音叉发出的声音由木棒传到共鸣箱上被放大了。这个实验简单有趣，效果好，学生很容易根据实验现象得出固体能传声的结论。

(2)利用遥控器：在真空罩里放入一个可遥控的门铃，当罩内有空气时，按下遥控器开关，门铃发出的电子音乐声通过话筒传给收录机播出。学生们都能听到清脆悦耳的电子音乐，当用抽气逐渐抽出罩内的空气，音乐声逐渐减弱，直至听不到音乐声。这时，门铃上的发光管仍在发光但电子音乐却不能传到我们耳朵里，说明真空不能传声。当罩内再放入空气，我们又重新听到了音乐声。这样改进后使得效果明显，遥控接收，操作方便。

(3)利用信息技术；以计算机为载体，通过图片、动画、音频、视频等手段创设良好的学习氛围来激发学生的学习热情和内在潜能。

【链接】

[1]马大猷. 现代声学基础[M]. 北京：科学出版社，2004.

[2]张宏伟. 奇妙的声音——声音的产生和传播[J]. 农村青少年科学探究，2011(7)：70-71.

[3]李锦然，高学福. 声音传播实验的改进[J]. 中学物理(初中版)，2003(03).

[4]肖幼华，孙雪梅. 《声音的产生与传播》相关实验的改进[J]. 长春教育学院学报，2012(06)：143，146.

[5]刘虹. 声音的产生与传播的新教学设计——信息技术与学科整合教学案例分析[J]. 物理教学探讨，2006(19)：56-57.

实验 7：探究平面镜成像规律

【预备知识】

平面镜是日常生活中常用的工具。平面镜成像是通过人的眼睛反映在视网膜上，即平面镜所成的像是虚像。视网膜上成像的大小与物体本身的大小、物体的距离、眼睛所张的角度有关。初中物理设置平面镜成像的教学内容，旨在“通过实验，探究平面镜成像时像与物的关系。知道平面镜成像的特点及应用”（《义务教育物理课程标准(2011 年版)》）。通过探究光束在平面镜上的反射，知道反射角与入射角的关系、像与物的距离等平面镜成像特点。

“平面镜成像”这节内容是教科版《物理》八年级上册重点内容之一，是在学习了“光的直线传播”和“光的反射”的基础上，进一步学习认识平面镜成像的特点、原理和应用。与原有的教科书相比，其突出了学生的探究活动，把科学方法和科学知识的学习放到同等重要的地位。平面镜既与生活联系紧密，又是学生首次接触“虚像”概念，这是学生遇到的第一个比较完整的科学探究课题，建议采用层层深入的方式。首先探究像的性质，然后探究像与物的大小关系，通过移动蜡烛体验所成的像是等大的像，在此基础上设计方案探究像与物到平面镜具体的关系。本节课为探究“凸透镜成像”做了铺垫。所以，它起着承上启下的重要作用。

> 阅读与思考：
>
> 1. 阅读教科书和课标，思考教学的重难点以及相应的教学策略。
> 2. 阅读物理学史，了解光学的发展历程，思考在教学中融入相关史实的文化价值。

【训练目的和要求】

一、实验技能的训练目的

1. 理解平面镜成虚像，理解虚像是怎样形成的。
2. 研究平面镜成像特点。

二、实验教学能力的训练要求

1. 通过完整的实验探究过程，预设在该实验中学生可能出现的状况。
2. 学会编写该实验教学的教案，并在小组内讨论交流。
3. 通过微格实验教学，学会引导初中生体验完整的探究过程，关注学生的独立性、主动性，体会如何使学生获得成就感。
4. 正确规范地操作实验仪器，并在实验完后整理实验器材。
5. 认真撰写训练报告，报告中包括操作反思、教学反思、评价及改进措施等内容。

【实验仪器】

J2530 平面镜成像实验器

1. 概况

J2530 平面镜成像实验器配备了半反射平面镜和全反射平面镜各一块作为平面镜，使实验效果大大提高。这一点，与以前的小平面镜和普通的透明玻璃相比，有较大改进。具有实验方便、准确、形象等特点。

2. 结构

实验器由平面镜或半反射镜 1、三角尺 3、塑料蜡烛 4、支架 2、白纸 5(自备)、有刻度的直尺(自备)组成。其结构如图初-7-1 所示。

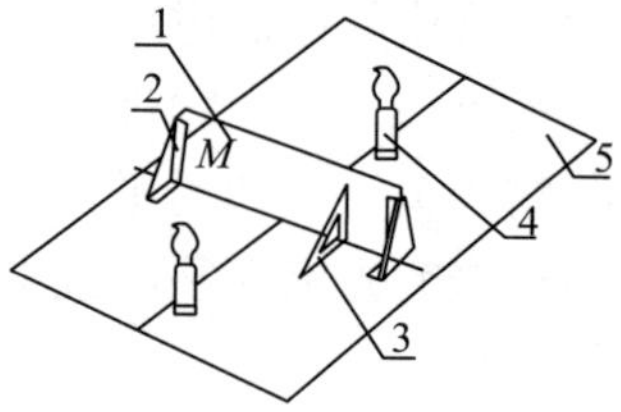

图初-7-1

3. 使用方法

(1)取 16 开实验白纸一张，并注意在白纸的中心作相互垂直的两条直线。

(2)将平面镜插入支架，放在一条直线上，平面镜底部与一条直线重合，并用三角尺检查平面镜与底面是否垂直，如不垂直应作适当调整，确保垂直(实验关键)。

(3)将塑料蜡烛放在平面镜前方 5～10 cm 处，并在垂直线上用笔标上记号。

(4)将另一蜡烛放在平面镜的另一面，慢慢移动到两蜡烛架完全重合(其中一个为蜡烛在平面镜中所成的像)，并标上记号。

(5)用有刻度的直尺量出两记号与中心的距离，并观察蜡烛的像与后面的蜡烛的火焰有何不同。

【实验训练内容】

一、实验技能的强化训练

1. 检查实验器材是否齐备完好(如图初-7-1 所示装置)。

2. 将一支塑料蜡烛放在平板玻璃前，观察平板玻璃里的像。蜡烛离平板玻璃越远，像离平板玻璃________(越近还是越远)，平板玻璃里的像的大小跟蜡烛到平板玻璃的距离的关系____________，像是__________(正立、倒立)，镜子里的像与蜡烛左右关系__________。

(3)在桌面上铺一张大纸，纸上竖一平板玻璃，在纸上记下平板玻璃的位置。把一支塑料蜡烛 A 放在玻璃板前面，可以看到玻璃板后面的像。

(4)再拿一支同样的塑料蜡烛 B，竖着在玻璃板后面移动直到看上去它跟前面的那支蜡烛 A 的像完全重合，这个位置就是前面那支蜡烛 A 像的位置，在纸上记下这两个位置。注意观察蜡烛的大小和它的像的大小是否相同。

(5)移动蜡烛 A，重做实验。用直线把每次实验中蜡烛和它的像的位置连起来，用刻度尺测量蜡烛，像的位置跟玻璃板的距离，记录在下面表格中(也可自己设计表格记录数据)。

实验次数 / 项目	1	2	3
物距/cm			
像距/cm			

(6)整理检查所有器材并将其恢复到实验前状态和摆放位置。

(7)比较上面表中数据，总结平面镜成像的特点。

____。

二、实验教学能力的强化训练

在进行完该项实验技能训练后，重点进行实验教学能力训练。希望读者能认真撰写实验教学教案，然后分小组进行微格实验教学并按要求撰写训练报告。为了方便读者进行实验教学能力的训练，我们提供该项实验项目的教学设计供大家参考。

【实验教学设计】

一、教学目标

知识与技能：认识物理学中的平面镜，理解平面镜成像的特点，了解平面镜成虚像，了解虚像是怎样形成的，了解日常生活中平面镜成像的现象。

过程与方法：让学生真正地参与到科学探究过程中，进一步学习实验探究的基本思路和方法，学会实验过程中信息的记录、物理结论的归纳及与同学间合作的实验能力，通过折纸模拟实验，体会虚像的形成原因。

情感、态度与价值观：体会克服困难、解决问题的过程和发现成功的喜悦，通过对平面镜的物与像的对称的讨论，领略平面镜成像中的简洁对称之美。

二、教学重点和难点

教学重点：设计探究平面镜成像特点的实验探究活动。

教学难点：虚像概念的建立。

三、教具准备

平面镜、半反射镜、三角尺、塑料蜡烛、支架、白纸、刻度尺、多媒体课件。

四、教学过程

教学过程	教师活动	学生活动
新课引入	创设情景：演示一个利用平面镜成像原理完成的魔术(变金鱼)，激发学生的兴趣，同时引出平面镜成像这个课题。	观看魔术表演，感到惊奇，思考其中的原因。
新课教学 1. 认识平面镜，虚像概念的建立	引导学生认识平面镜。 给出平面镜的定义：平整光滑的镜面叫做平面镜。 平面镜能成像，成的是虚像(引导学生把平面镜成像和小孔成像进行比较)。 虚像：不是实际光线会聚成的，不能在光屏上呈现，但可以通过眼睛直接看到的像。	从生活经历、多媒体图片中感受平面镜可以成像。回忆小孔成像，发现其不同点。运用旧知识来学习新东西，降低难度。
2. 实验探究，提出问题	提问： 平面镜成像有什么特点？	平面镜所成的像与物体是否一样大？ 如何测量平面镜中像的位置？ ……

续表

教学过程	教师活动	学生活动
猜想与假设	引导学生照镜子，认真观察并思考平面镜成像特点	不同学生提出各种猜想，可能有下列猜想：(允许有不正确猜想) ①像与物大小相等； ②像近大远小； ③像与物到平面镜的距离相等； ④像与物左右相反； ⑤像与物上下一致 ……
制定计划与设计实验	作必要的引导： ①采用什么方法来验证像与物是否相等呢？ ②手不能伸到镜子中，怎样测量镜中像的大小？ ③这需要透过平面镜，既能看到像，又能看到平面镜后面的物体，怎么实现呢？ ④如何验证像与物到平面镜的距离相等？ …… 给出实验具体步骤，让学生实验更有目的性。	通过问题引导思考后回答： ①通过测量比较像与物的大小。 ②可以拿一个相同的物体(替代物)放在平面镜的后面，直接和像进行比较。 ③用玻璃板代替平面镜 ④用刻度尺对物体和像的位置进行测量。 …… 通过教师引导、学生讨论交流，基本清楚实验的做法和实验所需器材。
进行实验	提醒学生设计实验表格来记录数据，以及为了实验的科学性和准确性，应多做几次，最后再归纳实验结论。	一边实验一边填写实验数据和得出实验结论。培养动手能力和合作能力。
分析论证	板书实验数据及学生归纳的实验结论。	各小组分别展示其实验结果，体现学生的自主学习能力。
总结	引导学生对结论的分析并完善结论的正确性，板书结论。	进一步对结论的正确性加以认识，并改正原来的错误认识。
3. 进一步分析平面镜成像特点	利用光的反射定律分析平面镜成像： ①物体在平面镜中成虚像； ②物和像关于平面镜对称。 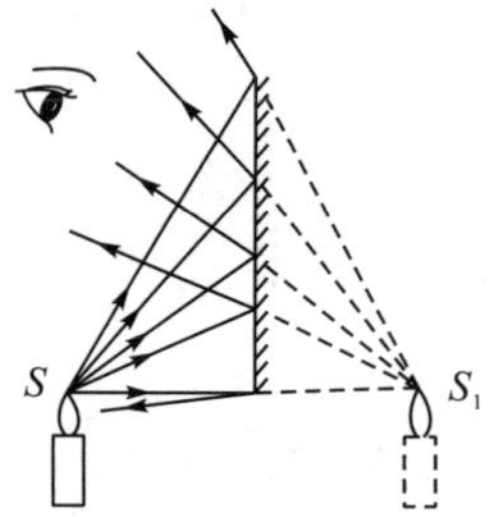 	学会用光路图分析平面镜成像原理及特点。
4. 平面镜成像的应用	用多媒体展示平面镜成像的应用： ①整理仪容、仪貌； ②牙医用的特制小镜子； ③扩大视觉效果； ④潜望镜； ④万花筒； ④魔术中的运用(解释开场表演的魔术)； ……	感受平面镜应用的广泛，也一同回忆生活中的平面镜。
课堂小结		

【训练报告】

1. 请完成本节课的实验教学训练后对实验操作和教学过程进行反思和自我评价，完成实验技能和实验教学训练报告。

2. 改进本节课所使用的实验教学仪器。

3. 改进本节课的实验教学方案。

4. 请回答以下与本节课相关的测试题。

(1)本实验为什么要用玻璃板作为反射镜？

(2)“猴子捞月亮”的寓言故事说猴子看到井中有个月亮，以为月亮掉进井水中了，以下说法正确的是 ( )

A. 水中出现月亮属于光的反射现象 B. 水中出现月亮属于光的折射现象

C. 水中的月亮到水面的距离比天上的月亮到水面的距离近

D. 水中的月亮比天上的月亮小

【实验创新视野】

光学现象是学生在生活中比较熟悉的，也是容易产生兴趣的现象。教学中要注意培养学生对物理的兴趣，充分发挥实验的作用，迎合他们好奇、好动、好强的心理特点，调动他们学习的积极性和主动性。初中生的思维方式逐步由形象思维向抽象思维过渡，因此在教学中应注意积极引导学生应用已掌握的基础知识，通过理论、分析和推理判断来获得新知识，发展抽象思维能力。

创新提示：

给学生演示如下实验：按图初-7-2 装置好三个小烧杯(A、C 两杯中是点燃的蜡烛，为了使像清晰，玻璃板的一面粘贴半透膜)，让 B 杯恰在 A 杯像的位置。移动 C 杯，问学生从前方能否看到 B、C 两杯，使学生误以为每个杯中均有点燃的蜡烛。此时向 B、C 两杯中同时加水，学生将看到一种“奇异”的现象：C 杯中的蜡烛熄灭，B 杯中的烛焰在水中并不会熄灭。如此新奇有趣的物理现象呈现在学生面前，能促进学生的思维活动，激发他们强烈的求知愿望，并对平面镜成虚像埋下“伏笔”。

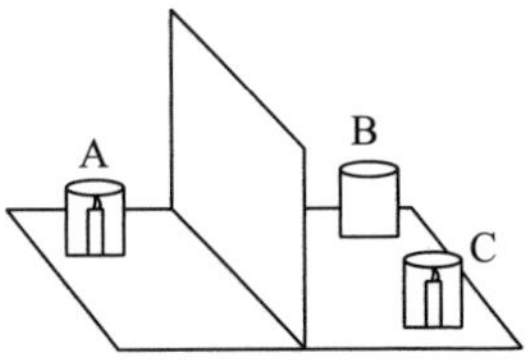

图初-7-2

【链接】

[1]秦伟. 初中物理教科书经典教学实验评介[M]. 广州：广东科技出版社，2013：263-285.

[2]廖伯琴. 物理探究活动开发与指导[M]. 南京：江苏教育出版社，2012：245-249.

[3]姜楠. 初中学生有关平面镜成像前概念及其转变研究[D]，桂林：广西师范大学，2011.

[4]周静虹.《平面镜成像》教学设计及反思[J]. 甘肃教育，2007(17)：1.

[5]高希海. “平面镜”教学中的几点创新[J]. 中学生数理化(教与学. 教研版)，2006(03)：42.

[6]崔登荣，厉仲根. 探究“平面镜成像特点”——开展探究实验合作学习的案例分析[J]. 中学教学参考，2010(23)：54-55.

[7]曹启刚. 构建以“学”为主的学习活动初探——“探究平面镜成像的特点”活动设计[J]. 中学物理教学参考，2007(11)：53-54.

[8]邹山. 平面镜成像实验的改进和再探究——浅谈探究性课程实验设计的创新[J]. 物理通报，2006(11)：54-55.

实验 8：探究凸透镜成像的规律

【预备知识】

人类对凸透镜的认识和利用开始于两千多年前，20 世纪 80 年代出土于南京郊区东晋墓葬中的水晶透镜片是现今发现的最早的凸透镜文物。在西汉淮南王刘安所著的《淮南万毕术》中就已记载“削冰令圆，举以向日，以艾承其影，则火生”，这是关于凸透镜利用最早的记录。

凸透镜成像的规律在初中物理光学教学中占有重要的地位。《义务教育物理课程标准(2011 年版)》将“探究凸透镜成像的规律”列为学生必做的实验项目之一，要求学生“认识凸透镜的汇聚作用；探究并知道凸透镜成像的规律；了解凸透镜成像规律的应用”。可见课程标准明确要求本节课内容要通过实验探究的方式进行学习。六套初中物理教科书对此内容的表述均包括实验探究内容。例如，教科版物理教科书从一个凸透镜可以放大和缩小书本上文字的现象入手，引起学生兴趣，引导学生提出猜想、激发学生探究的欲望，并确定探究的主题：放大镜成像的大小、正倒可能与放大镜及物体的位置之间的关系。该教科书对此实验的设计思路是首先以凸透镜的焦距为参考选取物距，观察成像情况，再测量并记录物距。

通过本节的教学，不仅要使学生了解凸透镜的成像规律，而且要使学生初步了解实验–分析–归纳的科学探究方法。由于本节内容本身较多，又是教学的难点，可分为两节课进行。其中，第 1 课时主要用于建立凸透镜成像的概念，完成凸透镜成像规律实验；第 2 课时完成对实验数据的分析论证，总结归纳出凸透镜成像的规律以及拓展相应的知识点。各版本教科书中对“探究凸透镜成像的规律”的表述均是较完整的探究实验，建议教师在教学中务必要让学生亲自动手实验，既让学生学会使用光具座等实验器材，又让学生掌握凸透镜成像规律，并可启发学生对实验的改进创新。

> 阅读与思考：
>
> 1. 阅读相关教科书和教辅资料，分析这节既是教学重点又是教学难点的原因。
> 2. 阅读文献和观察生活，了解凸透镜在生产和生活中的广泛应用。

【训练目的和要求】

一、实验技能的训练目的

1. 掌握光具座的使用。
2. 会用不同方法测定凸透镜的焦距。
3. 研究凸透镜成像的规律。

二、实验教学能力的训练要求

1. 通过自己完整的实验过程，体会在该实验中学生可能出现的状况。

2. 学会编写该实验教学的教案，并在小组内讨论交流。

3. 通过微格实验教学，学会引导初中生体验完整的探究过程，关注学生的独立性、主动性，体会如何使学生获得成就感。

4. 正确规范地操作实验仪器，并在实验完后整理实验器材。

5. 认真撰写训练报告，报告中包括操作反思、教学反思、评价及改进措施等内容。

【实验仪器】

J2507 型光具座

1. 用途

J2507 型光具座是一种多用途的光学仪器，方便供学生分组实验用，如图初-8-1 所示。J2507 型光具座在光学实验中用来支承各种光学元件，研究透镜成像规律与焦距测定，并能搭配显微镜、望远镜等仪器。如果在本仪器上增添一些必要的附件，还可以做光的干涉、衍射、偏振等投影演示。

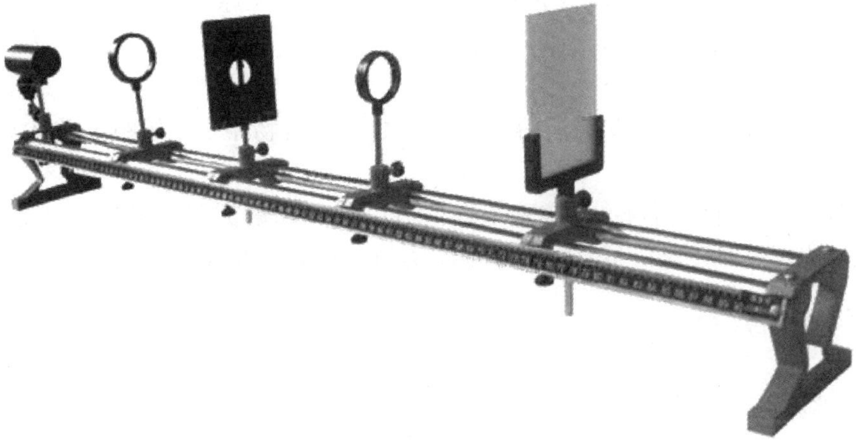

图初-8-1 J2507 光具座(双轨不锈钢全铝合金)

2. 结构

(1)轨道：用直径 16 mm 的圆钢作为轨道，两端有铸铁支腿，全长 960 mm。在轨道前装有刻度尺，尺的有效刻度为 0～900 mm。在轨道上安装有四只滑块，可沿轨道滑动，并可用紧固螺钉将其固定在轨道的任意位置上。滑块上方有孔，可插入光学元件的立杆，并有紧固螺钉。滑块向着刻度尺的斜面上刻有红色标线，用以指示光学元件的位置。

(2)透镜一组(四只)如表初-8-1 所示。

表初-8-1

序号	名称	直径/mm	焦距 f/mm
1	平凸透镜	Φ50	300±12
2	双凸透镜	Φ40	100±2
3	双凸透镜	Φ30	50±2
4	双凹透镜	Φ30	−75±4.5

(3)光屏：1字屏、白光屏、磨砂玻璃光屏各一件。

(4)金属插杆：规格为$\Phi 6$ mm×130 mm的圆杆五支。一端有螺纹，供固定镜片、光屏、光源用。

(5)光源：灯泡6～8 V、3 W；聚光透镜(直径36 mm、焦距50 mm)。

除轨道和滑块外，其他部件均放置在专用的附件盒中，实验者根据实验需要取用合适的部件。

3. 用法举例

1)研究凸透镜成像的规律

①把2号凸透镜($f=100$ mm)置于蜡烛和白色光屏之间。调整透镜或光屏的高度，使烛焰的像总能成在光屏上，并使烛焰的中心点、光屏中心点和凸透镜光心在同一高度上。

②使蜡烛到透镜的距离u等于两倍焦距，即$u=2f=200$ mm。移动光屏，可在距离透镜约200 mm处，得到烛焰倒立、等大的实像。

③把蜡烛到透镜的距离u调至两倍焦距和一倍焦距之间，即$f<u<2f$，如$u=150$ mm。调整光屏位置，可在两倍焦距以外距透镜约282～318 mm处，得到倒立、放大的实像。

④使$u=100$ mm，即$u=f$。不论怎样移动光屏，得不到像。

⑤使$u<f$，在光屏一侧同样得不到像。但去掉光屏，从原来放置光屏一侧透过镜片，可看到蜡烛正立、放大的虚像。

2)测定凸透镜焦距f

利用上述实验装置和上述实验所得的前三个数据，将物距u、像距v代入公式：$1/f=1/u+1/v$，即可求出f值。

说明：若学校没有(或不够)此实验仪器，可以用类似的光具座替代，或是直接把光源、凸透镜、光屏、刻度尺等器具放在平整厚实的实验桌上进行实验。

【实验训练内容】

一、实验技能的强化训练

训练内容一：测量凸透镜的焦距

方法1：利用平行光聚焦法，粗测一下你所用的凸透镜的焦距，观察确定你所用的凸透镜焦距为____________厘米。

方法2：用方法1中的同一凸透镜，通过设计实验并采集数据，利用公式$1/f=1/u+1/v$，计算求得该凸透镜的焦距为____________厘米。

对初中生要求采用方法1粗略测量凸透镜的焦距，通过对比两种测量方法所测的结果，体会并总结出用方法1时的注意事项或是实验技巧。

训练内容二：观察凸透镜成缩小像的条件

1. 把凸透镜安装在光具座上，适当调整凸透镜，使它在光具座上的整数刻度处。

2. 再把蜡烛、光屏安装在光具座上，且使蜡烛、光屏分别位于凸透镜的左右两侧，使三者的中心在同一高度上。

3. 点燃蜡烛，把蜡烛移到距凸透镜2倍焦距之外的地方，然后前后移动光屏，直到光屏上出现蜡烛焰清晰的像。观察并记录像的性质。

4. 把蜡烛移向凸透镜，但仍保持物距大于 2 倍焦距，此时光屏上是否还有清晰的像?（答：__________）。移动光屏，使光屏再次出现清晰的像时，观察像距多大及像的性质。(答：像距为__________，像是__________的像)。

5. 让蜡烛到凸透镜的距离等于 2 倍焦距。移动光屏至成清晰像时，观察像距多大，像的性质。(答：像距为__________，像是__________的像)。

由实验观察得出的结论是：

(1)凸透镜成缩小像的条件是：物距应__________。

(2)在物距大于二倍焦距的范围内，物距减小，像距__________，像的大小变__________。

(3)当物距等于二倍焦距时，像距大小为__________，像的大小__________。物的大小__________。

训练内容三：观察物体在凸透镜一倍焦距与二倍焦距之间的成像

1. 把凸透镜安装在光具座上，适当调整凸透镜，使它在光具座上的整数刻度处。

2. 把蜡烛、光屏安装在光具座上，且使蜡烛、光屏分别位于凸透镜的左右两侧。使三者的中心在同一高度上。

3. 把蜡烛移到凸透镜 1 倍焦距与 2 倍焦距之间，但靠近 2 倍的地方，移动光屏，直到光屏上出现蜡烛清晰的像，观察并记录像的性质。

4. 在物距大于焦距的条件下，减小物距(即把蜡烛向凸透镜移近)。移动光屏，可观察到像距是__________，像的大小是__________，像仍是__________立的。

由实验观察得出的结论是：

(1)凸透镜成放大的实像的条件是：物距应满足__________。

(2)在成放大实像的条件下，物距减小，像距__________，像的大小变__________。

训练内容四：观察物距小于焦距时的成像

1. 把凸透镜安装在光具座上，适当调整凸透镜，使它在光具座上的整数刻度处。

2. 把蜡烛、光屏安装在光具座上，且使蜡烛、光屏分别位于凸透镜的左右两侧，使三者的中心在同一高度上。

3. 把蜡烛放在小于焦距的地方，移动光屏，观察能否在光屏上成像，如不能在光屏上得到像，则把光屏取走，通过凸透镜可看到一个__________的像。

由实验观察得出的结论是：凸透镜成放大、正立虚像的条件是：物距应当__________。

实验完后，要把实验数据和实验情况整理记录完整，通常会采用表格的形式。在此项实验的训练中，我们提供以下表格供读者参考，希望读者能学会自己设计数据表格，如表初-8-2。

表初-8-2

物距与焦距关系	物距 u/cm	像的性质			像距 v/cm
		正倒	大小	虚实	
$u>2f$					
$u>2f$					
$2f>u>f$					
$2f>u>f$					

续表

物距与焦距关系	物距 u/cm	像的性质			像距 v/cm
		正倒	大小	虚实	
$u<f$					
$u<f$					
$u=2f$					
$u=f$					

二、实验教学能力的训练

在进行完该项实验技能训练后，重点进行实验教学能力训练。希望读者能认真撰写实验教学教案，然后分小组进行微格实验教学并按要求撰写训练报告。为了方便读者进行实验教学能力的训练，我们提供该项实验项目的教学设计供大家参考。

【实验教学设计】

一、教学目标

知识与技能：探究凸透镜成像的规律；初步掌握科学探究的方法。

过程与方法：在探究过程中，培养学习的兴趣；通过探究活动，获得提出问题和解决问题的能力；学会用观察、比较、列表的方法进行归纳和总结。

情感、态度与价值观：培养对科学的兴趣，乐于探索自然现象和日常生活中的物理学道理；乐于参与观察、实验、制作等科学实践。

二、教具准备

凸透镜、光屏、蜡烛、火柴、放大镜、光具座、小手电筒、多媒体课件等。

三、教学过程

1. 复习提问(课堂导入)

通过上一节的学习，我们知道了照相机、投影仪里面都有凸透镜，而放大镜本身就是一个凸透镜，它们都是利用凸透镜来成像的。下面我将请三位同学到前面来共同做一个游戏。

让三位同学分别扮演蜡烛(物体)、照相机镜头(凸透镜)、胶卷(像)，模拟照相机给蜡烛照相时，物体、凸透镜和像三者的位置关系，让学生判断他们完成的正确与否，同时请扮演像的同学说出自己的特征。类似的方法，模拟投影仪、放大镜成像的情况。

小实验：下面请同学们观察物体通过凸透镜成像的情况。

2. 教师演示

①教师手持点燃的蜡烛、凸透镜，调整与白墙间的距离使白墙上呈现放大的像；

②教师手持点燃的蜡烛、凸透镜，调整与白墙间的距离使白墙上呈现缩小的像；

③教师手持放大镜于自己的右眼前，请同学们观察老师的两只眼睛。

经过游戏和老师的演示，大家已经明白了凸透镜能成像，且像有正倒、大小、虚实之分，那么凸透镜成像的大小、正倒、虚实跟物体的位置有什么关系呢？(创设问题情境)

3. 重点、难点化解(探求新知、质疑导学、课堂反馈)

学生活动内容	老师活动内容
1. 猜想 物体离凸透镜的距离远，成倒立、缩小的实像；物体离凸透镜的距离较近，成倒立、放大的实像；物体离凸透镜的距离很近，成正立、放大的虚像。 2. 设计实验方案 3. 交流实验方案 4. 思考后回答： 调整物体、光屏到凸透镜的距离。 5. 尝试设计表格 6. 进行实验 (1)测定凸透镜的焦距 f 并做好记录。 方法：平行光聚焦法，小手电筒代替平行光源或在阳光下或很远的灯光下测定凸透镜的焦距 f。 (2)把蜡烛放在较远处，使物距 $u>2f$，调整光屏，使烛焰在光屏上成清晰的实像，观察实像的大小和正倒，测出像距 v（像到凸透镜的距离）。 (3)把蜡烛向凸透镜移近，使物距在 $2f$ 和 f 之间，即 $2f>u>f$，重复以上操作，进行观察和测量。 (4)继续移近蜡烛，使物距 $u<f$，在屏上还能得到蜡烛的像吗？怎样才能观察到蜡烛的像？是虚像还是实像？观察像的大小、正倒、测出物距。 7. 按上述实验步骤进行实验，交流与合作，将测量数据整理、填表。 8. 将数据提交老师展示，并与老师一起分析。	（投影展示学生的猜想） 1. 同学们说得很好，但是刚才的猜想说距离的远近不好描述，我们可以给它找一个标准，即以透镜的焦距为标准，如：当 $u>2f$ 时，称为远，当 $2f>u>f$ 时，称为近，当 $u<f$ 时，称为很近。 2. 对学生的实验方案进行评价，可以提出如下问题： (1)为什么要将凸透镜、蜡烛、光屏放在同一直线上，并且使它们的中心大致在同一高度？ (2)如何使物体所成的像呈现于光屏上？ (3)实验过程中应记录哪些现象和数据？如何设计记录表格？ 3. 提出实验要求： (1)态度认真，一丝不苟；注意安全，防止烫伤、烧伤、划伤等。 (2)光屏上的像一定要调整到最明亮、清晰。 (3)多次进行测量，仔细观察，进行实验时要做好记录。 4. 对学生实验装置进行介绍，讲清操作过程，并请学生上台演示。 5. 在学生实验的过程中进行巡回指导。 6. 及时发现学生实验中存在的问题，并进行针对性的启发和引导。 7. 用展示台展示学生的实验数据，和学生一起分析数据。
9. 分析得出规律。 10. 总结：“一倍焦距分虚实”；“两倍焦距分大小”。 11. 进行课堂小结，谈谈自己的收获。 12. 利用课堂小练习巩固新知。	8. 和学生一起完成凸透镜成像规律的表格，并板书相关内容。 9. 用 Flash 动画展示凸透镜的成像规律，引导学生逐步发现成像大小的分界点，实像与虚像的分界点。 10. 引导学生进行课堂小结。 11. 带领学生完成课堂小练习。

数据记录：凸透镜焦距 $f=$__cm

物距与焦距的关系	像的性质			像距与焦距的关系	应用
	正倒	大小	虚实		
$u>2f$	倒立	缩小	实	$f<v<2f$	照相机
$2f>u>f$	倒立	放大	实	$v>2f$	投影仪
$u<f$	正立	放大	虚	/	放大镜

【训练报告】

1. 请完成本节课内容的实验教学训练后对实验操作和教学过程进行反思和自我评价，完成实验技能和实验教学训练报告。

2. 改进本节课所使用的实验教学仪器。

3. 改进本节课的实验教学方案。

4. 请回答以下与本节课相关的测试题。

(1)凸透镜所成的像是否有缩小的虚像？有没有正立的实像？有没有倒立的虚像？

(2)如图初-8-2 所示，是研究凸透镜成像的实验位置图，光具座上 A、B、C 三点分别用于放置器材，其中 B 点应放

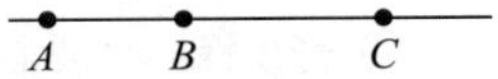

图初-8-2

__________（填“光屏”“蜡烛”或“凸透镜”）。若刚好光屏上得到清晰倒立、缩小的像，则蜡烛是放在__________点，此时蜡烛离凸透镜的距离__________焦距。

【实验创新视野】

学生在这一节教学内容前已经学习了透镜的一些基本知识，尤其是学习了生活中的一些透镜：照相机、投影仪和放大镜，知道它们是如何工作的。在此基础上，引导学生对凸透镜的成像规律进行猜想，初步设计方案，组织学生用实验探究的方法，得出凸透镜成像的规律。本节课的实验教学课通过学生观察、比较、列表的方法对凸透镜成像特点进行归纳和总结，培养学生的实验探究能力。凸透镜成像与生活中的现象联系比较紧密，在探究得到凸透镜成像规律的基础上，可以让学生利用课外时间，制作照相机、投影仪和放大镜的简易装置；有条件的学校也可以让学生对这些实物装置进行拆卸探究。

本实验可以有多方面的改进，比如本实验所用的光具座是多功能的，所以初中学生第一次用光具座时无法熟练使用，建议做以下改进：

(1)光具座的刻度是从左到右而且是从零刻度起的，学生在计算焦距时需要再运算一次，而且每一组数据再要估读到下一位，相当麻烦；这对刚刚学习物理的学生来讲，要求太高了，建议零刻度从中间标起，以厘米作分度值，向两边增加，如图初-8-3所示。

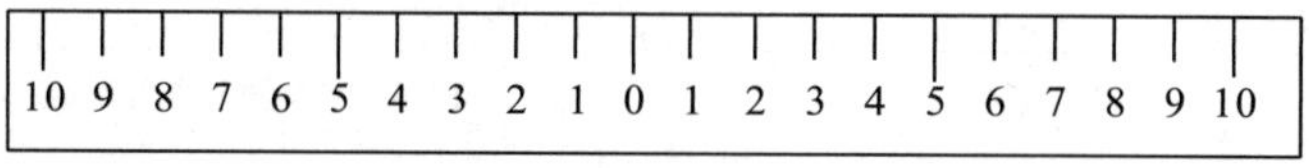

图初-8-3

(2)光源使用的蜡烛有一定局限性，如蜡烛在熄灭时的烟很难闻、蜡烛随风吹要左右摆动、不能长时间观察、烛焰左右对称不易观察左右倒立的像等。所以可以将蜡烛用发光二极管作代替，焊接在有坐标的电路板上，屏幕也印有坐标刻度，且光源的形状做成“*F*”、“*d*”或“上”等。

(3)利用Flash课件补充演示动态的规律。

通过此项实训，你认为在此实验教学中应注意哪些问题？该实验还有哪些可以有创新的地方？如何体现教学的探究味道？

【链接】

[1]秦伟. 初中物理教科书经典教学实验评介[M]. 广州：广东科技出版社，2013：298-314.

[2]廖伯琴. 物理探究活动开发与指导[M]. 南京：江苏教育出版社，2012：240-245.

[3]谢来根. 凸透镜成像规律教学模型的探索[J]. 中国农村教育，2012(1)：61-62.

[4]徐在菊，高铁军.《探究凸透镜成像》教学案例[J]. 中国校外教育(理论)，2009(03)：94-95.

[5]杨小红，刘慧，吕红英. 物理教学中学生对凸透镜成像的理解研究[J]. 中山大学学报论丛，2007(7)：11-15.

[6]谭红霞. 创设情境，激发思维——科学探究《凸透镜成像》片段与反思[J]. 中国教育技术装备，2008(11)：89-90.

[7]程金海.《探究凸透镜成像的规律》教学设计[J]. 物理教师，2011(18)：18.

[8]陈炜嵘. 凸透镜成像规律的教学研究与设计[J]. 中国教育技术装备，2013(19)：146-147.

[9]舒少锋. 打破常规教学——关于《探究凸透镜成像规律的》课例研究[J]. 中国农村教育，2011(2)：47.

实验 9：串联和并联电路中电流和电压的特点

【预备知识】

电路部分的知识是电学的重要组成部分。作为与生活密切相关的知识内容，串联和并联电路中电流和电压的分布特点是初中物理的重要内容。这是学生第一次遇到定量的电学探究实验，其中包括电流表和电压表的使用、简单电路的连接等。

《义务教育物理课程标准(2011 年版)》将“连接简单的串联和并联电路”、“探究电流与电压、电阻的关系”列为学生必做的实验项目；要求“会看、会画简单的电路图；会连接简单的串联电路和并联电路；说出生产、生活中采用简单串联或并联电路的实例；了解串、并联电路电流和电压的特点”。这部分知识内容较多，在教学中分为两节课内容呈现较为适宜。例如，“教科版”物理教科书便是分为“电流”和“电压：电流产生的原因”两节内容；在分别介绍电流和电压概念、单位以及测量工具电流表和电压表的基础上，引导学生思考串、并联电路中电流和电压的分布，并设计实验进行验证。

电流表和电压表的区分是此部分的一个难点，一般可以从符号标识、用途、连接方法、量程大小和对应的分度值等方面进行区分。连接电流表时通常出现的错误是电流表接错一个接线柱，所测的电流值就可能由干路电流变成支路电流；电压表接错一个接线柱，所测的电压值就可能不是待测电路两端的电压了。学生发现不了，还把所测的数据视作正确值，当然就不能得到正确的结论。所以在学生实验探究前需要用几分钟时间讨论电流表的正确连接。另外，在实验过程中需要指导学生正确对待和分析实验数据，注重培养学生实事求是的科学态度，掌握数据分析方法。

> 阅读与思考：
>
> 1. 阅读物理课程标准，体会课标对电学实验的要求，思考在教学中落实的策略。
>
> 2. 阅读物理学史，了解电学的研究发展过程，思考在教学中的有效融入。

【训练目的和要求】

一、实验技能的训练目的

1. 通过动手操作，熟练使用电流表和电压表并能够正确读数。

2. 会根据设计的电路图进行正确、简捷的实物连线。

3. 通过实验探究：并联电路中干路电流和支路电流间的关系，串联电路中各点间的电压关系。

二、实验教学能力的训练要求

1. 通过自己完整的实验过程，体会在该实验中学生可能出现的状况。

2. 学会编写该实验教学的教案，并在小组内讨论交流。

3. 通过微格实验教学，学会引导初中生体验完整的探究过程，关注学生的独立性、主动性，体会如何使学生获得成就感。

4. 正确规范地操作实验仪器，并在实验完后整理实验器材。

5. 认真撰写训练报告，报告中包括操作反思、教学反思、评价及改进措施等内容。

【实验仪器】

1. 电流表

直流电流表可供学生实验或在实验室中测量直流电路中的电流。

规格：

(1)测量范围：0～0.6 A(分度值为 0.02 A)，0～3 A(分度值为 0.1 A)。

(2)工作条件：周围温度 0～40 ℃，相对湿度不超过 85%。

(3)表头灵敏度为 75 mA。

(4)仪表阻尼时间不超过 4 s。

结构及原理：表头采用磁电式结构。

使用：

(1)实验前要检查指针是否对准零刻度线；如有偏差，需用零点调节器调到零位。

(2)电流表接入电路，必须串联在待测的那部分电路中，使电流从电流表的“+”接线柱流入，从“-”接线柱流出。注意：不能把电流表直接连到电源的两极上！否则电流表将被烧坏。

(3)测量前应先估计待测电流的大小，选择适当量程的电流表，使被测电流不超过电流表的量程。如果不能估计电流大小，可以先用较大量程进行快速试触。

保养：

仪表出厂时各部分均经详细检查、校准。仪表不应受到敲击、碰撞或剧烈震动，以免损坏内部结构。仪表安放处应保持室温，并经常保持清洁、干燥，且不应有腐蚀性气体存在。仪表附近不能有强大的磁场，以免仪表遭受损坏或影响示数的准确性。

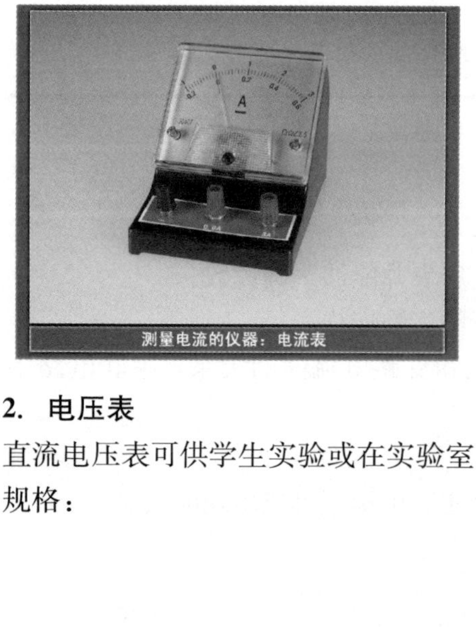

测量电流的仪器：电流表

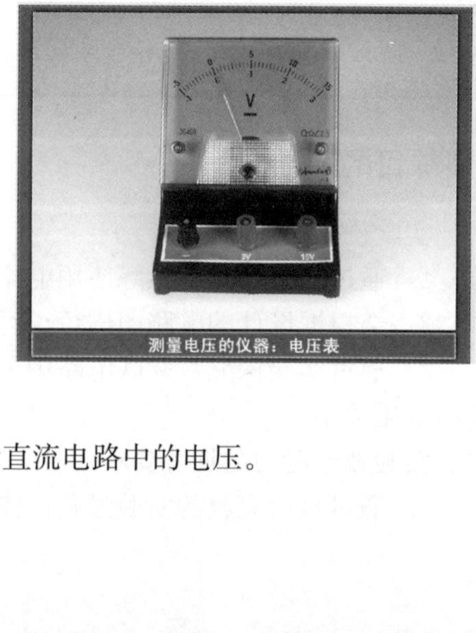

测量电压的仪器：电压表

2. 电压表

直流电压表可供学生实验或在实验室中测量直流电路中的电压。

规格：

(1)测量范围：0～3 V(分度值为 0.1 V)，0～15 V(分度值为 0.5 V)。

(2)工作条件：周围温度 0～40 ℃，相对湿度不超过 85%。

使用：

(1)实验前要检查指针是否对准零刻度线；如有偏差，需用小螺丝刀调到零位。

(2)电压表接入电路，必须并联在待测的那部分电路两端，使电流从电压表的“+”接线柱流入，从“−”接线柱流出。

(3)测量前应先估计待测电压的大小，选择适当量程的电压表，使被测电压不超过电压表的量程。如果不能估计电压大小，可以先用较大量程进行快速试触。

(4)电压表可以直接与电源并联，所测电压值即为电源电压。

保养：

仪表出厂时各部分均经详细检查、校准。仪表不应受到敲击、碰撞或剧烈震动，以免损坏内部结构。仪表安放处应保持室温，并经常保持清洁、干燥，且不应有腐蚀性气体存在。仪表附近不能有强大的磁场，以免仪表遭受损坏或影响示数的准确性。

【实验训练内容】

一、实验技能的强化训练

训练内容一：在电路中电流表的正确连接及读数

1. 按照如图初-9-1 所示电路图连接电路，闭合开关后，灯亮。请问：电路连接是否正确?

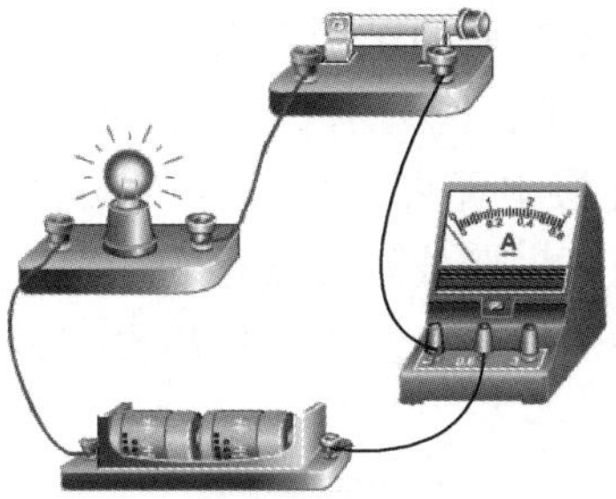

图初-9-1

2. 如图初-9-2 所示电路图，如果闭合开关，会有什么现象发生? 请画出对应的电路图。

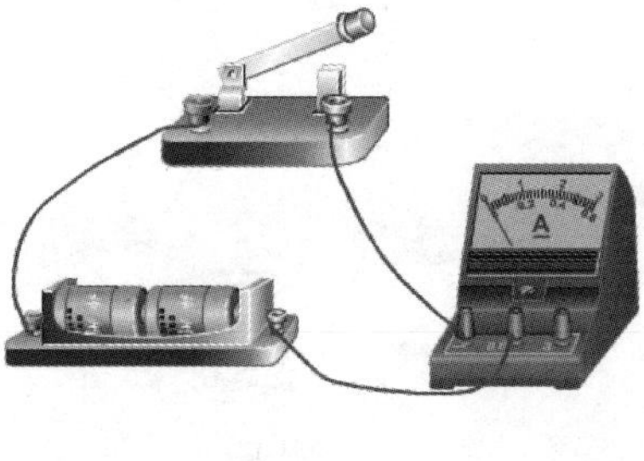

图初-9-2

3. 如图初-9-3所示电路图，闭合开关后灯泡正常发光，但电流表的指针偏转角度很小。请你对电路连接进行改进。

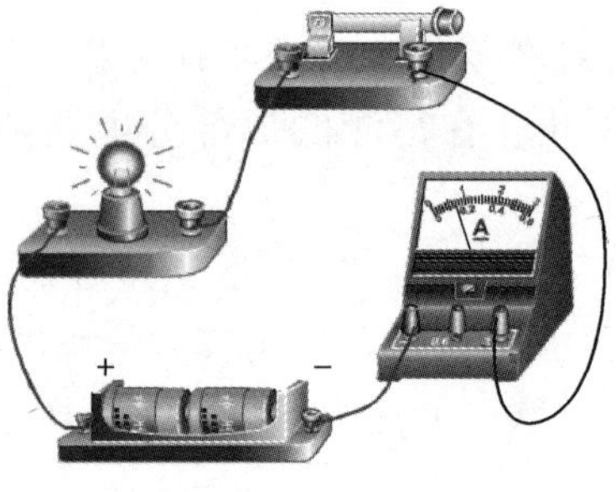

图初-9-3

4. 请读出以下两个电流表中的电流值。

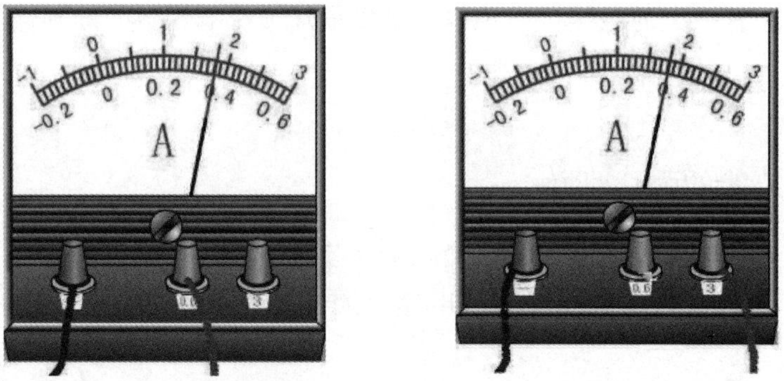

训练内容二：在并联电路中电流表的正确连接

如图初-9-4中A、B、C、D、E、F所示，找到三个电路图各自对应的实物连线图，然后利用桌上的实验器材分组连接电路图，使学生对实物连线由熟悉到熟练。实物连线时，指导学生按黑板上的电路图，先摆放好各器材的顺序，然后用导线从电源正极开始逐一连接到电源负极。先连接元件多的一条支路，然后再把另一条支路并联上去。

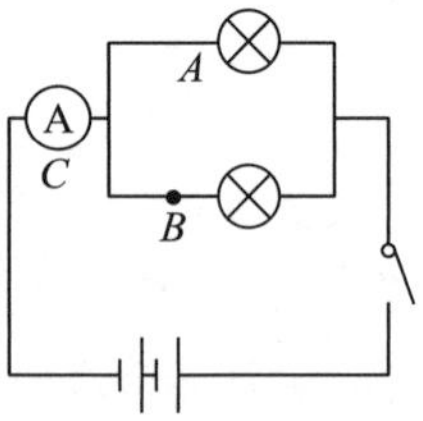

图A

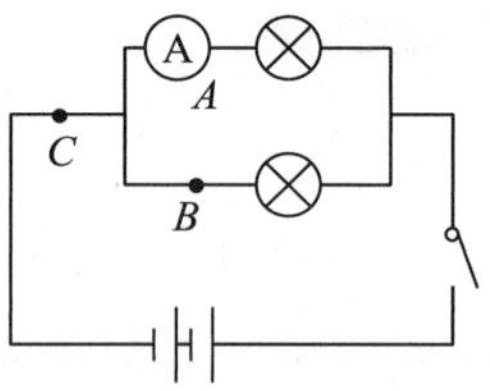

图B

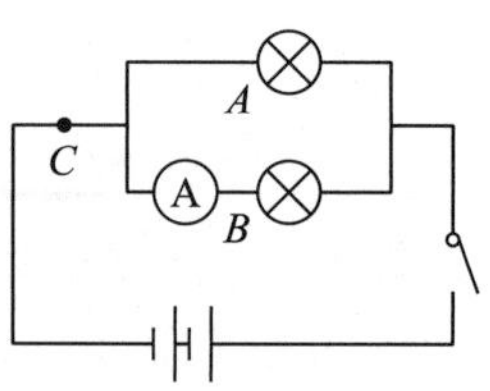

图C

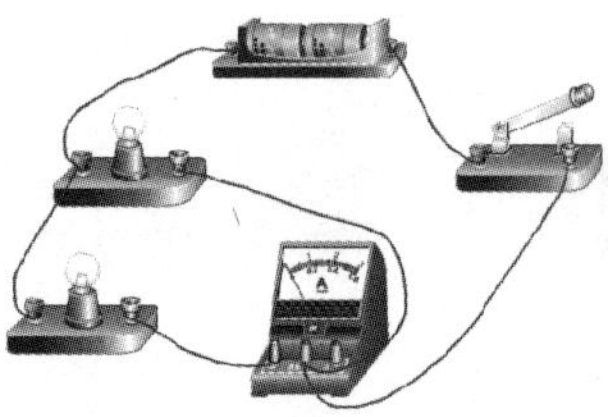

图D

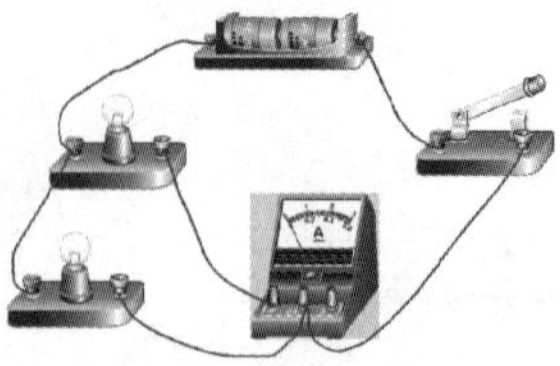

图E

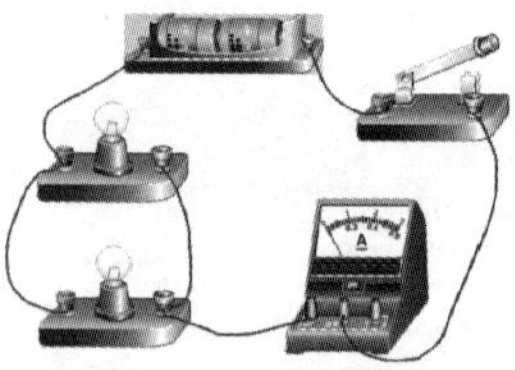

图F

图初-9-4

电流表的实物连线熟悉后，要引导学生正确读数，并学会收集实验数据。把三次测量的数据记入表初-9-1 中，分析数据得出实验结论。

表初-9-1

测量数	A 点的电流 I_A	B 点的电流 I_B	C 点的电流 I_C
第一次测量			
第二次测量			
第三次测量			

实验完后，要把实验数据和实验情况整理记录完整，通常会采用表格的形式。这是在电学实验探究中，第二次进行实验数据收集和记录，很多学生并不熟悉怎样简便、快捷地收集数据。所以，在此项实验的训练中，我们提供表初-9-1 供读者参考，希望读者能学会自己设计数据表格。

训练内容三：用电压表直接测量干电池的电压

1. 如图初-9-5 所示连接电路图，把电压表与电源直接并联，闭合开关后，为什么指针反向偏转？请画出它对应的电路图并对电路进行改进。

2. 分别测出一节干电池两端的电压和两节串联起来的干电池两端的电压。

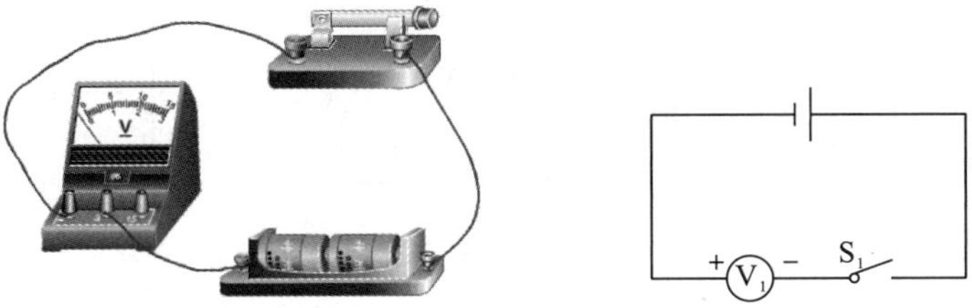

图初-9-5

训练内容四：电路中电压表的正确连接及读数

1. 如图初-9-6 所示的电路图，闭合开关后，灯不亮，但是电压表的指针几乎达到了满偏。请对此现象作出解释，并画出对应的电路图。

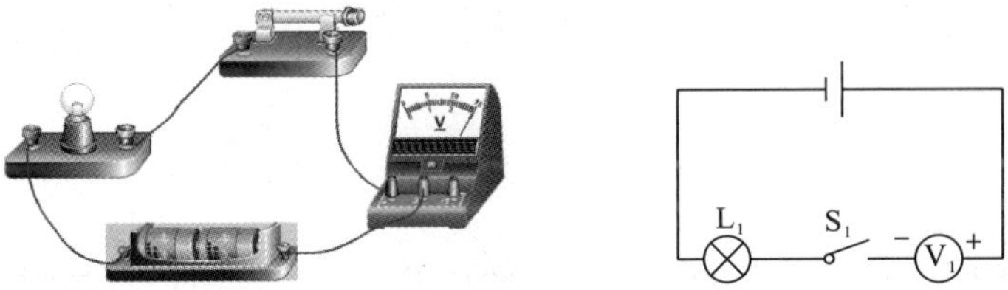

图初-9-6

2. 如图初-9-7 所示的电路图，闭合开关后，灯泡正常发光，但电压表的指针偏转角度很小。请你对电路进行改进。

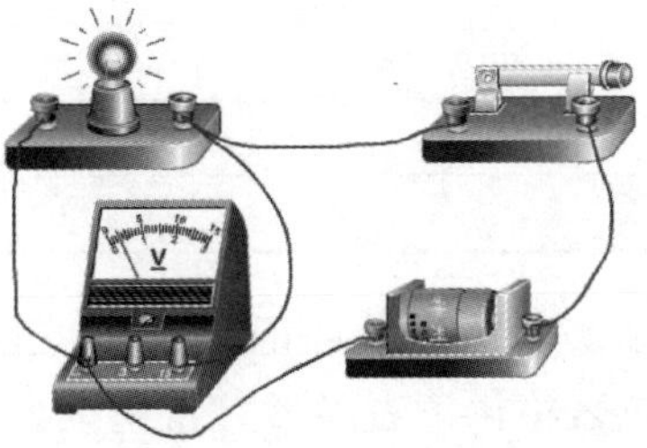

图初-9-7

3. 请读出图初-9-8两个电压表中的电压值。

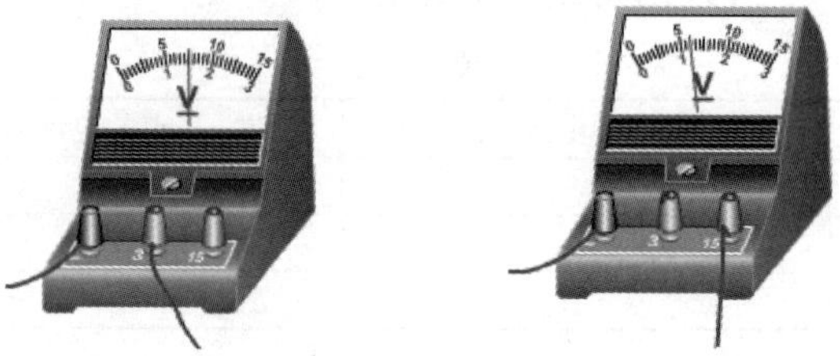

图初-9-8

训练内容五：在串联电路中电压表的正确连接

如图初-9-9所示，找到三个电路图各自对应的实物连线图，然后利用桌上的实验器材分组连接电路图，使学生对实物连线由熟悉到熟练。实物连线时，指导学生按黑板上的实物图，先摆放好各器材的顺序，然后用导线从电源正极开始依次把各元件串联起来(电压表先不连接)，一直连接到电源负极。最后再把电压表并联到待测电路两端。

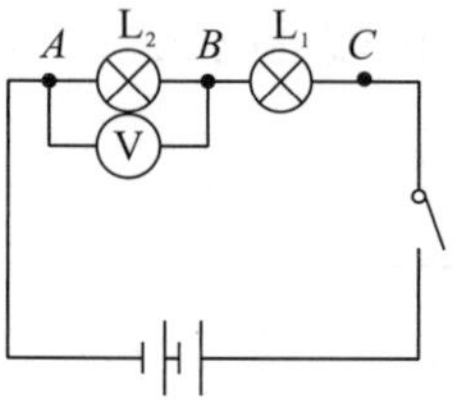

图A

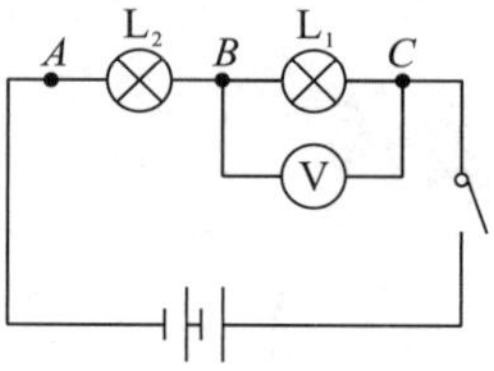

图B

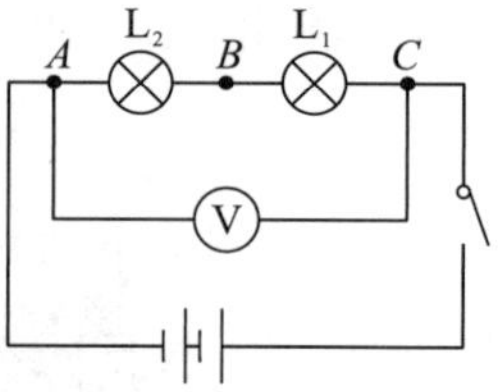

图C

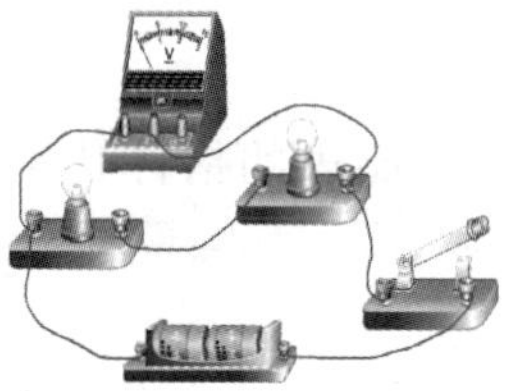

图D

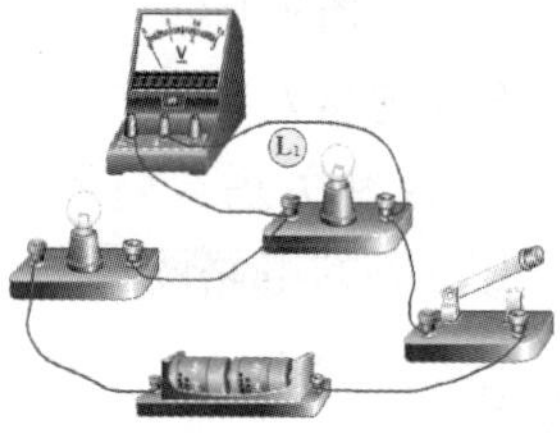

图E

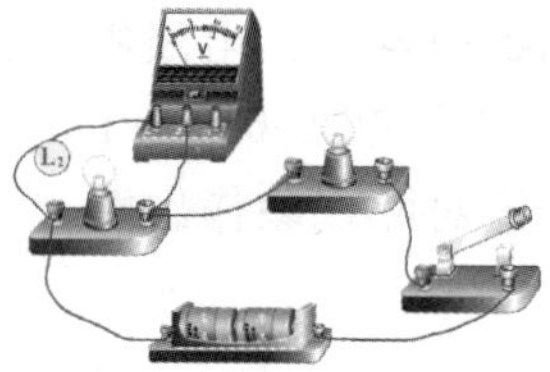

图F

图初-9-9

实物连线熟悉后，引导学生正确读数，把三次测量的数据记入表初-9-2中。比较和分析数据得出结论。

表初-9-2

测量数	AB 间的电压 U_2	BC 间的电压 U_1	AC 间的电压 U
第一次测量			
第二次测量			
第三次测量			

实验完后，要把实验数据和实验情况整理记录完整，通常会采用表格的形式。所以，在此项实验的训练中，本书提供表格供读者参考，希望读者能学会自己设计数据表格。每组学生虽然只记录了一组数据，但在表格设计上可以多留几行，有条件的话，鼓励学生可

以多测一组或两组数据(可以更换灯泡规格多测几组)，或者把自己测的数据与其他同学测的数据进行比较，使得出的结论更具普遍性。

二、实验教学能力的训练

在进行完该项实验技能训练后，重点进行实验教学能力训练。希望读者能认真撰写实验教学教案，然后分小组进行微格实验教学并按要求撰写训练报告。

为了方便读者进行实验教学能力的训练，我们提供该项实验项目中其中一项内容的教学设计供大家参考。

【实验教学设计】

一、教学目标

知识与技能：能够正确使用电压表测电路中各点间的电压；能够探究出串联电路中各点间的电压的关系，知道串联电路总电压等于各分电路两端的电压之和。

过程与方法：在探究过程中，培养学习的兴趣和动手能力；通过探究活动，获得提出问题和解决问题的能力；学会交流、合作的学习方法。

情感、态度与价值观：培养对科学的兴趣、严谨求实的科学态度和科学精神；乐于参与观察、实验、制作等科学实践。

二、教具准备

干电池 4 节、电压表 1 个、开关 1 个、不同规格灯泡 2 个(通常用 2.5 V 和 3.8 V 的灯泡)、附灯座 2 个、导线若干。

三、教学过程

1. 课堂导入

如图初-9-10 所示电路图，两个不同规格的灯泡是串联起来接到电源上的。AB 之间、BC 之间、AC 之间的电压可能什么关系呢(即 U_2、U_1、U 之间有怎样的关系)？今天，我们一起来进行实验探究。请同学们大胆猜想。

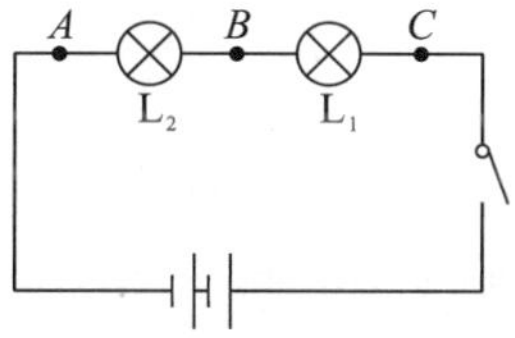

图初-9-10

2. 猜想与假设(学生可能有以下几种猜想)

(1)$U_2 = U_1$？

(2)$U > U_1 > U_2$？

(3)$U < U_1 < U_2$？

(4)$U = U_1 + U_2$？

(老师：验证我们的猜想是否正确最好的办法就是用实验来探究)

3. 设计实验

先连接电路图，然后分别把电压表分别与 AB 之间的灯泡 L_2、BC 之间的灯泡 L_1、

AC 之间的电源并联，测量出 U_2、U_1、U，看看它们之间的关系。

（教学建议：设计实验以老师引导为主，进行实验由学生阐述、补充、整理及完善）

4. 进行实验

（教学建议：老师要补充检查实验器材和整理器材这两个一头一尾的实验步骤。因为电学实验多、器材多、导线多，尤其是电流表和电压表使用频繁。操作不当，电表很容易损坏。所以，从学生一开始做电学实验起，就应该引导、训练他们养成良好的实验习惯，尽量减少器材的损坏）

(1)检查实验器材

A. 检查器材是否齐备完好。

B. 观察电压表的两个量程，了解相应的最小刻度值。

C. 观察电压表的指针是否对准零刻度线，如未对准，可用小螺丝刀校正。

D. 观察电压表接线柱的正负及各量程的不同接法。

E. 检查电源(或电池盒)接线柱的正负。

(2)连接串联电路，分别把电压表并联在 AB、BC、AC 之间。

测量 AB、BC、AC 之间电压的电路图如图初-9-11 所示。

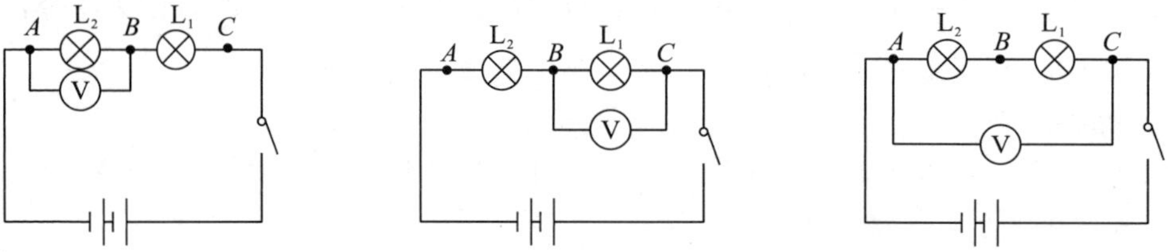

图初-9-11

A. 断开开关，连接串联电路，使用电源电压 6 V，认清接线柱的正、负。

B. 检查电路，确认无误后，闭合开关(如果灯泡不亮，立即断开开关，检查电路，排除故障)。

C. 将电压表与 AB 之间的灯泡并联，注意正、负接线柱的接法正确，先用大量程试触，观察指针偏转程度，如果指针示数小于 3 V，改用小量程，以提高测量的准确度。

D. 选好量程后，将电压表接入电路，连接时，开关应断开。

E. 闭合开关，正确读取电压表的示数，此即为 AB 之间的电压 U_2。断开开关，正确记录，填入表初-9-3 中，注意记录单位。

F. 按测 AB 之间电压的操作方法分别测出 BC 之间的电压 U_1 和 AC 之间的总电压 U，并正确记录，填入表初-9-3 中。

表初-9-3

测量数	AB 间的电压 U_2	BC 间的电压 U_1	AC 间的电压 U
第一次测量			
第二次测量			
第三次测量			

G. 断开开关，拆开电路。

（教学建议：特别提醒学生注意电压表的正确使用。首先必须使电流从电压表的正接线柱流进，从负接线柱流出；暂不接电压表的另一个接线柱，用试触法确定电压表的量程：闭合开关，用断开的线头迅速试触电压表另一个没接线的接线柱，根据指针的偏转程度，选定所用量程。然后断开开关，按选定的量程，把电压表接入电路。电压表的量程选择 0～3 V）

(4)整理器材，将器材恢复到实验前的状态和摆放位置。

（教学建议：学生在进行实验过程中，老师要不断巡视，及时发现并解决学生操作中出现的问题。譬如不知道电流表串联在哪里；指针反向偏转；指针偏转角度很小；电路连线正确，但电流表的指针不偏转，电路某处出现短路等。特别是那些学习困难的同学，实物连线的能力很差，尤其要给予帮助）

注意事项：使用电压表之前，先要把指针调节到“0”的位置。电压表必须并联到待测电路两端。必须使电流从电压表的“+”接线柱流入，从“−”接线柱流出。被测电压不能超过所使用电压表的量程。

5. 分析与论证

（教学建议：把表格画在黑板上，请 3 组同学分别在黑板上填入他们测量的数据，这样可以激发学生的参与感和成就感）

引导其他学生一起分析实验数据，得出实验结论。

测量结果说明了什么？你能得出什么结论？

结论：并联电路中的干路电流等于各条支路电流之和。

6. 交流与评价

(1)与其他同学的实验记录数据进行比较，分析得到的结论有什么异同？

(2)通过实验探究，你有什么心得体会，探究过程有什么成功和不足之处？

【训练报告】

1. 请完成本节课的实验教学训练后对实验操作和教学过程进行反思和自我评价，完成实验技能和实验教学训练报告。

2. 改进本节课所使用的实验教学仪器。

3. 改进本节课的实验教学方案。

4. 设计“并联电路中电流的特点”的实验教学方案。

5. 请回答以下与本节课相关的测试题。

(1)图初-9-12 是小红同学在“用电流表测电流”实验中连接的电路图

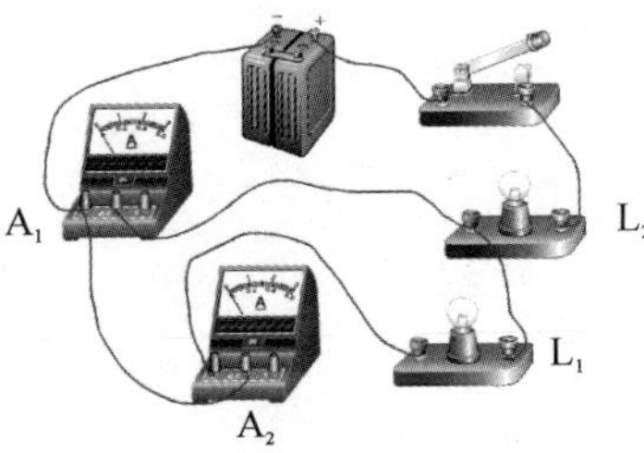

图初-9-12

①闭合开关，你会观察到灯泡 L_1 与 L_2 的发光情况是________________。

②针对上述现象，你认为该电路存在的问题是________________。

③请你在原图上改动一根导线，使两只电表分别测干路和支路的电流。要求：在需要改动的导线上画“×”，用笔将改动后的导线画出，导线不许交叉。

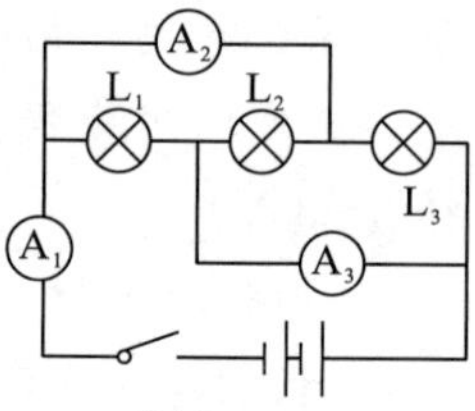

图初-9-13

(2)在如图初-9-13 所示的电路中，已知 A_1、A_2、A_3 的示数分别为 0.6 A、0.5 A、0.3 A，则通过 L_1、L_2、L_3 的电流 I_1、I_2、I_3 分别为________A、________A、________A。

(3)如图初-9-14 所示的四幅电路图中，根据电压表的示数，能测得 L_2 两端的电压的电路图有 （　　）

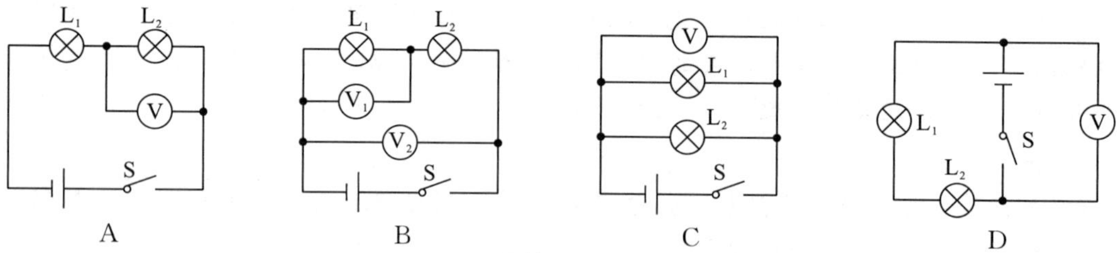

图初-9-14

A. A 图　　　　B. A 图和 B 图

C. A 图、B 图和 C 图　　　　D. A 图、B 图、C 图、D 图都能

(4)如图初-9-15 所示电路中，L_1、L_2 是两只相同的小灯泡，设 U、U_1 和 U_2 分别表示电压表 V、V_1 和 V_2 的示数，那么 （　　）。

A. $U_1=U_2=U$　　　　B. $U_1=U_2<U$

C. $U_1+U_2=U$　　　　D. $U_1<U_2$

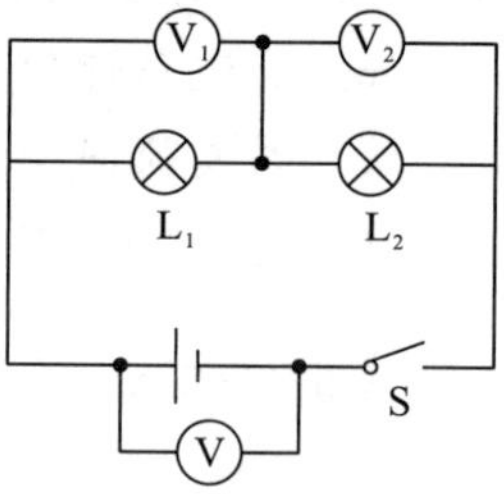

图初-9-15

(5)实验课上，老师给出了两个电压表，两个灯泡，一个开关，一个电池组，若干导线，要求测出两个灯泡串联时各自的电压和电池组的电压，请你将所给的器材连接起来，并将你设计的电路图画在方框内。

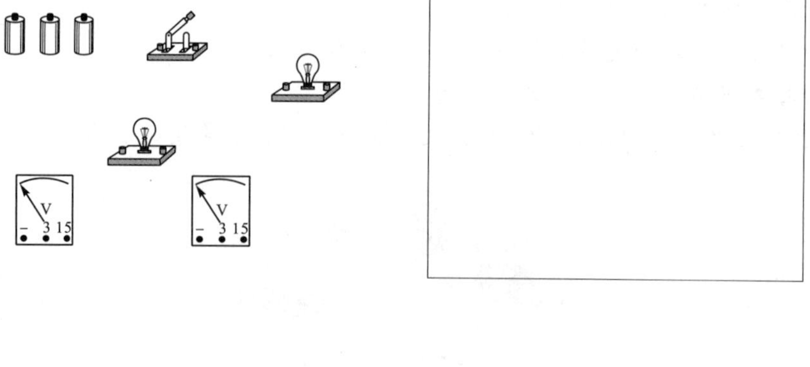

【实验创新视野】

串联和并联电路是电学中的重要内容，但也是相对比较抽象的内容。在学习过程中，应该充分利用实验操作的作用，让学生通过动手操作掌握这部分知识。所以这部分实验探究的特点是逻辑性强，可有效锻炼学生的抽象思维能力和动手能力。串联和并联电路只是最基础的电路类型，在此基础上可引导学生设计较为复杂的电路，并讨论其中电流和电压的分布情况。

创新提示：

(1)创造性使用教科书。本节内容不管是在人教版还是教科版都没有专门的一节，但人教版在八年级上册第五章有相关内容，教科版在九年级上册第四章有相关内容，且内容的编排有所不同。因此，教师在参阅不同版本教科书后，可以创造性地使用教科书，调整内容顺序，设计实验内容，真正让学生理解串联和并联电路的特点，并用这些特点去分析生活中的电路。

(2)细化实验内容。把该实验内容尽可能细化，分解难度，让学生在教师指导下，能独立完成相关实验内容并总结出串联、并联电路中电流与电压的特点。

(3)内容的设计尽可能联系学生的生活实际。

【链接】

[1]张军朋，许桂清. 中学物理科学探究学习评价与案例[M]. 北京：北京大学出版社，2010：179-182.

[2]秦伟. 初中物理教科书经典教学实验评介[M]. 广州：广东科技出版社，2013：471-482.

[3]林余. 用“妙法”突破电路教学中的一些难点[J]. 中学物理(初中版)，2009(2)：60-61.

[4]黄张俊.《串联和并联》教学案例[J]. 物理教学探讨(中学教学教研专辑)，2012(6)：32-34.

高 中 篇

实验 1：用打点计时器测速度和加速度

【预备知识】

运动学描述物体机械运动的性质和规律，是高中物理的主要内容之一，用实验的方法来研究相关的运动学量也是重要的教学内容。匀变速直线运动是高中物理中的重要内容，对匀变速直线运动的实验研究不仅能为学生学习相关知识奠定基础，还能为学生理解相关科学研究方法提供难得的机会。

《普通高中物理课程标准(实验)》规定“通过匀变速直线运动的实验，理解位移、速度和加速度，了解匀变速直线运动的规律，体会实验在发现自然规律中的作用”。课程标准要求学生通过匀变速直线运动的实验研究过程，体会实验在发现自然规律中的作用，这体现了“过程与方法”的培养目标，反映了对实验探究过程的重视。在让学生经历匀变速直线的实验研究过程时，可用打点计时器、频闪照相或其他实验方法研究匀变速直线运动。还可通过史实，了解伽利略研究自由落体运动时所用的实验和推理方法，了解伽利略对物体运动的研究在科学发展史和人类进步史上的重大意义，体会实验在发现自然规律中的作用①。

在“教科版”教科书《物理 1》的第 1 章第 3 节中，在讲完平均速度概念后，安排了学生实验——用打点计时器测量平均速度；在第 1 章第 9 节安排了学生实验——测定匀变速直线运动的加速度。教科书中介绍的主要仪器是电火花打点计时器，但在“发展空间”部分介绍了数据实时采集系统(DIS)——光电门传感器和运动传感器。“人教版”是在《物理 1》的第一章讲完速度、平均速度、瞬时速度等概念后，专门用第 4 节来进行实验——用打点计时器测速度，要求在实验中测量瞬时速度并用图像表示速度；而在第 2 章匀变速直线运动的研究的第 1 节呈现学生实验——探究小车速度随时间变化的规律。教科书中介绍的主要仪器有电磁打点计时器和电火花打点计时器，同时在“做一做”和“科学漫步”两栏目中分别介绍了传感器、气垫导轨和数字计时器等实验仪器。

打点计时器能够记录物体运动的相关信息，是对物体运动进行初步研究的重要工具。学习使用打点计时器是高中力学实验教学的重要内容，利用纸带分析物体的运动特征是学生必须熟练掌握的基本技能。本节实验不仅要求初步了解打点计时器的基本结构与工作原理，学会使用打点计时器；还要求知道如何计算纸带上各点的速度，并能够在“速度-时间”坐标系中描点、拟合曲线及描述物体的运动特征。因内容较多又重要，且是高一学生第一个要做的学生实验，所以在实际教学中可用两节课完成教学：一节课讲解示范；一节课学生动手实验操作，完成数据的分析处理。作为基本实验技能的训练，本节实验一定要给学生充足的时间进行自主操作和数据分析，使之深刻领会打点计时器记录和研究物体运动的原理和方法。

---

① 廖伯琴，张大昌．普通高中物理课程标准(实验)解读[M]．武汉：湖北教育出版社，2003.

在物理实验教学中，教师除了教给学生有关的实验原理、操作方法等实验知识外，还要有意识地向学生渗透实验中蕴涵的科学研究方法。在该实验中就有常见的基本实验方法之一——留迹法。所谓留迹法就是利用物理手段，把瞬息即逝的现象(比如轨迹、图像、位置等)直接记录下来，以便能直观地测量相关数据，并且可以作较长时间的保留和研究。该实验就是通过留迹法对运动物体进行“时－空”留迹并测试。

阅读与思考：

1. 阅读链接资料《物理课程与教学论》的相关章节，了解“时-空”测试的基本方法。

2. 阅读各版本高中物理教科书中的本节内容，比较各版本教科书中本实验呈现的异同，思考该实验内容的教学组织形式。

【训练目的和要求】

一、实验技能的训练目的

1. 了解电磁打点计时器和电火花打点计时器的基本结构及工作原理。

2. 学会正确、熟练地使用电磁打点计时器和电火花打点计时器，打出小车运动的纸带。

3. 能根据纸带上的点迹熟练计算速度、平均速度、加速度，能理解极短时间的平均速度测量和计算瞬时速度的方法。

4. 能运用实验数据熟练描绘“速度－时间”图像，并能由图像描述物体运动特征。

二、实验教学能力的训练要求

1. 熟练使用两种打点计时器，能自主地排除实验中出现的各种故障，顺利完成实验，撰写实验报告。

2. 能初步设计探究性实验的教学方案。认真反思实验探究的科学方法，思考实施探究性实验教学的理念与方法。

3. 把握本实验的教学目的和要求，判断中学生在实验中可能出现的主要问题，设计出合理可行的实验教学方案，并与同学和教师交流，不断改进教学方案。

4. 能模拟实施教学方案，初步体验本节实验的教学过程。

5. 撰写训练报告，认真反思实验过程以及教学设计与模拟实施过程，进行自主评价，提出改进措施。

【实验训练内容】

一、实验技能的强化训练

训练内容 1：练习使用打点计时器

训练要点：

1. 阅读打点计时器的使用说明书，了解电磁打点计时器和电火花打点计时器的结构和工作原理，明确它们的使用方法；

2. 明确实验目的——使用打点计时器打出点迹清晰的纸带；

3. 设计并完成实验；

4. 观察纸带上的点的分布，初步判断纸带的运动特征，并计算不同时间间隔的平均速度。

讨论与思考：

1. 电磁打点计时器应该使用什么电源？电压多高？

2. 电磁打点计时器由哪些部分组成？

3. 练习使用打点计时器时，经常会出现哪些问题？如何处理这些问题？

4. 学生将电磁打点计时器错接到直流电源时也可能打出点迹，这是为什么？这会导致数据处理出现什么问题？

5. 使用电火花打点计时器时，如果墨粉纸盘不动，则打出的点迹会越来越淡，该如何解决这一问题？

6. 打点计时器打出的纸带直接记录的运动信息是什么？由这些信息你能推断出运动的什么特征？这些推断的可靠性如何？

7. 分析总结两种打点计时器的优缺点。

训练内容 2：用打点计时器测瞬时速度

训练要点：

1. 明确实验目的——利用打点计时器测量瞬时速度；

2. 依据实验目的，设计并写出实验方案；

3. 实施实验，在纸带上打出一系列清晰的点，关闭电源；

4. 判断纸带运动的速度特征；

5. 选择适当方案，估测纸带上某一点(如图高-1-1 中 E 点)的瞬时速度。

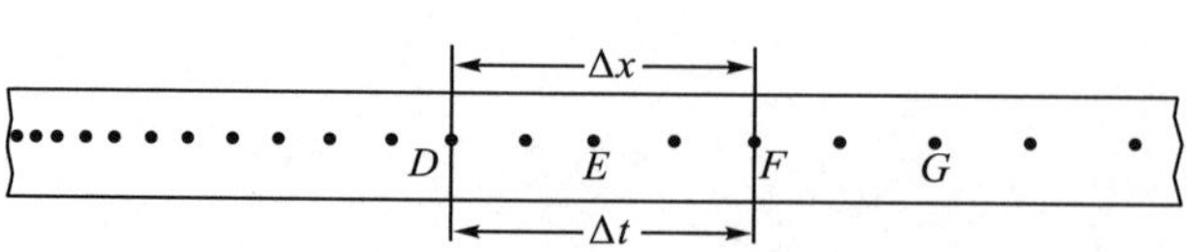

图高-1-1 估测 E 点的瞬时速度

讨论与思考：

1. 测量 E 点的瞬时速度时，能不能选 D、E 两点，或者选 E、F 两点进行计算呢？为什么？我们测得的是不是 E 点真正的瞬时速度？这只是误差问题吗？

2. 为什么打点的周期和频率与交流电的周期和频率相同？为什么使用打点计时器要求先接通电源，后释放纸带？

3. 如何利用纸带上的点迹判定物体的运动性质？物体做匀速直线运动时的点迹是怎样的？做匀加速直线运动时的点迹是怎样的？

4. 什么是计数点和计数周期？“每 5 个点取一个计数点”与“每隔 5 个点取一个计数点”时计数周期各是多大？

5. 用打点计时器能不能准确测量瞬时速度？你如何认识本实验的研究方法与结论？

6. 伽利略在研究落体运动时探究过小球沿斜面向下运动的速度变化特征，伽利略是如何进行这一研究的？伽利略的研究对你有什么启示？

训练内容 3：探究小车速度随时间变化的规律——用图像表示速度

本实验利用打点计时器探究平板上的小车在重物牵引下做直线运动时速度随时间变化的特征，试图让学生通过对真实物体运动的观察与测量，建构对匀变速直线运动的速度变化特征的认识，巩固和提高实验操作技能，同时体验探究物理现象的科学方法。

训练要点：

1. 明确实验目的——研究重物牵引下小车做直线运动的速度随时间变化的特征；

2. 制定研究方案，并设计实验；

3. 安装实验装置，完成实验操作，打出至少三种不同情况的小车在重物牵引下运动的纸带；

4. 设计数据表格，根据打出的纸带，测量所需数据，并将数据填入表格；

5. 用图像法研究运动小车的速度随时间变化的特征：建立“速度－时间”坐标系；在“速度－时间”坐标系中描绘出前面打出的纸带的速度随时间变化的曲线，并描述其速度变化特征。

6. 比较不同运动情况下小车的速度随时间变化的特征，得出实验结论。

讨论与思考：

1. 用“速度－时间”图像描述手拉纸带的运动速度随时间变化的特征时，需要测量什么数据？如何取得这些数据？

2. 物体做匀变速直线运动，取得计数点距离越远越好还是越近越好？

3. 本实验操作过程中容易出现的问题有哪些？你如何处理这些问题？

4. 本实验中，为什么要求测量几种不同情况的小车在重物牵引下的运动？

训练内容 4：测定匀变速直线运动的加速度

训练要点：

1. 明确实验目的——测定匀变速直线运动的加速度；

2. 安装实验装置，完成实验操作，打出至少三条纸带；

3. 设计表格，根据打出的纸带，测量所需数据，并将数据填入表格；

4. 学会快速估测匀变速直线运动加速度的方法：计数周期为 T，测出相邻两段的位移 x_1 和 x_2，则 $a=\frac{x_2-x_1}{T^2}$.

讨论与思考：

1. 在“教科版”教科书《物理 1》的第 38 页“拓展”栏目中介绍了一种处理纸带的方法：把打有匀变速直线运动轨迹的纸带按相等的时间间隔取连续的几段位移，从它们的分界点处将纸带剪开，将剪得的几段纸带按顺序竖直贴在一张纸上，使这些纸带下端对齐，作为时间坐标轴，各段紧靠但不能重叠，然后连接每段纸带上端的中点，就可得到一条表示“v-t”关系的图像，从而求出加速度。做一做，并说出这样做的道理。

2. 求解匀变速直线运动的加速度有哪些方法？

二、实验教学能力的训练

训练内容 1：教学设计能力训练

训练要点：

1. 请分析本实验在不同版本的高中物理教科书中的呈现方式，阐述本节实验的教学目标；

2. 请设计合适的教学方法让学生了解打点计时器；

3. 请在小组内讨论交流并设计“用打点计时器测量瞬时速度”的教学环节；

4. 尝试用不同的教学方式组织教学；

5. 将自己的教学设计和同学进行交流，改进并确定本节实验教学的方案。

讨论与思考：

1. 你认为，给学生提供整个实验过程的操作步骤，让学生自己操作完成实验，能不能看作是让学生进行实验探究？以本节内容的教学为例，说说你的理由。

2. 如何组织教学，才能让学生进行有效的实验探究？以本节内容的教学为例谈谈你的看法。

3. 你认为，“探究小车速度随时间变化的规律”的实验教学可不可以放在“加速度”概念教学之前？陈述自己的理由。

训练内容 2：教学实施能力训练

训练要点：

1. 在“练习使用打点计时器”环节尝试组织教学活动。

2. 选择本节实验教学中的“用打点计时器测量瞬时速度”“用图像表示速度”“测定匀变速直线运动的加速度”进行片段模拟教学。

讨论与思考：

1. 阅读不同版本教科书中的相关内容，分析不同教科书的特点，和小组成员讨论不同版本教科书对该部分实验的编排意图和自己的教学处理意见。

2. 通过此项实训，你认为在此实验教学中应注意哪些问题？

3. 你认为学生在做该实验时，容易出现哪些问题？出现这些问题的原因可能是什么？你会如何处理？

4. 查阅相关资料，总结纸带上的位移数据在考题中可能是怎样给出的？数据呈现不同该如何处理？

5. 在教学中怎样引导学生由纸带计算出物体做匀加速直线运动的加速度？

6. 公式$a=\frac{x_2-x_1}{T^2}$，$a=\frac{(x_n-x_m)(n-m)}{T^2}$，$a=\frac{v_2-v_1}{t}$，这三种计算匀加速直线运动的加速度的方法的本质各是什么？如何在教学中分析阐述？

7. 怎样用图像法求物体运动的加速度？

【实验考查视角】

1. 如图高-1-2所示是在测定匀变速直线运动加速度的实验中打点计时器打出的纸带，图中A、B、C、D、E、F是按时间先后顺序标出的计数点(每两个计数点间有4个实验点未画出)，现用刻度尺量出AB、EF的长度分别为2.40 cm和0.80 cm，则小车的加速度大小是________ m/s²，方向是________。

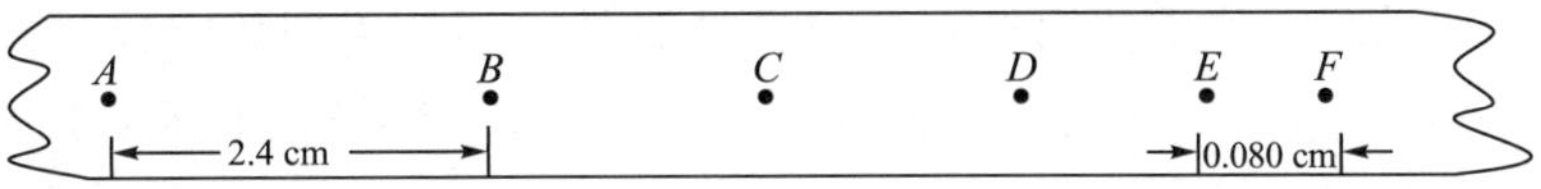

图高-1-2

2. 某同学在做“测定匀变速直线运动的加速度”实验时打出的纸带如图高-1-3所示，每两点之间还有4点没有画出来，图中上面的数字为相邻两点间的距离，打点计时器的电源频率为50 Hz。①打第4个计数点时纸带的速度$v_4=$________。②0～6点的加速度为$a=$________。(答案保留三位有效数字)

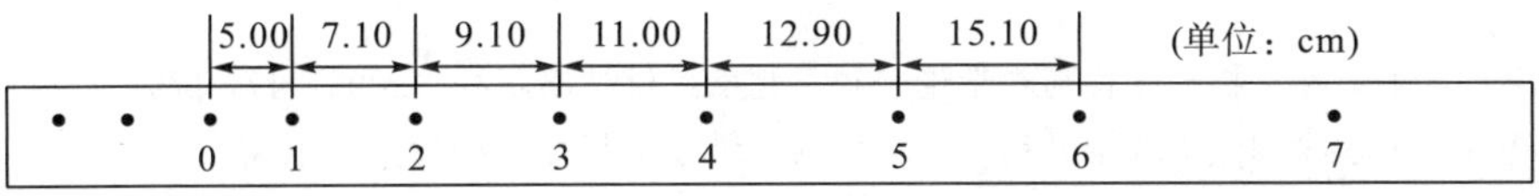

图高-1-3

3. 利用打点计时器测定物体做匀变速直线运动的加速度时，在纸带上打出一系列的点，如图高-1-4所示。设各相邻计数点之间的距离分别为s_1、s_2、s_3、s_4、…，相邻计数点的时间间隔为T，则下列关系中正确的是 ( )

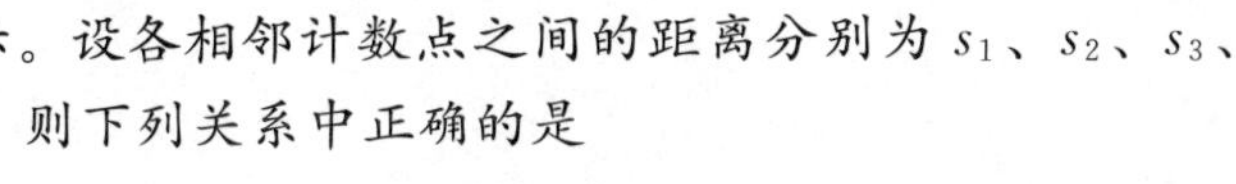

图高-1-4

A. $s_2-s_1=aT^2$　　B. $s_4-s_1=3aT^2$

C. 计数点 2 对应的速度为 $V_2=\frac{s_1+s_2}{2T}$　　D. $s_1=\frac{1}{2}aT^2$

4. 根据打点计时器打出的纸带，我们可以不利用公式计算就能直接得到的物理量是（　　）

A. 时间间隔　　B. 位移　　C. 加速度　　D. 平均速度

5. 利用打点计时器，研究通过计时器的纸带可以分析物体运动的速度和加速度，这一实验能够分析的运动可以是（　　）

A. 加速直线运动

B. 减速直线运动

C. 速度方向由负变正，加速度方向恒为正的直线运动

D. 速度方向恒为正，加速度方向由负变为正的直线运动

【训练报告】

1. 请完成实验技能训练后写出具体的实验方案、实施效果和改进策略。

2. 请完成本节课的实验教学训练后对实验教学过程进行反思和自我评价，完成实验教学训练报告。

3. 改进本节课的实验教学方案，提出创新性的设计方案。

【实验创新视野】

研究物体的运动时，除了使用打点计时器计时外，还常用到数字计时器(又叫数字毫秒计)。数字计时器常与气垫导轨配合使用，由于滑块在气垫导轨上运动时所受阻力很小，同时数字计时器的计时系统可以测出 0.001 s 的时间，并且能直接以数字显示，所以该实验系统的实验精度能大大提高。建议读者尝试用气垫导轨和数字计时器测量运动物体的速度，熟悉仪器各部分的结构，并思考如何测出速度。

请思考数据处理的“零差法”和“逐差法”有何不同？请尝试改进本实验中的数据处理方法。

【链接】

[1]封小超，王力邦. 物理课程与教学论[M]. 北京：科学出版社，2005：177-179.

[2]帅晓红. 中学物理微格教学教程[M]. 北京：科学出版社，2008：98-103.

[3]李爱华. “殊途”为何不能“同归”——根据纸带求解加速度失误两例[J]. 中学物理(高中版)，2013，31(1)：35-36.

实验 2：设计实验测量重力加速度

【预备知识】

最先进行自由落体研究的是古希腊的科学家亚里士多德。他提出：物体下落的快慢是由物体本身的重量决定的，物体越重，下落得越快。亚里士多德的理论影响了其后两千多年。直到 1636 年伽利略在《两种新科学的对话》中由思想实验得出一个佯谬入手，对亚里士多德的学说提出了反驳。

在地球表面附近，一个质点的自由落体加速度 a 与它的重力加速度 g 稍微不同，一个质点的重量与它所受的重力(万有引力和惯性力的共同作用叫重力)也不同，其原因是地球会自转。但一般情况下，我们认为自由落体加速度 a 与物体的重力加速度 g 是近似相等的，故而可以通过测自由落体加速度来得到重力加速度。

阅读与思考：

1. 阅读物理学史相关书籍，了解亚里士多德的学说，思考其成就及历史意义。

2. 阅读《两种新科学的对话》，了解伽利略的科学贡献以及其对自由落体运动研究的方法。

3. 阅读各版本的高中物理教科书，比较各版本物理教科书中本实验的呈现特点，思考该实验内容的教学组织形式。

一、实验技能的训练目的

1. 掌握测量重力加速度的几种方法，掌握设计实验方案的基本思路。

2. 比较测量重力加速度的几种方法的优缺点。

二、实验教学能力的训练要求

1. 能设计测量重力加速度的几种教学方案，认真反思实验探究的科学方法。

2. 把握本实验的教学目的和要求，判断中学生在实验中可能出现的主要问题，设计出合理可行的实验教学方案，并与同学和教师交流，不断改进教学方案。

3. 能模拟实施教学方案，初步体验本节实验的教学过程。

【实验训练内容】

一、实验技能的强化训练

训练要点：

1. 利用天平、弹簧秤等仪器测量物体重力的方法测量重力加速度。

2. 如图高-2-1 所示，调节水龙头，使水一滴一滴地落下，近似做自由落体运动。水龙头的正下方放金属盘，调整水龙头阀门，使第一个水滴碰到盘子的瞬间，第二个水滴正好从龙头处开始下落。测出水龙头与盆之间的距离 h，用停表采用累积法记录 n 个水滴下落所用的时间 T，则 $g=\frac{2(n-1)^2h}{T^2}$。

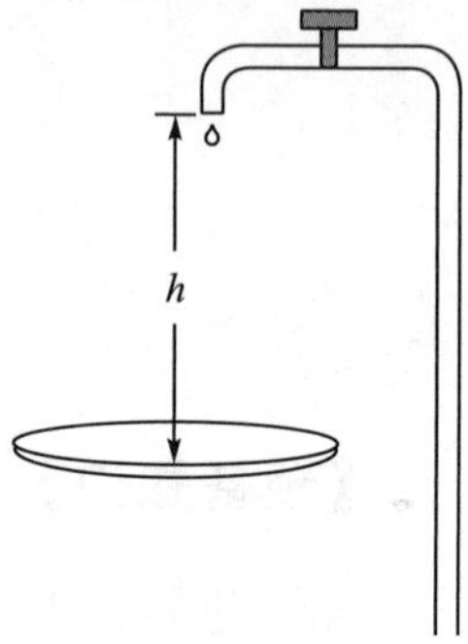

图高-2-1

3. 装置如图高-2-2 所示，由自由落体仪和数字毫秒计组成。先用橡皮球吸住小钢球，橡皮球中逐渐进入空气后，小钢球掉落即近似做自由落体运动，经过光电门 A 和 B，被数字毫秒计计时。

只要测出小球从静止开始下落到某点的下落高度 h 和相应的时间 t，就可以计算重力加速度 g。将光电门 A 置于立柱上部某一位置 x_0，光电门 B 第一次置于立柱中部某一位置 x_1，测出小球下落时间 t_1，光电门 B 第二次置于立柱底部某一位置 x_2，测出小球下落时间 t_2。

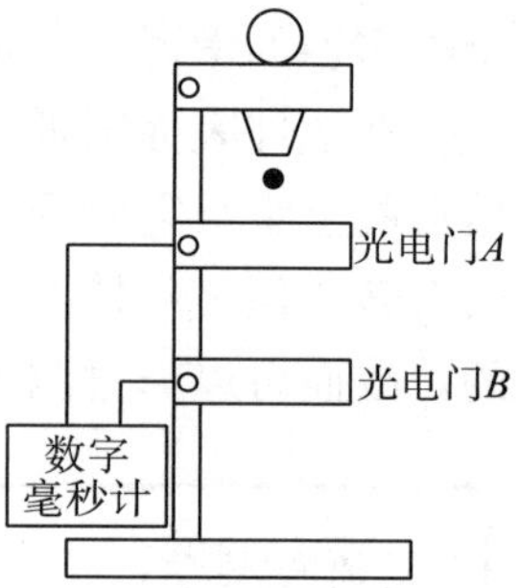

图高-2-2

得：

$$h_1=x_1-x_2=v_0t_1+\frac{1}{2}gt_1^2 \quad (1)$$

$$h_2=x_2-x_0=v_0t_2+\frac{1}{2}gt_2^2 \quad (2)$$

由上两式消去 v_0 可得

$$g=\frac{2(h_2t_1-h_1t_2)}{t_1t_2(t_2-t_1)} \quad (3)$$

讨论与思考：

1. 第一种方法测量重力加速度的实验设计方案有何优缺点？误差原因主要有哪些？

2. 第二种方法测量重力加速度的实验设计方案有何优缺点？误差原因主要有哪些？

3. 第三种测量重力加速度的实验设计方案中 h 是由两个光电门 A、B 间的位置确定，是否正好就是小球在时间 t 内下落的真正高度？本方案有何优缺点？误差原因主要有哪些？

4. 请再设计测量重力加速度的实验方案，并尝试尽量提高测量精度。

二、实验教学能力的训练

训练要点：

1. 阅读各版本中学物理教科书，找到凡是涉及重力加速度的物理规律和公式，据此设计测量重力加速度的方法；

2. 以其中的两种设计方案为例，根据你的定位和理念阐述此实验的教学目标；

3. 请设计合适的教学程序让学生自己设计实验方案测得重力加速度；

4. 将自己的教学设计和同学进行交流，改进并确定本节实验教学的方案；

5. 实施并改进自己的设计方案。

重力加速度是中学物理中的一个重要常数，它和力学中的各个部分都有密切联系，因此测定它的数值方法较多。理论上讲，凡是涉及重力加速度的物理规律或公式均可作为设计测量重力加速度的实验方案的依据。

学生通过测量重力加速度实验方案的设计，可以掌握设计实验方案的基本思路，同时让学生比较几种测量重力加速度的不同方法的优缺点，培养学生的创新意识和实践能力。

【实验考查视角】

1. 你设计的几种实验方案，所得结果和理论值相比有多大误差，误差原因有哪些？

2. 用单摆测量重力加速度是根据什么物理关系？该实验要测量哪些量？各用什么测量工具？单摆应当选用什么样的球？什么样的线？线长度应当在什么范围内？怎样保证小球的摆动是近似简谐运动？用单摆测量重力加速度的实验误差主要有哪些？

3. 一位同学用单摆做测量重力加速度的实验，他将摆挂起后，进行了如下步骤：

A. 测摆长 l：用米尺量出摆线的长度。

B. 测周期 T：将摆球拉起，然后放开，在摆球某次通过最低点时，按下秒表开始计时，同时将此次通过最低点作为第一次，接着一直数到摆球第 60 次通过最低点时，按秒表停止计时，读出这段时间 t，算出单摆的周期 $T=\frac{t}{60}$。

C. 将所测得的 l 和 T 代入单摆的周期公式 $T=2\pi\sqrt{\frac{l}{g}}$，算出 g，将它作为实验的最后结果写入报告中。

指出上面步骤中遗漏或错误的地方，写出该步骤所对应的字母，并加以改正。

【训练报告】

1. 请完成实验技能训练后写出具体的实验方案、实施效果和改进策略。

2. 请完成本节课的实验教学训练后对实验教学过程进行反思和自我评价，完成实验教学训练报告。

3. 改进本节课的实验教学方案，提出创新性的设计方案。

【实验创新视野】

(1)比较中学物理中可以利用的测量重力加速度的方法，尝试研制重力加速度测量仪。

(2)用数字化仪器测出来的重力加速度值是否误差较小？请举例说明，并继续改进该方案。

【链接】

[1]李艳平，申先甲．物理学史教程[M]．北京：科学出版社，2003：96-101.

[2]封小超．力学教学思考与探索[M]．成都：四川人民出版社，2002：46-87.

[3]李应发．测量重力加速度的一种新方法[J]．贵州师范大学学报(自然科学版)，2012，30(5)：76-79.

[4]吴小瑾．测重力加速度 g[J]．中学物理(高中版)，2013，31(3)：31.

[5]游艳琳，熊建文．单摆测重力加速度实验近似处理的误差分析[J]．物理通报，2013(5)：92-95.
[6]刘茂军，杜金红，朱玉成，等．利用传感器测量重力加速度大小的实验设计[J]．物理教师，2013(9)：54-55.
[7]吴爱华．用单片机自制重力加速度测试仪[J]．物理通报，2013(7)：71-72.
[8]马文蔚，苏惠惠，解希顺．物理学原理在工程技术中的应用[M]．北京：高等教育出版社，2006：57-59.

实验3：牛顿第二定律

【预备知识】

牛顿第一定律是由理想化实验推演而得，是反映物体固有属性（惯性），亦称惯性定律。而牛顿第二定律是由真实实验得到的实验定律，揭示了物体加速度的大小跟物体受到的作用力成正比，跟物体的质量成反比，加速度的方向跟合外力的方向相同。牛顿运动第二定律亦可以表述为“物体随时间变化的动量变化率和所受外力之和成正比”。牛顿第二定律说明了在宏观低速下，比例式表达：$a \propto F/m$，$F \propto ma$；用数学表达式可以写成 $F=kma$，其中的 k 为比例系数，是一个常数。在当时没有规定力的基本单位的背景下，比例系数取 $k=1$ 来规定力的基本单位牛，就有了 $F=ma$，这就是今天我们熟知的牛顿第二定律的数学表达式。

新课程特别突出探究性实验。与验证性实验方案不同，探究性实验是问题驱使性实验，有助于掌握程序性知识，是模仿科学家进行科学研究的方法，以发现新的概念和关系为主要目标。课程标准对这部分内容的规定是“通过实验，探究加速度与物体质量、物体受力的关系。理解牛顿运动定律，能用牛顿运动定律解释生活中的有关问题”[①]。也就是说课程标准要求这部分内容的学习必须采取实验探究的方式，让学生自主探究加速度与物理质量、受力情况的关系，得出牛顿第二定律的内容。各版本教科书也都是依照课程标准的规定，将本节内容设置为实验探究课。在教科版中，重在问题的引出、实验方案的设计和数据的处理三个主要的探究要素的体现。

阅读与思考：

1. 阅读物理学史，了解牛顿力学的基本内容，以及其自然观和科学方法。
2. 阅读相关书籍，掌握中学物理实验中常用的误差分析方法。
3. 阅读各版本高中物理教科书，比较各版本物理教科书中本实验的安排特点，思考该实验内容的教学组织形式。

【训练目的和要求】

一、实验技能的训练目的

1. 理解牛顿第二定律的内容，能通过实验的方式经历探究加速度与质量、力之间关系的过程。
2. 能熟练使用图像法处理实验数据，并得出实验结论。
3. 掌握本节探究课中所使用的控制变量法这一物理学中常用的科学方法。

---

① 中华人民共和国教育部. 普通高中物理课程标准（实验）[M]. 北京：人民教育出版社，2003.

二、实验教学能力的训练要求

1. 能设计本节课的探究性实验教学方案；认真反思实验探究的科学方法，思考实施探究性实验教学的理念与方法。

2. 把握本实验的教学目的和要求，判断中学生在实验中可能出现的主要问题，设计出合理可行的实验教学方案，并与同学和教师交流，改进教学方案。

3. 能模拟实施教学方案，初步体验本节实验的教学过程。

4. 撰写训练报告，反思实验教学实施过程，提出改进措施。

【实验训练内容】

一、实验技能的强化训练

训练要点：

1. 推演实验原理。利用电磁打点计时器及配套的轨道小车探究牛顿第二定律，即物体的质量一定时，加速度与作用力成正比；作用力一定时，加速度与质量成反比。利用砂及砂桶通过细线牵引小车做加速运动的方法，采用控制变量法研究上述两组关系。通过适当的调节，使小车所受的阻力忽略，当 M 和 m 做加速运动时，可以得到：

$$a = \frac{m}{M+m}g$$

$$T = mg \cdot \frac{m}{M+m}$$

其中，当 $M \gg m$，可近似认为小车所受的拉力 T 等于 mg。

2. 依照控制变量的方法，本实验第一部分保持小车的质量不变，改变小桶内砂的质量 m，从而改变细线对小车的牵引力 F，测出小车相应的加速度 a，由多组 a、F 数据作出加速度和力的关系 a-F 图。

3. 本实验第二部分是保持小桶和砂的质量不变，在小车上加减砝码，改变小车质量 M，测出小车对应加速度 a，由多组 a、M 数据作出小车加速度和小车质量倒数的关系 a-M^{-1}图线。

讨论与思考：

1. 在本实验装置中，采取什么办法平衡轨道与小车之间摩擦力的影响？具体如何操作？在平衡摩擦力时如何确定小车是否做匀速直线运动。

2. 本实验中存在哪些误差？一般如何处理实验数据？

3. 每组数据求得的加速度是否相同？为什么？

二、实验教学能力的训练

训练要点：

1. 请分析本实验在不同版本的高中物理教科书中的呈现方式，根据你的理解阐述本节实验的教学目标；

2. 请设计合适的教学程序让学生通过自主探究得到牛顿第二定律，掌握控制变量的方法；

3. 请在小组内讨论交流设计“探究加速度与力、质量的关系”的教学环节；

4. 尝试设计用不同的教学方式组织教学；

5. 将自己的教学设计和同学进行交流，改进并确定本节实验教学的方案。

【示例】

(1)用天平测出小车的质量 M 和小桶的质量 m；

(2)按图高-3-1 所示把实验器材安装好；

(3)平衡摩擦力：在长木板的不带滑轮的一端下面垫上一块薄木板，反复移动其位置，直至不挂砂桶的小车刚好在斜面上保持匀速运动为止；

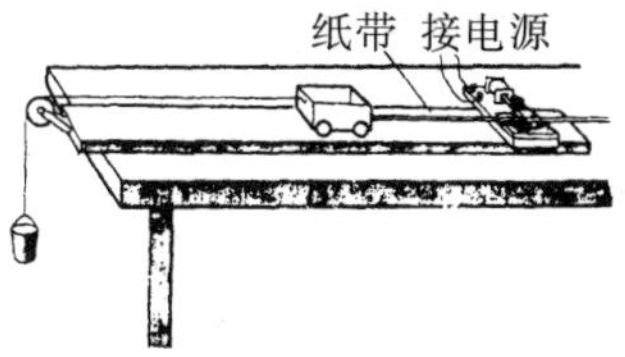

图高-3-1

(4)将砂桶通过细绳系在小车上，接通电源放开小车，使小车运动，用纸带记录小车的运动情况；

(5)保持小车的质量不变，改变砂桶中的砂量重复步骤(4)；

(6)建立坐标系，在坐标系上描点，画出相应的图线以得出 a 与 F 的关系；

(7)保持砂及小桶的质量不变，改变小车的质量，重复上述步骤(4)、(6)，得出 a 与 M 的关系。

讨论与思考：

(1)在本实验中，必须平衡摩擦力，其方法是将长木板的一端垫起，而垫起的位置要恰当。每次改变小车或小桶的质量后是否需要再次平衡摩擦力？平衡摩擦力时是否需要带着纸带？

(2)本实验中一般使小车和小桶的质量比为多少较恰当？

(3)本实验的教学设计为探究性实验形式和验证性实验形式相比，有何不同？请具体设计教学环节。

【实验考查视角】

1. 进行牛顿第二定律的实验，要探究几个物理量之间的关系？各要求什么保证条件？怎样实现这些保证条件？

2. 牛顿第二定律实验中为什么必须平衡摩擦力？怎样平衡摩擦力？如果木板一端被支得过高对实验有什么影响？a-F 图像会怎样？如果木板一端支得不够高对实验又有什么影响？a-F 图像又会怎么样？

3. 在该实验中，线的拉力怎样计算？在什么条件下，这种计算误差才较小？如果不符合这个条件，由实验数据作出的 a-$(1/M)$图像是什么样的？

4. 在“探究加速度与力、质量的关系”实验中，忘记平衡阻力，而其他操作都正确，得到的 a-F 图像应是图高-3-2 中的 ( )

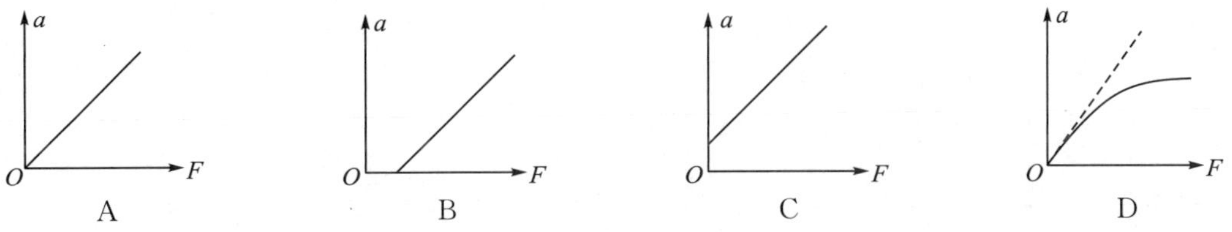

图高-3-2

5. 当物体从高空下落时，空气阻力会随物体速度的增大而增大，因此经过一段距离后物体将匀速下落，这个速度称为此物体下落的终极速度。研究发现，在相同环境条件下，球形物体的终极速度仅与球的半径和质量有关，表高-3-1是某次研究的实验数据。

表高-3-1

小球编号	A	B	C
小球的半径/cm	0.50	0.50	1.50
小球的质量/g	2.0	5.0	45.0
小球的终极速度/(m/s)	16	40	40

(1)由表中的数据可知，B 球与 C 球在达到终极速度时所受的空气阻力之比 $f_B:f_C=$ ________。

(2)由表中的数据，可归纳出球形物体所受的空气阻力 f 与球的速度 v 及球的半径 r 的关系式为________，其中比例系数为________。(g 取 10 m/s^2)

【训练报告】

1. 请完成实验技能训练后写出具体的实验方案并进行自我评价、同学之间相互评价，给出改进策略。

2. 请完成本节课的实验教学训练后对实验教学过程进行反思和自我评价，完成实验教学训练报告。

3. 改进本节课的实验方案，尝试提出创新型的设计方案。

【实验创新视野】

(1)牛顿第二定律的实验除了用教科书上的实验装置以外，还可以用哪些装置替代或改进?

(2)本实验中用小桶的重力代替对小车的拉力是误差源之一，请问是否可以加入弹簧测力计在小车和砝码之间测拉力？请据此考虑一下如何改进实验装置。

【链接】

[1]李艳平，申先甲．物理学史教程[M]．北京：科学出版社，2003：107-116.

[2]封小超，王力邦．物理课程与教学论[M]．北京：科学出版社，2005：163-167.

[3]刘芳．“牛顿第二定律”教学中的情景设置与实验安排[J]．中学教学参考，2013(20)：67.

[4]谢杰妹，钱呈祥．“验证牛顿第二定律”的实验思想及误差来源刍议[J]．物理教学探讨(中学教学教研专辑)，2013(9)：66-68.

[5]毕强．牛顿第二定律验证性实验的改进设计[J]．物理通报，2012(8)：124-125.

实验4：测定金属的电阻率

【预备知识】

电阻率是用来表示各种物质电阻特性的物理量。某种材料制成的长1米、横截面积是1平方米的在常温下（20 ℃时）的导线的电阻，叫做这种材料的电阻率。常态下导电性能最好的依次是银、铜、铝，这三种材料是最常用的，常被用来作为导线，其中铜用得最为广泛，几乎现在的导线都是铜的(精密仪器，特殊场合除外)。由于铝密度小，取材广泛，且价格比铜便宜，被广泛用于电力系统中传输电力的架空输电线路。为解决铝材刚性不足的缺陷，一般采用钢芯铝绞线，即铝绞线内部包有一根钢线，以提高强度。银导电性能最好，但由于成本高很少被采用，只有在高要求场合才被使用，如精密仪器、高频振荡器、航天领域等。

“测定金属的电阻率”是高中物理恒定电流部分的第一个实验，课程标准对本知识内容的要求是：“通过实验，探究影响导线电阻的因素，知道电阻定律”。学生在初中阶段对影响导体电阻的因素已有了定性认识，在高中阶段则要求通过实验，探究导体电阻与材料、长度以及横截面积的定量关系，知道电阻定律及其表达式；要让学生在实验探究过程中了解导体电阻率的概念，知道常见金属导体电阻率的大小的排序。各版本教科书均以实验的形式呈现本部分内容，电流表内接或外接的选择和螺旋测微器的结构、原理及使用是本实验的重点。

> 阅读与思考：
>
> 1. 阅读初中和高中物理教科书，比较此部分内容呈现的特点，思考如何更好的进行初高中的衔接。
>
> 2. 阅读各版本高中物理教科书，比较各版本物理教科书中本实验的安排特点，思考该实验内容的教学组织形式。

【训练目的和要求】

一、实验技能的训练目的

1. 学会使用各种常用电学仪器及正确的读数。
2. 学会使用螺旋测微器并掌握正确的读数方法。
3. 学会使用伏安法测量电阻的阻值，并结合电阻定律测定金属的电阻率。
4. 学会根据实验的电路原理图正确地连接实物。

二、实验教学能力的训练要求

1. 理解螺旋测微器的工作原理。
2. 掌握电流表内接与电流表外接的选择方法。

3. 能初步设计本节课探究性实验的教学方案。

4. 把握本实验的教学目的和要求，判断中学生在实验中可能出现的主要问题，设计出合理可行的实验教学方案，并与同学和教师交流，不断改进教学方案。

5. 能模拟实施教学方案，初步体验本节实验的教学过程。

6. 撰写训练报告，认真反思实验过程以及教学设计与模拟实施过程，进行自我评价，提出改进措施。

【实验仪器】

测量长度的工具常用的有刻度尺(米尺、学生尺)、卷尺、游标卡尺、螺旋测微器(千分尺)等。

1. 游标卡尺

游标卡尺，又称游标尺，是一种测量长度的测量仪器，主要由主尺和可以沿主尺尺身自由滑动的游标构成，如图高-4-1所示。游标和尺身间有一块弹簧片，利用弹簧片的弹力使游标和尺身锁紧，通过调节游标上方的紧固螺钉来调节弹力的大小，从而使游标固定。主尺上刻有毫米刻度，并与内、外测量爪相连，游标则与另一侧的内、外测量爪和深度测量尺相连。外测量爪可以测量长度或外径，内测量爪可以测量物体的内径和槽的宽度，深度测量尺则用于测量孔或槽的深度。

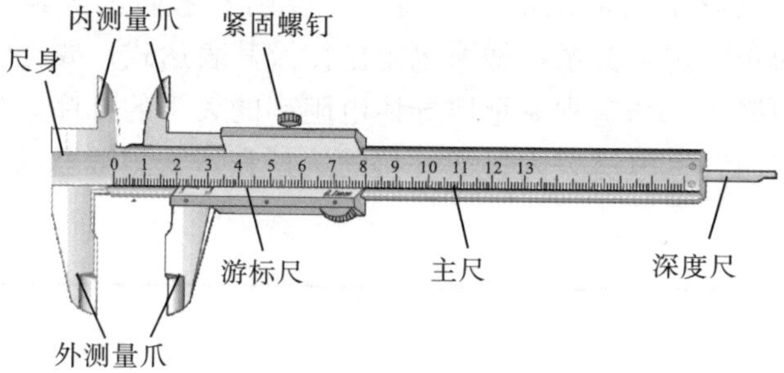

图高-4-1 游标卡尺

2. 螺旋测微器(千分尺)

螺旋测微器又称千分尺、螺旋测微仪、分厘卡，是一种比游标卡尺更精密的长度测量工具，精确度为0.01 mm，可估读到千分之一毫米，测量范围为几个厘米。螺旋测微器是依据螺旋推进和机械放大原理制成的，即螺杆在螺母中旋转一周，螺杆便沿着旋转轴线方向前进或后退一个螺距的距离。因此，沿轴线方向移动的微小距离，就能用圆周上的读数表示出来。螺旋测微器的螺距为0.5 mm，而套筒上刻有均匀分布的50个分格。因此，当套筒每旋转一个分格，螺杆沿轴线方向前进或后退0.5/50 mm=0.01 mm，从而使轴线方向的微小长度用圆周上较大地弧度准确的放大出来。而微分套筒上的读数还可以估读，即可估读到千分之一毫米。

常见的螺旋测微器结构如图高-4-2所示，微动螺杆、微分套筒、棘轮旋柄相连，当旋动棘轮旋柄时，微动螺杆和微分套筒同步旋转，使微动螺杆在套管内沿轴线方向前进或后退。测砧、固定套筒和锁紧装置则固定到尺架上。尺架上一般标有螺旋测微器的量程和分度值，根据测量需要选择合适的测量仪器。

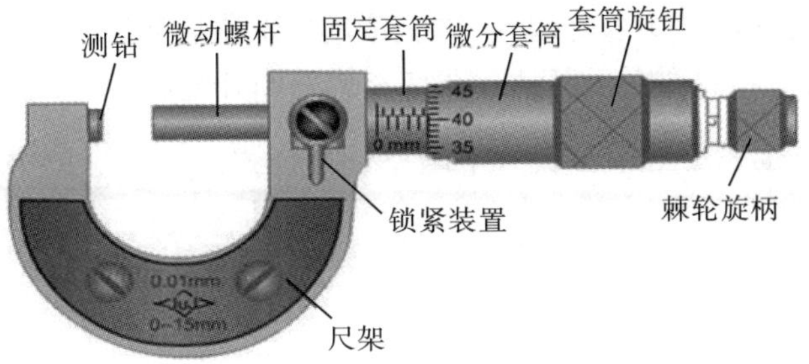

图高-4-2 螺旋测微器

【实验训练内容】

一、实验技能的强化训练

训练要点：

1. 螺旋测微器测量金属丝直径

用螺旋测微器在导线的三个不同位置上各测一次，取直径 D 的平均值，然后计算出导线的横截面积 S。

2. 测量金属丝长度

测量被测金属导线的有效长度，是指测量待测导线接入电路的两个端点之间的长度，即电压表两个并入点间的待测导线长度，测量时应将导线拉直。将金属丝两端固定在接线柱上悬空挂直，用毫米刻度尺测量接入电路的金属丝长度 L（即有效长度），反复测量三次，求出平均值 L。

3. 测量金属丝电阻率

(1)本实验中被测金属导线的电阻值较小，为了减少实验的系统误差，需采用电流表外接法。如图高-4-3 所示。

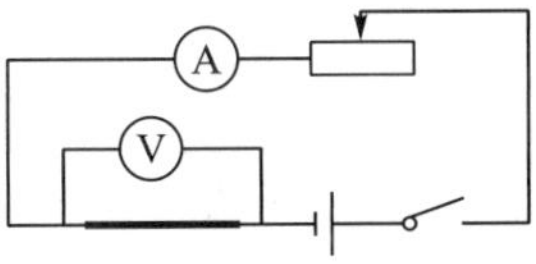

图高-4-3 电路图

依照电路图高-4-3 用导线把器材连好，如图高-4-4，并把滑动变阻器的阻值调至最大。

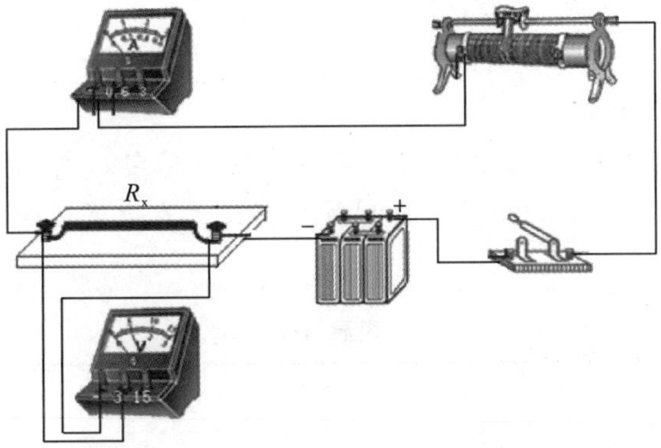

图高-4-4

(2)电路经检查无误后，闭合电键S，改变滑动变阻器滑动片的位置，读出几组相应的电流表、电压表的示数 I 和 U 的值，记入记录表格内，断开电键S，求出电阻 R 的平均值。

(3)将测得的 R、L、d 的值，代入电阻率计算公式：$\rho=\frac{\pi d^2 R}{4L}$中，计算出金属丝的电阻率。

(4)整理好实验器材，实验结束。

5. 误差分析

(1)直径测量的误差；

(2)长度测量的误差；

(3)测量电路中电流及电压对电阻测量的影响；

(4)通电电流大小、时间长短、致使电阻丝发热，电阻率随之变化；

(5)由于本实验采用电流表外接法，所以：$R_{测}<R_{真实}$，由 $\rho=RS/L$，所以 $\rho_{测}<\rho_{真实}$。

二、实验教学能力的训练

在进行完该项实验技能训练后，重点进行实验教学能力训练。希望读者能认真撰写实验教学教案，然后分小组进行微格实验教学并按要求撰写训练报告。

为了方便读者进行实验教学能力的训练，我们提供该项实验项目的学生实验报告供大家参考。

实验报告：测定金属的电阻率

日期：________年______月______日　　　　姓名：____________

【实验目的、原理】

1. 螺旋测微器的使用。

2. 根据电阻定律公式 $R=\rho\frac{l}{S}$，只要测量出金属导线的长度 l 和它的直径 d，计算出导线的横截面积 S，并用电流表和电压表测出金属导线的电阻 R，即可计算出金属导线的电阻率。

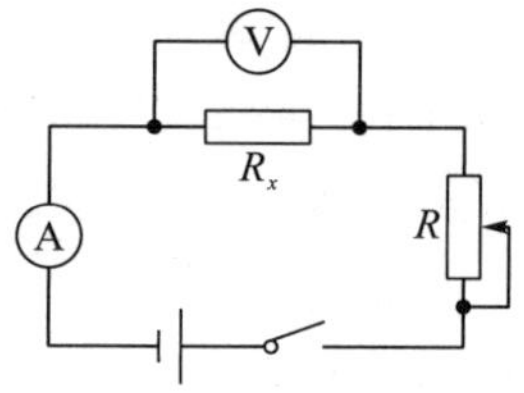

图高-4-5

【实验器材】

被测金属导线，直流电源(4 V)，电流表(0.6 A)，电压表(0～3 V)，滑动变阻器(50 Ω)，电键，导线若干，螺旋测微器，米尺。

【实验内容】

1. 螺旋测微器的使用

(1)测量小钢球的直径 D。由于小钢球不可能绝对均匀，所以要在不同的大圆面处以及每个大圆面的不同方向上多次测量，将测量数据记录在表高-4-1中。最后求出直径的平均值。

表高-4-1

次数 / 物理量	1	2	3	4	5	6	平均值
直径(D)							

(2)测量细金属丝的直径 D。在不同部位进行多次测量，将测量数据记录在表高-4-2 中。最后求出直径 D 的平均值。

表高-4-2

次数 物理量	1	2	3	4	5	6	平均值
直径(D)							

2. 测定金属的电阻率

(1)测量横截面积 S：用螺旋测微器在被测金属导线上的三个不同位置各测一次直径 d，记录在表高-4-3 中，求出其平均值，计算出导线的横截面积 S。

表高-4-3

次序	1	2	3	d 的平均值	横截面积 S
直径(d)					

(2)按如图高-4-5 所示的原理电路图连接好用伏安法测电阻的实验电路。

(3)用毫米刻度尺测量接入电路中的被测金属导线的有效长度，反复测量 3 次，记录在表高-4-4 中，求出其平均值。

表高-4-4

次序	1	2	3	l 的平均值
长度(l)				

(4)把滑动变阻器的滑动片调节到使接入电路中的电阻值最大的位置。电路经检查确认无误后，闭合电键。改变滑动变阻器滑动片的位置，读出三组相应的电流表、电压表的示数 I 和 U 的值，记录在表高-4-5 中。断开电键，求出导线电阻 R 的平均值。

表高-4-5

次序	U/V	I/A	R/Ω	R 的平均值
1				
2				
3				

(5)将测得的 R、l、d 值，代入电阻率计算公式中，计算出金属导线的电阻率为：__________。

(6)拆去实验线路，整理好实验器材。

讨论与思考：

1. 阅读各版本中学物理教科书，比较各版本教科书提供的实验教学案例，阐述其特点；
2. 设计合适的教学程序并完成本节内容的试讲；
3. 将自己的教学设计和同学进行交流，改进并确定本节实验教学的方案；
4. 实施并改进自己的设计方案。

【实验考查视野】

1. 实验电路为什么必须采用电流表外接法？

2. 现有实验器材：干电池(4 节)，滑线变阻器(0～20 Ω)，单刀双掷电键 1 个，单刀单掷电键一个，电流表(0～0.6 A)，电阻箱(0～999.9 Ω)，导线若干。能否用上述器材测定电阻丝的电阻？若能，请说明测量方法。

若将上述器材中的“电流表(0～0.6 A)”换成“电压表(0～3 V)”呢？

3. 在“测定金属的电阻率”实验中，以下操作中错误的是　　(　　)

A. 用米尺量出金属丝的全长三次，算出其平均值

B. 用螺旋测微器在金属丝三个不同部位各测量一次直径，算出其平均值

C. 用伏安法测电阻时采用安培表内接线路，多次测量后算出其平均值

D. 实验中应保持金属丝的温度不变

4. 某位同学在实验中，有三次测量结果如图高-4-6 所示，请分别读出测量结果。甲为____________mm；乙为__________mm；丙为____________mm。

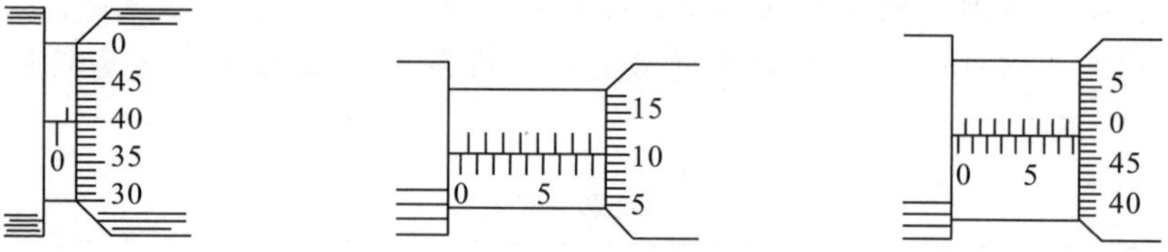

甲　　乙　　丙

图高-4-6

【实验报告】

1. 请完成实验技能训练后写出具体的实验方案、实施效果和改进策略。

2. 请完成本节课的实验教学训练后对实验教学过程进行反思和自我评价，完成实验教学训练报告。

3. 改进本节课的实验教学方案，提出创新型的设计方案。

【实验创新视野】

(1)有人提出，考虑到测量电阻丝有效长度可能带来误差，可以将金属丝拉直固定在两点，用滑片在金属丝上滑动来测定电阻率。你认为这种方法是否可行？

(2)有人认为，金属丝电阻值较小，通过电流较大，时间长了电阻丝发热可能导致电阻率变化较大，你是否认同这种观点？如果认同，那么针对这种情况如何改进实验方案？

【链接】

[1]张生斌. 对“测定金属的电阻率”实验的教学改进[J]. 物理教学探讨(中学教学教研专辑)，2009(7)：57.

[2]须雪忠. 意料之外，情理之中——记“测定金属的电阻率”实验中的两次意外故障[J]. 物理教学探讨(中教版)，2003，21(3)：41.

[3]孙永强.《测定金属的电阻率》教学流程及分析[J]. 教育科研论坛，2009(8)：56-57.

[4]郑泰玉，王文涛. 高观点下的中学物理问题探讨[M]. 北京：高等教育出版社，2011：146-148.

实验 5：测定电源的电动势和内电阻

【预备知识】

电源是提供电能的装置。常见的电源有干电池（直流电）与家用的 110～220 V 交流电源。电源由水力、风力、海潮、水坝水压差、太阳能等可再生能源及烧煤炭、油渣等产生电力来源。

测电源的电动势和内电阻实验，是高中物理的重要实验。课程标准对这部分内容的要求分为两条：一条是“知道电源的电动势和内电阻，理解闭合电路的欧姆定律”；另一条是“测量电源的电动势和内电阻”。电源电动势是重要的物理概念，电源的内电阻是标志电源性能的重要参数之一。电源的电动势，可以用能量的观点分析非静电力做功得出，也可以通过实验分析得出。课程标准对“测量电源的电动势和内阻”做了操作技能目标的要求。应让学生通过动手测量电源的电动势和内电阻，经历较完整的实验过程，学习有关电路连接、测量方面的实验操作技能，从而达到课标要求的“独立操作”的水平。在测量中应重视实验原理与方法的指导，明确需要测量的主要参数。尝试讨论实验误差和改进的方法。在各版本高中物理教科书和历年高考大纲均将这一内容列为学生实验和必考内容。

测电源的电动势和内电阻实验，一般可采取伏安法、安阻法和伏阻法三种方法。

> 阅读与思考：
>
> 1. 阅读各版本高中物理教科书，比较各版本物理教科书中本实验的安排特点，思考该实验内容的教学组织形式。
>
> 2. 阅读相关书籍，掌握本实验常用的几种测量方法，并分析各种方法的利弊。

【训练目的和要求】

一、实验技能的训练目的

1. 掌握求电源电动势及内电阻的原理。

2. 掌握伏安法中的图像法求解电源电动势及内电阻的基本方法。

3. 了解伏阻法及安阻法求电源电动势及内电阻。

二、实验教学能力的训练要求

1. 熟练操作实验器材，能自主地排除实验中出现的各种故障，顺利完成实验，撰写实验报告。

2. 能初步设计探究性实验的教学方案，认真反思实验探究的科学方法、所依据的理念。

3. 把握本实验的教学目的和要求，判断中学生在实验中可能出现的主要问题，设计出合理可行的实验教学方案，并与同学和教师交流，不断改进教学方案。

4. 能模拟实施教学方案，初步体验本节实验的教学过程。

5. 认真反思实验过程以及教学设计与模拟实施过程，进行自主评价，提出改进措施。

【实验仪器】

电表类的测量仪器种类很多，有电压表、电流表、检流计、示波器、万用表等，常用于电磁学实验中。磁电式仪表在物理实验中最为常见，其是利用永久磁铁的磁场和载流线圈的相互作用的原理制成的，结构如图高-5-1(a)所示。主要由永磁体 1、接在永磁体两端的半圆形的“极掌”2、铁芯 3、线圈 4、指针 5、游丝 6、固定线圈的半轴 7 等构成。固定在圆柱形铁芯上的线圈在磁场中切割磁感线的示意图如图高-5-1(b)所示。电表类仪表有数字式和指针式两类，目前物理实验室中以指针式电学测量仪器为主。电表的面板上通常标注有一些标记，如表高-5-1 所示，具体使用过程中要遵守相应的各项技术指标。

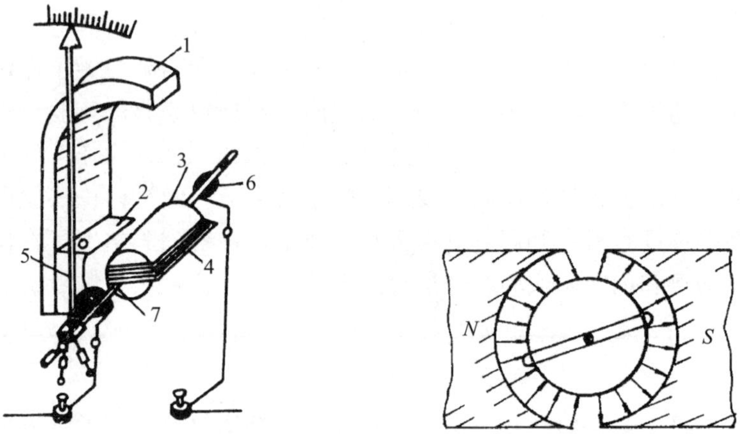

(a) (b)

图高-5-1 磁电式仪表结构构造图

表高-5-1 常见电气仪表面板上的标记

符号	名称	符号	名称	符号	名称
∩	磁电系仪表	÷	静电系仪表	—	直流电表
～	交流电表	≃	交直流电表	(1.5)	准确度等级
⊥ ↑	垂直放置	⊓ →	水平放置	☆	绝缘试验电压 2 kV
⊥ ⏚	接地端	[Ⅱ] [Ⅱ]	Ⅱ级防外电磁场	ϟ	击穿电压 2 kV

磁电式指针仪表的使用方法：

(1)观察指针是否指向零刻度线，若不为零调节调零旋钮使其指向零位置。

(2)测量前，观察电流表、电压表是交流型还是直流型，根据需要选择合适量程。对于多量程的电表，若不能估计测量值的范围，为了安全起见，一般先接入大量程，获得测量范围后再根据需要换成小量程，减小测量误差。

(3)根据电路要求连接电路，电流表串联到电路中，电压表并联到电路中。考虑电流的流入和流出方向，电流流入的方向接到电表的正端，电流流出的方向接到电表的负端，切记不能接反，否则将损坏电表。

(4)旋转合适的量程，使指针的工作在 1/3 到满刻度范围内偏转，更不能超出电表的测量量程。测量过程中，仪表不要随意搬动。

(5)试接通电路开关，观察电表指针的变化，若出现异常，及时断开开关。

(6)指针稳定后，观察电表内指针在镜子中所成的像，视线、指针和指针的像三者重合，记录数据，并注意估读一位。

(7)表达结果和电路分析时，要考虑电表的内电阻对电路的影响。注意仪器仪表的使用环境，远离强外磁场和电场。

【实验训练内容】

一、实验技能的强化训练

训练要点：

1. 熟悉各电学仪器仪表，了解它们的名称、量程等各种参数。

2. 掌握正确连接各仪器的规则、注意事项。

3. 用伏安法测量电源的电动势和内电阻：根据 $U=-rI+E$，改变电路的外电阻 R，测出一系列的 I 和 U 值，作出 U-I 图像。图像在 U 轴上的截距即为电源的电动势，直线的斜率即为内电阻的负值。此方法要用伏特表和安培表。

4. 用安阻法测量电源的电动势和内电阻：根据 $E=IR+Ir$ 或 $R=\frac{E}{I}-r$，改变电路的外电阻 R，测出一系列的 I 和 R 值，作出 R-$\frac{1}{I}$ 图像。图像在 R 轴上的截距即为电源的内电阻，直线的斜率即电源的电动势 E。此方法要用安培表和电阻箱。

5. 用伏阻法测量电源的电动势和内电阻：$E=U+\frac{U}{R}r$ 或 $\frac{1}{U}=\frac{1}{E}+\frac{r}{E}\cdot\frac{1}{R}$，改变电路的外电阻 R，测出一系列的 U 值，作出 $\frac{1}{U}$-$\frac{1}{R}$ 图像。图像在 $\frac{1}{U}$ 轴上的截距的倒数即为电源电动势，直线的斜率与截距的倒数乘积即为电源的内电阻。此方法要用伏特表和电阻箱。

6. 掌握数据处理的常用方法：

(1)公式法：在自己设计的电路中(内接法或外接法)，改变滑动变阻器 R 的阻值，从电压表和电流表中读出几组 I、U 值，利用合适的公式(部分电路的欧姆定律或是闭合电路的欧姆定律)求出相应的待测值，最后分别算出平均值。

(2)作图法：用作图法来处理数据，即在坐标纸上通常以 I 为横坐标，U 为纵坐标，用测出的几组 I、U 值画出 U-I 图像，根据图像判定并计算出所测量的值。所得直线跟纵轴的交点即为电动势值，图线斜率的绝对值即为内电阻 r 的值。

(3)计算机处理法：借助常用的数据处理软件，可以迅速、准确地根据测量出的数据

作出 U-I 图像如 Excel(关于用计算机处理数据的方法有很多，见本书第六章专题四。希望读者自己多尝试，便于指导中学生处理数据)。

7. 误差分析：分析各种方法中存在的各类误差，尝试改进实验以减小误差。

8. 实验拓展练习，搜集相关试题进行解答。

讨论与思考：

1. 滑动变阻器的限流接法和分压接法的选择依据是什么？请举例分析。

2. 电流表内接法和外接法的选择依据是什么？请举例分析。

二、实验教学能力的训练

训练要点：

1. 请分析本实验在不同版本的高中物理教科书中的呈现方式，根据你的定位和理念阐述本节实验的教学目标；

2. 请设计合适的教学程序让学生通过进行实验操作测量电源的电动势和内电阻，掌握数据处理的公式法、图像法等常用方法；

3. 请在小组内讨论交流设计“测定电源的电动势和内电阻”的教学环节；

4. 尝试设计用不同的教学方式组织教学；

5. 将自己的教学设计和同学进行交流，改进并确定本节实验教学的方案。

讨论与思考：

1. 此实验与教科书中哪些内容有关？请认真阅读相关教科书并分析。

2. 收集与该实验有关的高考试题进行分析解答。

3. 查阅关于欧姆定律的相关知识。

【实验考查视野】

1. 在实验中如何尽可能避免电池的放电现象？放电对实验有何影响？请设计并进行实验。

2. 下面给出多种用伏安法测电池电动势和内电阻的数据处理方法，其中既能减小偶然误差，又直观、简便的方法是（　　）

A. 测出两组 I、U 的数据，代入方程组 $\varepsilon=U_1+I_1r$ 和 $\varepsilon=U_2+I_2r$，求出 ε 和 r

B. 多测几组 I、U 的数据，求出几组 ε、r 后分别求出平均值

C. 测出多组 I、U 的数据，画出 U-I 图像，再根据图像求 ε、r

D. 多测几组 I、U 数据，分别求出 I 和 U 的平均值，用电压表测出断路时的路端电压即为电动势 ε，再用闭合电路欧姆定律求出内电阻 r

3. 用伏安法测电池电动势和内电阻的实验中，由于电流表和电压表内电阻的影响，以下说法正确的是（　　）

A. 电流表内接方式时，$\varepsilon_{测}<\varepsilon_{真}$

B. 电流表内接方式时，$r_{测}<r_{真}$

C. 电流表外接方式时，$\varepsilon_{测}<\varepsilon_{真}$

D. 电流表外接方式时，$r_{测}<r_{真}$

4. 用内接法测电池的电动势和内电阻时，为减小实验误差，应选择 (　　)

A. 内电阻较小，量程适宜的电流表

B. 内电阻较大，量程适宜的电压表

C. 阻值较大的滑动变阻器

D. 内电阻较小的新蓄电池

5. 甲同学设计了如图高-5-2 所示的电路测电源电动势 E 及电阻 R_1 和 R_2 的阻值。实验器材有：待测电源 E(不计内电阻)，待测电阻 R_1，待测电阻 R_2，电压表 V(量程为 1.5 V，内电阻很大)，电阻箱 R(0～99.99 Ω)，单刀单掷开关 S_1，单刀双掷开关 S_2，导线若干。

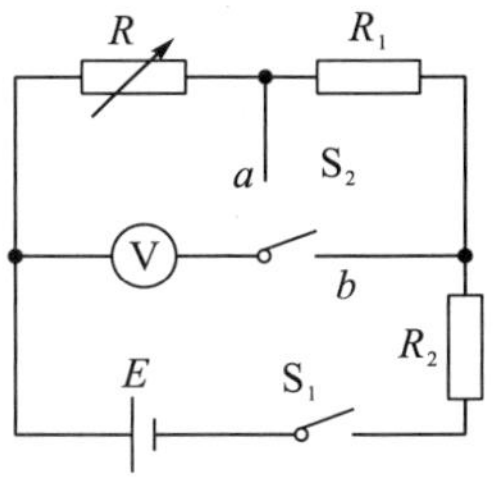

图高-5-2

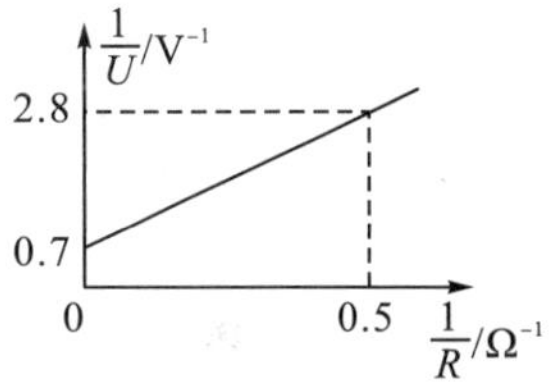

图高-5-3

①先测电阻 R_1 的阻值。请将甲同学的操作补充完整：闭合 S_1，将 S_2 切换到 a，调节电阻箱，读出其示数 r 和对应的电压表示数 U_1，保持电阻箱示数不变，__________，读出电压表的示数 U_2。则电阻 R_1 的表达式为 $R_1=$__________。

②甲同学已经测得电阻 $R_1=4.8\ \Omega$，继续测电源电动势 E 和电阻 R_2 的阻值。该同学的做法是：闭合 S_1，将 S_2 切换到 a，多次调节电阻箱，读出多组电阻箱示数 R 和对应的电压表示数 U，由测得的数据，绘出了如图高-5-3 所示的 $\frac{1}{U}$-$\frac{1}{R}$ 图线，则电源电动势 $E=$__________V，电阻 $R_2=$__________Ω。

③利用甲同学设计的电路和测得的电阻 R_1，乙同学测电源电动势 E 和电阻 R_2 的阻值的做法是：闭合 S_1，将 S_2 切换到 b，多次调节电阻箱，读出多组电阻箱示数 R 和对应的电压表示数 U，由测得的数据，绘出相应的 $\frac{1}{U}$-$\frac{1}{R+R_1}$ 图线，根据图线得到电源电动势 E 和电阻 R_2。这种做法与甲同学的做法比较，由于电压表测得的数据范围__________(选填“较大”、“较小”或“相同”)，所以__________同学的做法更恰当些。

【实验报告】

1. 请完成实验技能训练后写出具体的实验方案、实施效果和改进策略。

2. 请完成本节课的实验教学训练后对实验教学过程进行反思和自我评价，完成实验教学训练报告。

3. 改进本节课的实验教学方案，提出创新型的设计方案。

【实验创新视野】

(1)测定电源电动势和内电阻的几种方法都存在一定误差，那么各种方法存在的误差究竟多大呢？可以尝试使用函数公式计算和等效电源的方法测定误差值。

(2)参考测定电源电动势和内电阻的常见三种方法的思想，有人提出可以只用电流表和定值电阻(可成为“安安法”)或者只用电压表和定值电阻(可称为“伏伏法”)测定电源电动势，请你尝试设计电路并实验。

【链接】

[1]郑维鹏. 测定电源的电动势和内阻实验误差分析方法探讨及拓展[J]. 物理教师(高中版)，2010(7)：31-32.

[2]何勇. “测量电源的电动势和内阻”的实验探究方法[J]. 物理教师，2012(9)：23-25.

实验 6：探究电磁感应产生的条件

【预备知识】

1820 年奥斯特发现电流磁效应后，许多物理学家便试图寻找它的逆效应，并提出了磁能否产生电，磁能否对电作用的问题。1831 年 8 月，法拉第在软铁环两侧分别绕两个线圈：其一为闭合回路，在导线下端附近平行放置一磁针；另一与电池组相连，接开关，形成有电源的闭合回路。实验发现，合上开关，磁针偏转；断开开关，磁针反向偏转，这表明在无电池组的线圈中出现了感应电流。法拉第立即意识到，这是一种非恒定的暂态效应。紧接着他做了几十个实验，把产生感应电流的情形概括为 5 类：变化的电流、变化的磁场、运动的恒定电流、运动的磁铁、在磁场中运动的导体，并把这些现象正式定名为电磁感应。进而，法拉第发现，在相同条件下不同金属导体回路中产生的感应电流与导体的导电能力成正比。他由此认识到，感应电流是由与导体性质无关的感应电动势产生的，即使没有回路和感应电流，感应电动势依然存在。电磁感应在生产生活中有着广泛的应用，话筒、变压器、发电机等均是利用了电磁感应规律。

高中物理电磁学是由电场、电路、磁场、电磁感应和交流电五部分组成。其中，电场、电路、磁场等相关知识是进一步认识电磁感应本质的基础；电磁感应知识是认识交变电流的起点，“电磁感应”是电磁学中承上启下的一部分。课程标准将“电磁感应”列为模块 3-2 的第一个二级主题，要求“通过实验，理解感应电流的产生条件。举例说明电磁感应在生活和生产中的应用”。也就是说课程标准要求对本部分知识的学习通过实验的方式展开。各版本的高中物理教科书中也都设置了相关实验。

> 阅读与思考：
>
> 1. 阅读物理学史，了解电磁感应现象的发现过程，理解科学本质的内涵。
>
> 2. 阅读各版本高中物理教科书，比较各版本物理教科书中本实验的安排特点，思考该实验内容的教学组织形式。

【训练目的和要求】

一、实验技能的训练目的

1. 理解电磁感应产生的条件。
2. 会用电磁感应产生的条件解答有关问题。
3. 通过实验的探索，培养学生的实验操作、收集、处理信息能力。

二、实验教学能力的训练要求

1. 理解电磁感应现象的本质，并且通过教学能使学生体会到电磁感应的本质。
2. 能初步设计实验教学方案，认真反思其中用到的科学方法。

3. 把握本实验的教学目的和要求，判断中学生在实验中可能出现的主要问题，设计出合理可行的实验教学方案，并与同学和教师交流，不断改进教学方案。

4. 能模拟实施教学方案，初步体验本节实验的教学过程。

5. 认真反思实验过程以及教学设计与模拟实施过程，进行自主评价，提出改进措施。

【实验训练内容】

一、实验技能的强化训练

训练要点：

1. 引导学生发现问题。

引导学生回忆初中学过的电磁感应知识：闭合电路的部分导体作切割磁感线运动，该回路中就有电流产生，并演示这一实验。

教师改变实验操作，加深学生的感性认识。方案如下：①磁铁不动，导体顺着磁感线运动；②导体不动，分别沿着磁感线方向和垂直于磁感线方向移动磁铁；③磁铁和导体同时运动(包括二者在垂直于磁感线方向上有相对运动和无相对运动)；④把蹄形磁铁移走，换一个条形磁铁插入或拔出回路。学生面对多变的实验现象会发现并提出问题：为什么有的情况下，即使闭合电路的部分导体不作切割磁感线运动，回路中也产生电流呢？产生电流的本质原因是什么？

说明：通过改变初中物理的一个演示实验，为学生提供具体生动的感性材料，增强感性认识的同时，使得学生发生认知冲突，萌发探索、发现新知的欲望。

2. 使学生探究除了切割磁感线以外，其他方法是否能够产生感应电流？

教师在演示实验的基拙上，利用多媒体模拟实验，让学生进一步观察比较各个实验现象，并提出一系列问题：在每一个实验过程中是什么发生了变化？磁场变了没有？回路变了没有(例如回路包围的面积是否有变化)？是否产生了电流？

可以把事先设计好的表格(表高-6-1)投到屏幕上，让学生针对一系列问题分组讨论，各抒己见。

表高-6-1　感应电流产生条件分析表

导体或磁铁的运动情况	有无电流产生	回路面积的变化	回路所处磁场的变化	磁通量的变化
磁铁不动，部分导体作切割磁感线运动				
磁铁不动，导体顺着磁感线运动				
导体不动，磁铁垂直磁感线方向运动				
导体不动，磁铁顺着磁感线方向运动				
导体和磁铁同时运动，且在垂直磁感线方向有相对运动				

续表

导体或磁铁的运动情况	有无电流产生	回路面积的变化	回路所处磁场的变化	磁通量的变化
导体和磁铁同时运动，且在顺着磁感线方向有相对运动				
条形磁铁插入或拔出回路				

说明：教师提出的问题能够启发学生将一系列变化与“磁通量变化”联系起来，从而将学生对磁通量的认识引向深化。

3. 学生动手实验探究，感受产生电磁感应的本质。

引导学生思考，利用已有的实验器材，可不可以实现导体和闭合回路均静止不动，而使闭合回路中产生感应电流。先让学生观察实验器材，并提示各个器材可以实现的功能。引导学生设计实验电路，并在多媒体上投影实验电路，让学生开始实验。最后经学生讨论得出结论：并不一定要切割磁感线才可以产生感应电流，只要通过闭合回路的磁场发生变化均可。

老师给出磁通量的概念，引导学生得出结论：产生电磁感应的条件为通过闭合回路的磁通量发生变化。

二、实验教学能力的训练

训练要点：

1. 请分析本实验在不同版本的高中物理教科书中的呈现方式，根据你的定位和理念阐述本节实验的教学目标；

2. 请设计合适的教学程序引导学生探究电磁感应产生的条件，通过实验几种可能的情况总结归纳得到电磁感应规律；

3. 请在小组内讨论交流设计“探究电磁感应产生的条件”的教学环节；

4. 尝试设计用不同的教学方式组织教学；

5. 将自己的教学设计和同学进行交流，改进并确定本节实验教学的方案。

讨论与思考：

1. 梳理教科书中“电与磁”的相关内容，谈谈本节课内容在电磁学中的地位和作用。

2. 阅读物理学史的相关书籍，了解与发现电磁感应相关的科学家，从中可以得到什么启示？谈谈如何通过电磁感应现象的发现过程对学生进行情感态度与价值观等方面的教育。

【实验考查视野】

设人造地球卫星在赤道平面上绕地球做匀速圆周运动，它的金属表面是否会由于地磁场的感应而产生电流？如果它是绕通过南北极的平面运转，情况又怎样？如果有感应电流，又会对卫星的运行发生什么影响？（忽略磁偏角的影响）

【实验报告】

1. 请完成实验技能训练后写出具体的实验方案、实施效果和改进策略。

2. 请完成本节课内容的实验教学训练后对实验教学过程进行反思和自我评价，完成实验教学训练报告。

3. 改进本节课的实验教学方案，提出创新型的设计方案。

【链接】

[1]马文蔚，苏惠惠，解希顺. 物理学原理在工程技术中的应用[M]. 北京：高等教育出版社，2006：156-161.

[2]李艳平，申先甲. 物理学史教程[M]. 北京：科学出版社，2003：186-198.

实验 7：楞次定律

【预备知识】

楞次定律是一条电磁学的定律。它是由俄国物理学家海因里希·楞次在 1834 年发现的，其可确定由电磁感应而产生的感应电动势的方向。楞次定律是能量守恒定律在电磁感应现象中的具体体现，其表述为：感应电流具有这样的方向，即感应电流的磁场总是阻碍引起感应电流的磁通量的变化。

楞次定律的深刻意义在于——它是普遍的能量转化和守恒定律在电磁感应现象中的具体体现。根据能量守恒和转化定律，能量不可能无中生有，感应电流的电能只能从其他形式的能量转化而来。楞次定律是高中物理的重点内容，由于此定律所牵涉的物理量和物理规律较多，只有对原磁场方向、原磁通量变化情况、感应电流的磁场方向以及安培定则和右手螺旋定则进行正确的判定和使用，才能得到正确的感应电流的方向。所以这部分内容也是电学部分的一个难点。课程标准要求“通过探究，理解楞次定律”，可见标准要求通过科学探究(主要是用实验方法探究)使学生自主归纳，得出结论，并能在具体的问题情境中，应用楞次定律分析判断感应电流的方向。学生应经历从实验观察到抽象归纳得出规律的过程，体验物理学的规律是怎样得出来的。

> 阅读与思考：
>
> 1. 阅读物理学史，了解楞次的历史贡献及其重要意义。
>
> 2. 阅读各版本高中物理教科书，比较本实验在各版本的物理教科书中的安排特点，思考该实验内容的教学组织形式。

【训练目的和要求】

一、实验技能的训练目的

1. 掌握楞次定律的内容。
2. 能通过实验探究得到楞次定律。
3. 会用楞次定律解决实际问题。
4. 会用左手定则判断感应电流的方向。

二、实验教学能力的训练要求

1. 能初步设计楞次定律实验的探究性教学方案，培养学生观察、总结归纳的能力。

2. 把握本实验的教学目的和要求，判断中学生在实验中可能出现的主要问题，设计出合理可行的实验教学方案，并与同学和教师交流，不断改进教学方案。

3. 能模拟实施教学方案，初步体验本节实验的教学过程。

4. 认真反思实验过程以及教学设计与模拟实施过程，进行自主评价，提出改进措施。

【实验训练内容】

一、实验技能的强化训练

训练要点：

1. 由感应电流产生条件引入如何判断感应电流方向

提问：产生感应电流的条件是什么？

请同学回忆右手定则的内容，并判断闭合电路的一部分导体切割磁感线时所产生感应电流的方向。

设置新情景并提出问题引起学生思考：如何用其他方式改变磁通量，从而产生感应电流？如何判断感应电流的方向呢？

通过旧知识给出新结论，即利用右手定则判断闭合电路的一部分导体切割磁感线而产生的感应电流的方向给出结果：当原磁通量增加时感应电流的磁场与原磁场方向相反；当原磁通量减少时感应电流的磁场与原磁场方向相同。

2. 引导学生探究并明确感应电流方向

实验准备：

(1)查明电流表指针的偏转方向与电流方向的关系，搞清螺线管导线的绕向。

(2)通过学生分析实验结果和电脑的演示，使学生发现自己的实验结果与上述结论相一致。

当穿过闭合电路的磁通量发生变化时，电路中就有感应电流产生。现在，我们再来根据实验的结果来得出判断感应电流方向的规律。由于电流方向和它所形成的磁场方向是有确定的规律的，因此如果能够确定感应电流的磁场方向，便能够确定感应电流的方向（图高-7-1）。

教师教学引导：

(1)通过前人所做的大量实验来说明此结论的普遍性。

(2)通过电脑软件模拟实验过程，进一步分析实验的结论，根据实验现象所反映的物理本质的规律，请学生得出确定感应电流方向的具有普遍意义的规律并加以叙述，教师予以评价、修正，在此基础上得出楞次定理的完整表述。得到楞次定律的内容：电流的磁场总是阻碍引起感应电流的磁通量的变化。

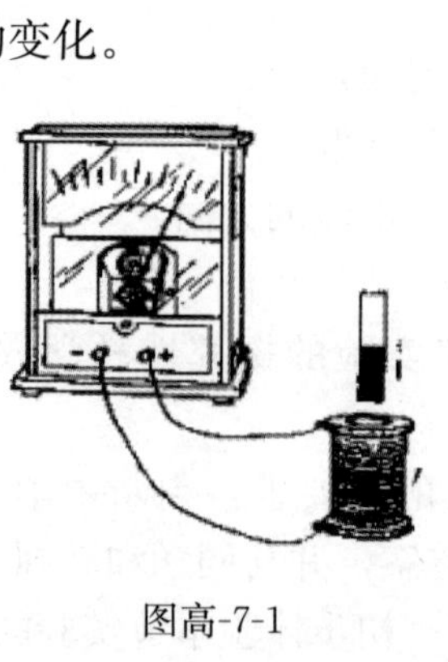

图高-7-1

(3)通过电脑演示，使学生进一步理解“阻碍”和“变化”的含义。感应电流的磁场总是要阻碍引起感应电流的磁通量的变化，而不是阻碍引起感应电流的磁场。因此，不能认为感应电流的磁场的方向和引起感应电流的磁场方向相反。

这里的“阻碍”体现为：当引起感应电流的磁通量增加时，感应电流的磁场方向与引起感应电流的磁场方向相反，感应电流的磁通量阻碍了引起感应电流的磁通量的增加；当引起感应电流的磁通量减少时，感应电流磁场方向与引起感应电流的磁场方向相同，感应电流的磁通量阻碍了引起感应电流的磁通量的减少；当回路中的磁通量不变时，则没有“变化”需要阻碍，故此时没有感应电流的磁场，也就没有感应电流。

3. 楞次定律的应用

通过模拟实验过程，并加以引导，使学生独立思考总结出：利用楞次定律判断感应电流方向的步骤。

练习部分：

(1)方形区域内为匀强磁场，在矩形线圈从左到右穿过的整个过程中，如图高-7-2。判断感应电流的方向。

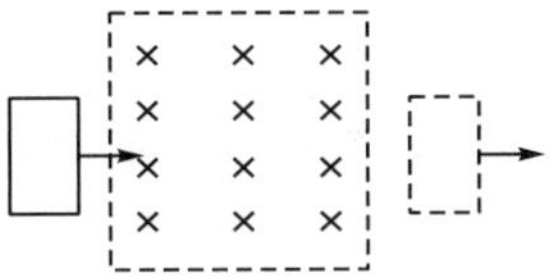

图高-7-2

(2)无限长通电直导线旁有一个矩形线圈，当线圈远离直导线时，如图高-7-3。判断感应电流的方向。

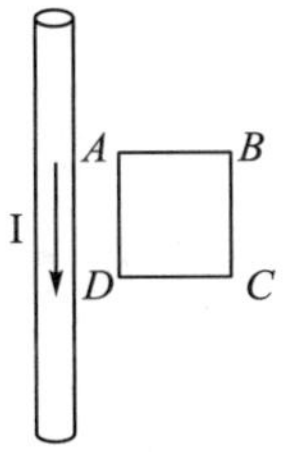

图高-7-3

(3)A、B 两个线圈套在一起，线圈 A 中通有电流，方向如图高-7-4 所示。当线圈 A 中的电流突然增强时，B 中的感应电流方向如何？

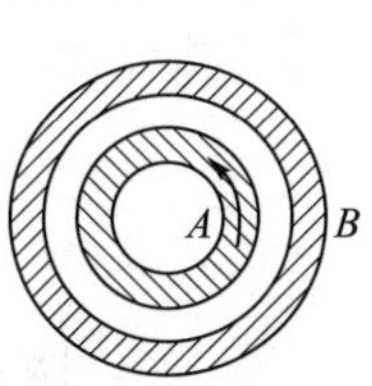

图高-7-4

4. 总结提升楞次定律的深层物理意义

(1)运用楞次定律演示器进行演示实验引起学生的思考。

(2)通过学生的讨论和电脑软件的演示对实验现象进行分析，得到实验现象产生的原因。

(3)深化。①从导体和磁体的相对运动的角度上看：电磁感应的效果是阻碍它们的相对运动；②楞次定律是能量守恒定律在电磁感应现象中的具体表现。

从能量转换的角度来分析：螺线管中用楞次定理得出的感应电流所形成的磁场，在螺线管上端为N极，这个N极将排斥外来的条形磁铁的运动，条形磁铁受此排斥力的作用而运动速度逐渐减小，即动能要减少；要维持其运动速度则需要有外力对磁铁做功. 可见，电磁感应现象中线圈的电能是通过外部的机械能做功转化而来的。因此，楞次定理与能量转换与守恒规律是相符合的。

反之，若感应电流方向与用楞次定律判断得出的方向相反，则螺线管的磁场将与条形磁铁相互吸引，这样条形磁铁的速度会愈来愈大。也就是说在电路获得电能的同时，磁铁的动能也增加了。这时，对于电路和磁铁组成的系统来说，它将找不到是由什么能量转化而来的，电能和动能是凭空产生了，这显然与能量守恒定律相违背。

二、实验教学能力的训练

训练要点：

1. 请分析本实验在不同版本的高中物理教科书中的呈现方式，根据你的理解阐述本节实验的教学目标；

2. 请设计合适的教学程序引导学生探究楞次定律，通过实验几种可能的情况总结归纳得到楞次定律；

3. 请在小组内讨论交流设计“楞次定律”的教学环节；

4. 尝试设计用不同的教学方式组织教学；

5. 将自己的教学设计和同学进行交流，改进并确定本节实验教学的方案。

讨论与思考：

1. 梳理教科书中“电与磁”的相关内容，谈谈本节课内容在电磁学中的地位和作用。

2. 阅读物理学史的相关书籍，谈谈如何通过楞次定律的发现过程对学生进行情感态度和价值观方面的教育。

【实验考查视野】

1. 矩形导线框 $abcd$ 固定在匀强磁场中，磁感线的方向与导线框所在平面垂直，规定磁场的正方向垂直纸面向里，磁感应强度 B 随时间变化的规律如图高-7-5所示。若规定顺时针方向为感应电流 I 的正方向，则 I-t 关系正确的是 （ ）

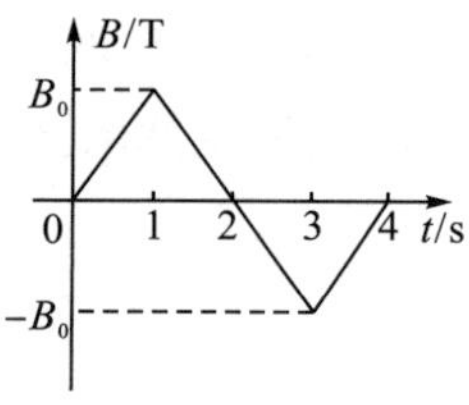

图高-7-5

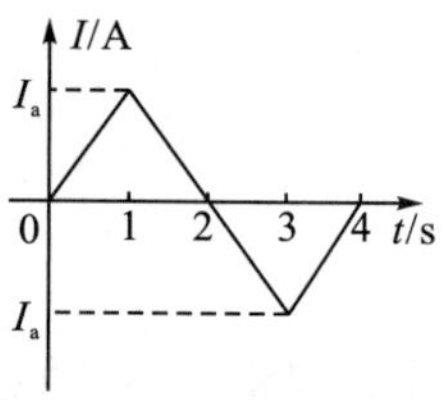

A

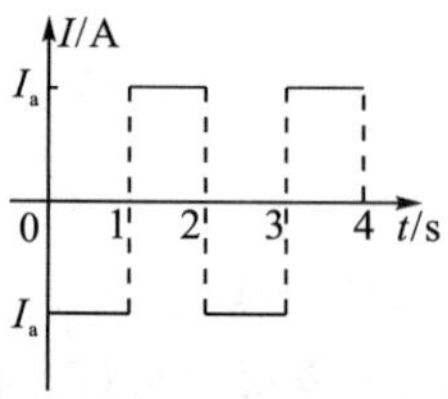

B

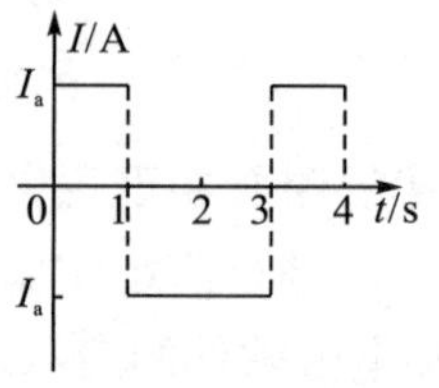

C

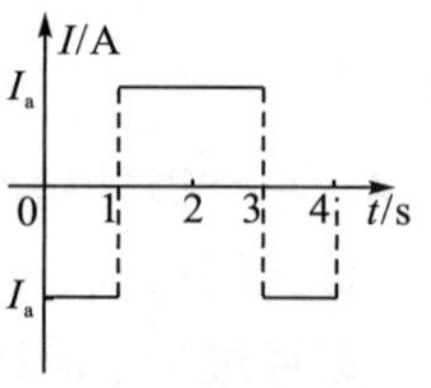

D

2. 如图高-7-6 所示，线圈在载流长直导线激发的磁场中运动，下列表述中正确的是 （ ）

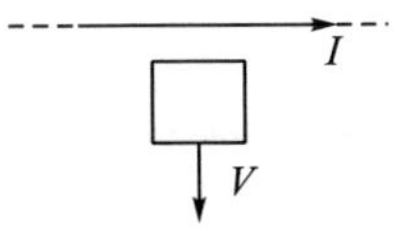

图高-7-6

A. 线圈中产生感生电动势的方向顺时针，感生电流的方向逆时针
B. 线圈中产生感生电动势的方向顺时针，感生电流的方向顺时针
C. 线圈中产生感生电动势的方向逆时针，感生电流的方向逆时针
D. 线圈中产生感生电动势的方向逆时针，感生电流的方向顺时针

3. 若用条形磁铁竖直插入木质圆环，则环中 （ ）
A. 产生感应电动势，也产生感应电流
B. 产生感应电动势，不产生感应电流
C. 不产生感应电动势，也不产生感应电流
D. 不产生感应电动势，产生感应电流

【实验报告】

1. 请完成实验技能训练后写出具体的实验方案、实施效果和改进策略。
2. 请完成本节课的实验教学训练后对实验教学过程进行反思和自我评价，完成实验教学训练报告。
3. 改进本节课的实验教学方案，提出创新型的设计方案。

【实验创新视野】

楞次定律作为高中电磁学部分的一个重点和难点内容，其复杂的逻辑推理是导致学生不容易得出实验结果的因素之一，有人设计出了如图高-7-7 的“楞次环”实验装置，横梁可绕支点转动，*A* 铝环闭合，*B* 铝环有一开口。请根据这一装置设计教学环节，并评析其特点。

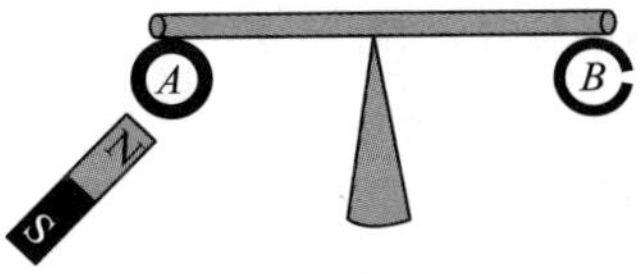

图高-7-7 “楞次环”

【链接】

[1]邢红军，宁成，胡扬洋. 楞次定律教学的高端备课[J]. 中学物理教学参考，2013(4)：18-20.
[2]王超良. 从“楞次定律”的教学谈开放教学的实践[J]. 物理教学，2011(6)：11-13，54.

实验 8：水的凝固与冰的熔解

【预备知识】

温度计是根据物质的某一物理属性会随温度的改变而发生单调、显著变化的性质而制成的，如：利用固体、液体、气体受温度的影响而热胀冷缩的现象；在定容条件下，气体(或蒸汽)的压强因不同温度而变化；热电效应的作用；电阻随温度的变化而变化；热辐射的影响等。常见的温度计有水银温度计、电阻温度计、指针式温度计、压力式温度计等。

阅读与思考：

1. 查阅相关文献，了解水银温度计和酒精温度计的区别及各自优点。

2. 一般液体温度计在使用时有什么注意事项？读数时应注意什么？读到哪一位？

3. 认真研读中学物理教科书，学习有关热学知识，对比初中和高中内容的区别与联系。

【训练目的和要求】

一、实验技能的训练目的

1. 练习选配水的凝固与冰的熔解的实验装置，掌握实验操作方法。

2. 了解实验成败的主要原因，能够迅速、准确地进行演示，绘出凝固和熔解曲线。

二、实验教学能力的训练要求

1. 能初步设计水的凝固与冰的熔解实验的探究性教学方案，培养学生观察实验、记录和分析数据的能力。

2. 把握本实验的教学目的和要求，判断中学生在实验中可能出现的主要问题，设计出合理可行的实验教学方案，并与同学和教师交流，不断改进教学方案。

3. 能模拟实施教学方案，初步体验本节实验的教学过程。

4. 撰写训练报告，认真反思实验教学过程，进行自主评价，提出改进措施。

【实验训练内容】

一、实验技能的强化训练

训练要点：

1. 把适量的纯净水，注入试管内，所盛水能使温度计的测温泡全部浸没其中，温度计测温泡应离试管底部约 5 mm，水面也要高出测温泡约 5 mm 。

2. 用一个容量为 200～500 mL 的玻璃烧杯，先把试管放入烧杯中，再加入捣碎的冰块置于试管周围，碎冰块应加到高出试管内水面 1～1.5 cm。

3. 在烧杯中碎冰块内插入一支温度计，作温度升降的监测。试管中温度计一定要达到步骤 1 的要求，不能触底靠壁。全部装置如图高-8-1 所示。

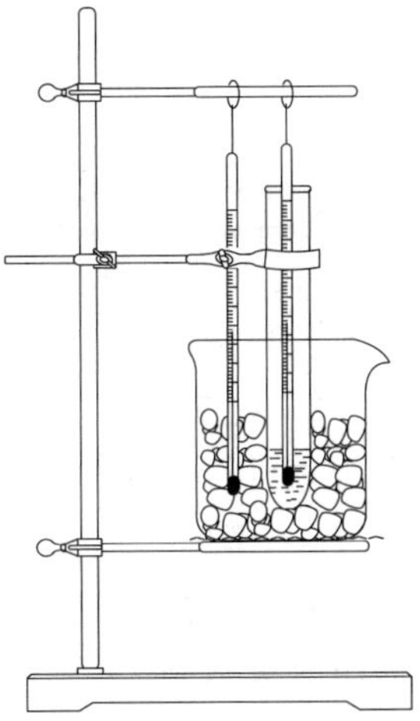

图高-8-1

4. 水的温度降到 3～4 ℃时，每隔一分钟记一次水温，在记录 3 个温度点后，可向碎冰中加入 20～30 g 的食盐，并搅拌，使烧杯内温度降到−3～−4 ℃，同时不停地每隔一分钟作一次试管水温记录，凝固过程中 0 ℃的记录点不得少于 5 个。

5. 试管内温度计开始降到 0 ℃以下时，应特别注意温度记录，此时温度下降得很快，当 0 ℃以下温度点记录到 2 个时，还可以在烧杯内适当加点食盐，并搅拌使冰盐水降到约−8 ℃，最好能记录 0 ℃以下 3～4 个温度点，至此凝固过程结束。

6. 捞出冰盐水中 80%的碎冰块，将试管重新放入所余的冰盐水内，用掺自来水的办法使烧杯内冰盐水升温，控制升温快慢，使 0 ℃以下能有 2～3 个记录到 0 ℃时，可把冰捞出来，掺自来水使杯内温度为 4～5 ℃，直到冰熔解完。

水的凝固和冰的熔解实验的参考结果如表高-8-1，其坐标图如图高-8-2 和图高-8-3 所示。

表高-8-1

时间/min	0	1	2	3	4	5	6	7	8	9	10	11
冷却过程温度/℃	3.0	2.2	1.4	0.6	0.0	0.0	0.0	0.0	0.0	−1.0	−2.0	−3.0
加热过程温度/℃	−5.0	−3.0	−1.0	0.0	0.0	0.0	0.0	0.0	0.5	1.5	3.0	4.0

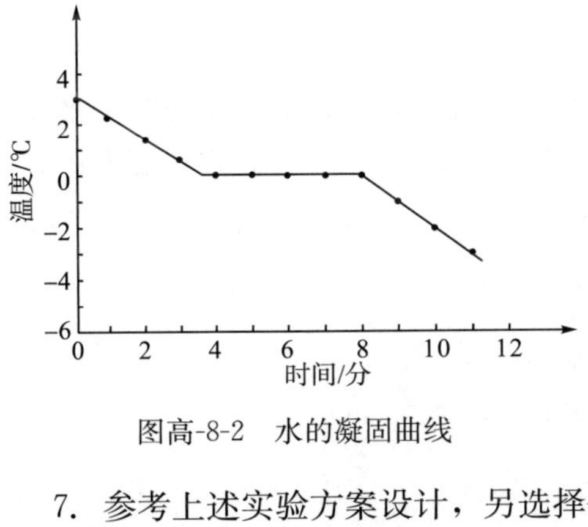

图高-8-2 水的凝固曲线

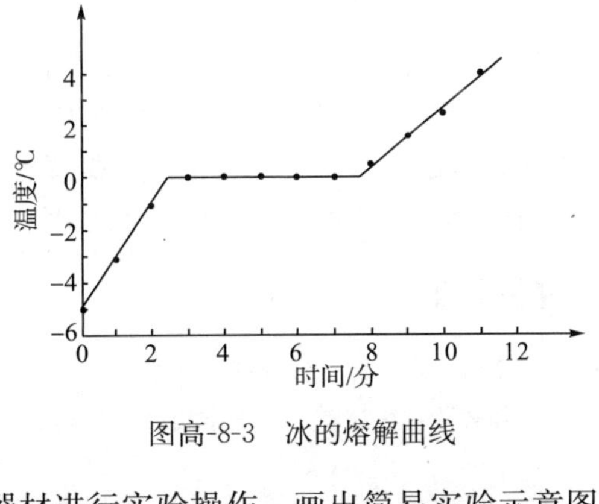

图高-8-3 冰的熔解曲线

7. 参考上述实验方案设计，另选择合适的器材进行实验操作，画出简易实验示意图，设计表格，详细记录实验数据并画出温度−时间图像，认真分析实验现象产生的原因。

二、实验教学能力的训练

训练要点：

1. 初步设计探究性实验的教学方案；认真反思实验探究的科学方法，思考实施探究性实验教学的理念与方法。

2. 把握本实验的教学目的和要求，判断中学生在实验中可能出现的主要问题，设计出合理可行的实验教学方案，并与同学和教师交流，不断改进教学方案。

3. 模拟实施教学方案，初步体验本节实验的教学过程。

4. 撰写训练报告，认真反思实验过程以及教学设计与模拟实施过程，进行自主评价，提出改进措施。

【实验考查视野】

1. 从所绘曲线中，你能看出水的凝固和冰的熔解前后温度变化有什么规律？

2. 本实验成败的关键是什么？

【训练报告】

1. 请完成实验技能训练后写出具体的实验方案、实施效果和改进策略。

2. 请完成本节课内容的实验教学训练后对实验教学过程进行反思和自我评价，完成实验教学训练报告。

3. 改进本节课的实验教学方案，提出创新型的设计方案。

【实验创新视野】

做这个实验常遇到失败，其原因可能包括以下几点：

(1)实验用水不当：若水中含杂质盐类过多，将使所得凝固点、熔点偏离标准值过大；实验中使用的水量不适当。

(2)温度计不准确，而又未加以校正。

(3)实验操作不当，如没有不断进行搅拌、烧杯内温度环境与试管中水(或冰)的温度出现太大的温差、在向冰块中加食盐降温时把食盐混入试管中、所用冰盐水温度太低等。

请思考此实验可能失败的其他原因。

【链接】

[1]李椿，章立源，钱尚武．热学[M]．北京：高等教育出版社，2003：7-44.

[2]郭奕玲，沈慧君．物理学史[M]．北京：清华大学出版社，2005：49-99.

实验 9：激光光学演示仪的使用

【预备知识】

激光的最初的中文名叫做“镭射”、“莱塞”，这是它的英文名称“Laser”的音译，是取自英文“Light Amplification by Stimulated Emission of Radiation”的各单词头一个字母组成的缩写词，其意思是“受激辐射的光扩大”。激光的应用很广泛，主要有激光打印、光纤通信、激光光谱、激光测距、激光雷达、激光切割、激光武器、激光矫视、激光扫描等。

在组成物质的原子中，有不同数量的粒子(电子)分布在不同的能级上，在高能级上的粒子受到某种光子的激发，会从高能级跳到(跃迁)到低能级上，这时将会辐射出与激发它的光相同性质的光；而且在某种状态下，能出现一个弱光激发出一个强光的现象。这就叫做“受激辐射的光放大”，简称激光。1960 年，美国加利福尼亚州休斯实验室的科学家梅曼宣布获得了波长为 0.6943 μm 的激光，梅曼因而也成为世界上第一个将激光引入实用领域的科学家。激光演示仪可以做中学物理光学中的大部分实验，在高中物理课程标准中关于“光”的要求条目中，有“通过实验，理解光的折射定律”、“测定材料的折射率”、“观察光的干涉、衍射和偏振现象”、“用双缝干涉实验测定光的波长”等与实验有关的内容。各版本高中物理教科书中也设置了很多实验栏目供参考使用。

阅读与思考：

1. 阅读物理学史，了解“光的本性之争”的相关内容，阐述其蕴含的科学发展规律。

2. 阅读相关书籍，了解光的全反射、干涉、衍射在生产生活中的应用。

3. 阅读各版本高中物理教科书，比较各版本物理教科书中各个光学实验的安排特点，思考该实验内容的教学组织形式。

【训练目的和要求】

一、实验技能的训练目的

1. 掌握激光光学演示仪的使用、维护及保养方法。

2. 能够用激光学演示仪演示中学光学实验并能准确地描述实验过程、现象及原理。

二、实验教学能力的训练要求

1. 能设计实验教学方案。认真反思实验探究的科学方法，思考实施探究性实验教学的理念与方法。

2. 把握本实验的教学目的和要求，判断中学生在实验中可能出现的主要问题，设计出合理可行的实验教学方案，并与同学和教师交流，不断改进教学方案。

3. 能模拟实施教学方案，初步体验本节实验的教学过程。

4. 撰写训练报告，认真反思实验过程以及教学设计与模拟实施过程，进行自主评价，提出改进措施。

【实验仪器】

激光光学演示仪的原理十分简单，如图高-9-1和图高-9-2所示，从氦氖（He-Ne）激光器1射出的水平激光束，经平面反射镜2反射后折转90°垂直向上，再经柱面扩束镜3扩束，成为一扇形光束，扇形光束经介质膜分束器(简称：分束器)中的介质膜分光镜反射后，又成水平方向，扇形光束与演示屏5垂直相交，从而在演示屏上显示出光束的径迹，在光路上放置各种光学零件后，就可以做各种光学实验。

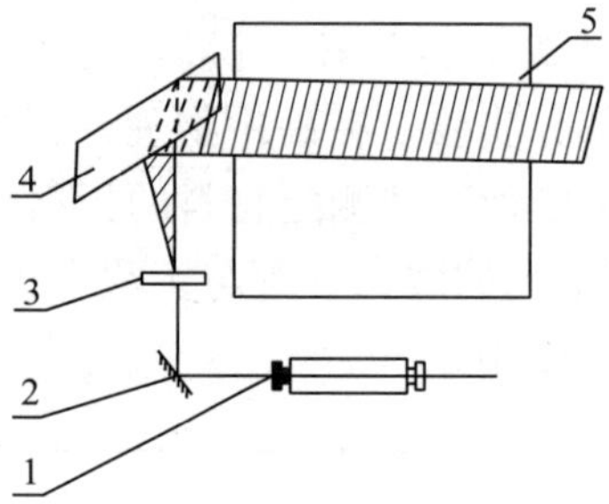

1. He-Ne激光器 2. 平面反射镜 3. 柱面扩束镜 4. 分束器分光镜 5. 演示屏

图高-9-1

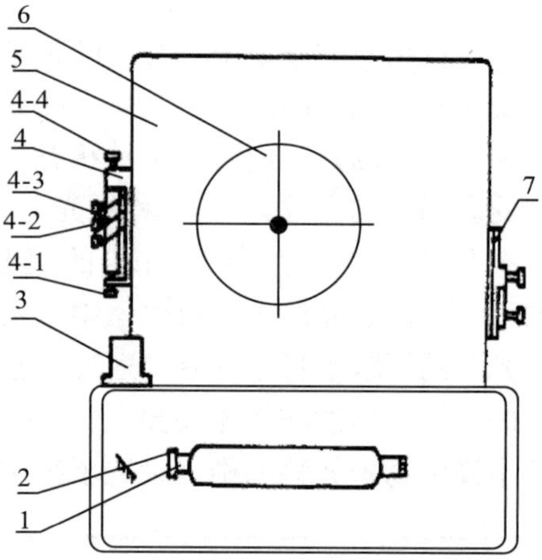

1. He-He激光器；2. 平面反光镜；3. 分束器；4-1. 下顶尖螺钉；4-2. 分光镜固定螺钉；4-3. 分光镜；4-4. 上顶尖螺钉；5. 演示屏；6. 度盘；7. 夹持架

图高-9-2

激光管和电源都安装在底座里，扩束器和移动尺装在底座上，分束器装在演示屏的左侧，在演示屏中间还有一只度盘6，它可以转动，中间有一只圆孔，用来插放各种光学组件。

仪器的使用和调节：

使用仪器时，首先接上交流220 V电源，然后顺时针方向旋转开关到第Ⅰ档，在正常情况下，激光管1便会发射出红色(波长633 nm)激光束。若由于外界电压过低，激光管不能启辉，可转动开关到第Ⅱ档，第Ⅱ档不行，可用第Ⅲ档。

做实验时，应该对扩束器、分束器进行调节，以使在演示屏上能显示出最清晰、明亮的光线径迹。

扩束器可在座内前后移动，以使扩束后的光束基本上落在分光镜上，并在演示屏上需要的部位得到最明亮的光线径迹，如果不需要扩束，只需要扩束器稍稍退出。

分束器是用来将光线分束的装置。根据需要可将光线分成二束、三束、四束或五束。Ⅰ型随机只附三面介质膜分光镜；Ⅱ、Ⅲ型附五面，这时就要分别使用二面、三面，四面或五面介质膜分光镜。为了使分束后的各光线亮度均匀，各面介质膜分光镜的反射率是不一样的。因此，各分光镜都编上了号。不分束时，用 1# 分光镜；分两束时，用 1#、2# 分光镜，如此等。1# 分光镜应装在最上面，2#、3# 顺次向下安装。若要拆下分光镜，只需旋松滚花螺母上的固紧螺丝，取下滚花螺母，再拧松分光镜固紧螺钉 4-2，然后向前拔出分光镜即可。注意千万不要用手去拿分光镜的镜面，以免污染和损坏膜层。分光镜可以绕水平轴线转动，因此可在演示屏上得到各种不同位置的光线径迹，也可以根据需要使分束后的光线成为平行光线，会聚光线与发散光线。要转动分光镜，先要拧松固紧螺钉 4-2，转动分光镜到需要位置，然后再拧紧固紧螺钉。

整个分束器座可绕两顶尖螺钉 4-1、4-4 的轴线转动，以调节分光镜和演示屏之间的倾角，从而可调节演示屏上光线的长度和亮度。调节时，只需转动分束器座上的调节螺钉(在分束器后面)即可。

整个分束器可沿演示屏上槽作上下移动以适应各种需要。转动分束器的上、下两只顶尖螺钉还可使分束器座做上下微调。微调前，先要将上、下顶尖螺丝上的锁紧螺母松开，退出(如仪器要作长途运输，则需将锁紧螺母锁紧，以免上下顶尖螺丝因震动而跌落)，然后转动上下两只顶尖螺钉，一只退、一只进。注意，不要将螺钉顶得过紧，以免损坏零件。

许多光学组件都可插入度盘中间的圆孔中，组件可相对于度盘转动(但注意不要擦伤油漆)，以固定在适当的位置，度盘连同光学组件还可一起转动。

注意事项：

1. 仪器必须用 220 V、50 Hz 交流电源。

2. 切勿用手接触分束器分光镜的镜面和其他零件镀膜面，以免损坏膜层；还应避免灰尘沾染。

3. 注意保护演示屏和度盘的油漆，勿使擦伤、剥落。

4. 仪器使用后，各光学零件、组件要用酒精乙醚混合液揩洗干净(镀膜面要尽量少擦，最好不擦)，并放在干燥处，最好放在干燥缸中。

5. 所有衍射片应放在干燥缸中。

6. 仪器使用完毕后，将扩束器上的护罩按倒，将圆孔盖住，以防灰尘落到平面镜上。

7. 若更换激光管，应先打开仪器底座上盖，松开激光管夹持架。激光管不可夹得太紧。检修激光电路，应打开仪器底座下盖。

【实验训练内容】

一、实验技能的强化训练

训练要点：

1. 光的直线传播定律

(1)开启激光器。

(2)调整分束器，只用 1# 分光镜。

(3)按图高-9-3 把平面镜转轴插入盘孔中，成水平状。可见光在同一种均匀媒质中沿直线传播。

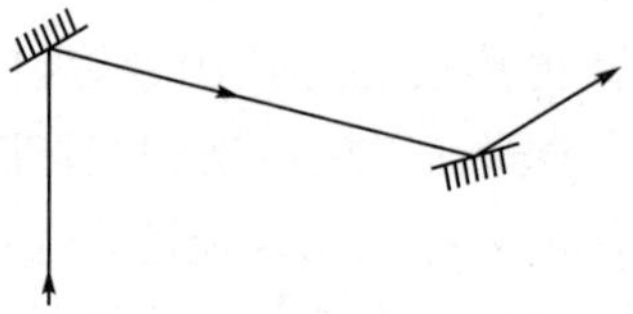

图高-9-3

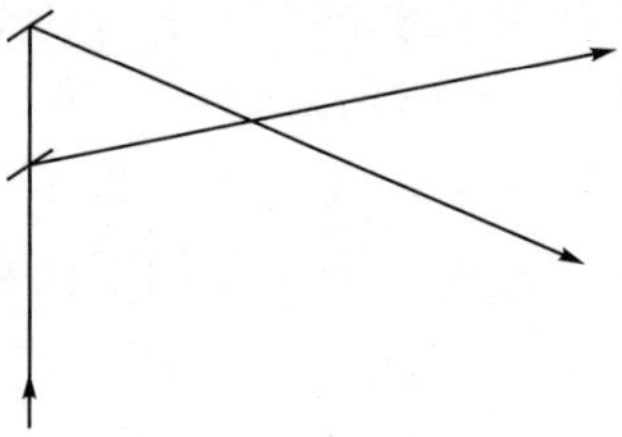

图高-9-4

2. 光的独立传播定律

(1)按图高-9-4 调整分束器，使两条光线相交于一点。

(2)在交点之间，用一不透光纸片挡住任意一条光线，则另一条光线的传播不因第一条光线的存在与否而受影响。

3. 光的反射定律

(1)将平面镜转轴插入度盘孔中，并垂直 0-0 线。

(2)调整分束器，只用一条光线，并使它沿度盘半径方向入射。

(3)转动度盘，使入射光线以不同的入射角射向平面镜，读出反射角。分析对应的入射角和反射角之间的关系，如图高-9-5 所示。

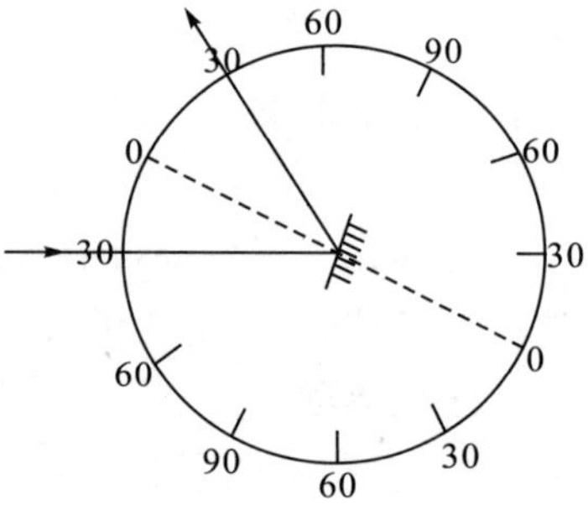

图高-9-5

4. 透镜扩束

(1)把双凸透镜或平凹镜插在演示屏中间的插孔内。

(2)开启激光器，调整 1＃分光镜，使激光束垂直地投射在正透镜或负透镜上，获得锥形光束(这时不用扩束器)，如图高-9-6 所示。

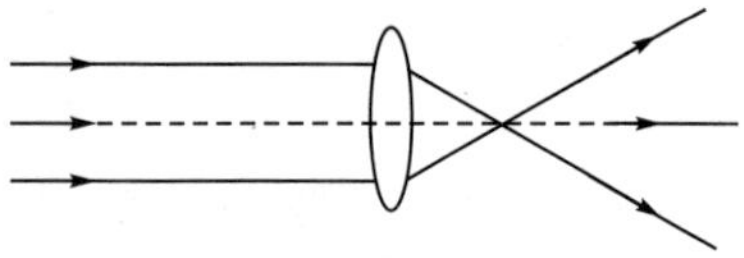

(a)正透镜扩束

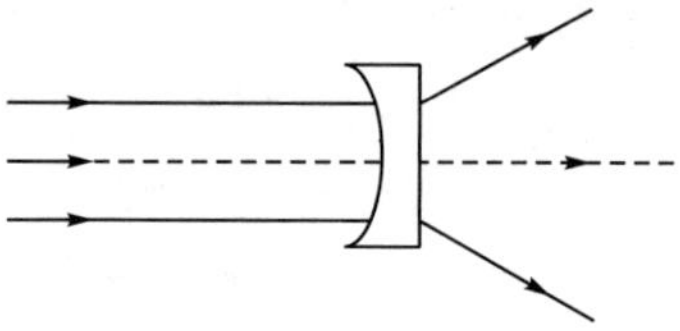

(b)负透镜扩束

图高-9-6

5. 柱面透镜扩束

(1)如图高-9-7 所示，开启激光器。

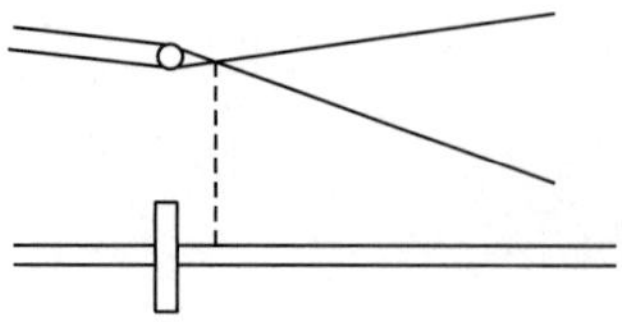

(a)装置的正视图

(b)装置的俯视图

图高-9-7

(2)把扩束器放入光路中，获得扇形光束。

6. 分束器分光

(1)如图高-9-8，开启激光器。

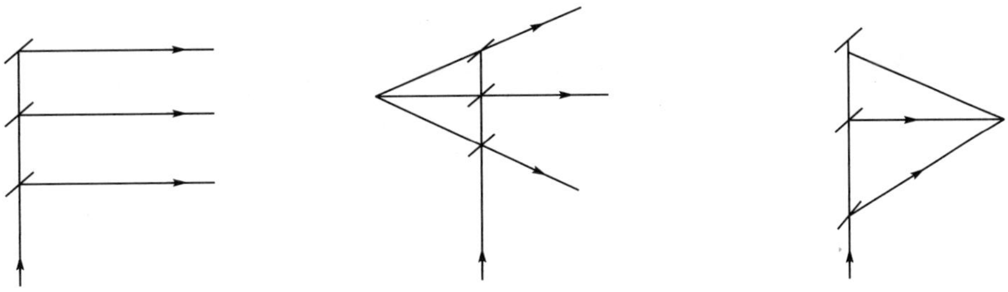

(a)平行光线　　(b)发散光线　　(c)会聚平行光线

图高-9-8

(2)调节分束器分光镜，可得各种光线——平行光线、会聚光线、发散光线或任意方向光线。

7. 平面镜对会聚光线成实像

(1)调整分束器，产生会聚光线，其交点为 S。

(2)按图高-9-9 将平面镜转轴插入度盘孔中。会聚光线反射，得 S 点的像 S'。

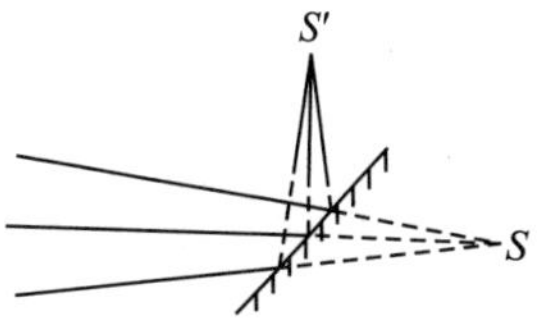

图高-9-9

8. 平面镜对发散光线成虚像

调整分束器，产生发散光线，投射在平面镜上，反射后可得虚交点 S'，实物成虚像。

9. 双平面镜成像特性测定

(1)将双平面镜转轴插入度盘孔中。

(2)按图高-9-10 调整分束器，使光线投射在双平面镜上，当度盘转动时，出射光线保持不动。测出 β 和 α 角之间的关系。

10. 光的漫反射

(1)将漫反射镜转轴插入度盘孔中。

(2)调整分束器，产生一束平行光线，投射在漫反射镜上，观察反射光线的方向，如图高-9-11。

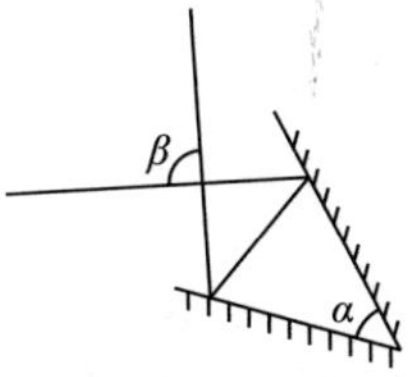

图高-9-10

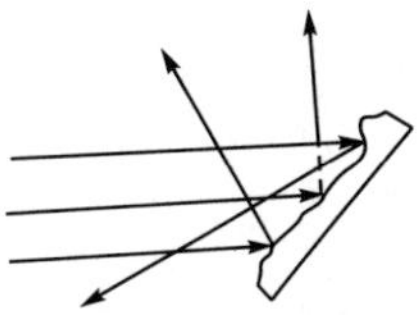

图高-9-11

11. 光的折射现象、折射定律和光的可逆性测定

(1)将半圆柱透镜转轴插入度盘孔中，底面垂直 0-0 线。

(2)调整分束器，使一条光线水平地通过度盘孔中心，转动度盘到图高-9-12(a)所示位置，记录入射角和折射角大小，即可求出半圆柱透镜材料相对于空气的折射率。

(3)记录入射角 i_1 和折射角 r_1 的大小，然后转动度盘到图高-9-12(b)所示位置，此时在界面上也发生折射现象，若入射角 i_2 等于前一种情况下的折射角 r_1，则此时的折射角 r_2 恰好等于前一种情况的入射角 i_1，这正说明光的可逆性。

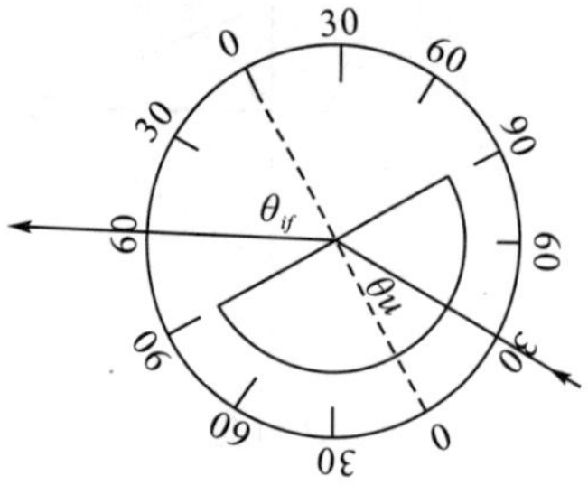
(a)

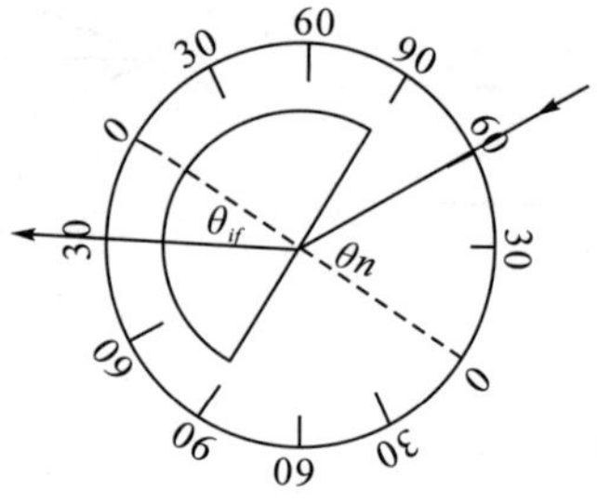
(b)

图高-9-12

12. 光的掠射、全反射现象及临界角的测定

(1)如图高-9-13，调整分束器，使一条光线和0-0线重合。

(2)将半圆柱透镜转轴插入度盘孔中，并使底面垂直0-0线。圆柱面向着光线入射方向。

(3)转动度盘，开始入射角较小时，可看到界面反射光线亮度弱，折射光线强，随着度盘转动，入射角增大，反射角和折射角也增大，反射光线亮度渐渐增大，折射光线渐渐减弱。

(4)当折射角恰好为90°时，光线发生掠射，记下此时入射角 i_0 的值，即为玻璃对空气界面的临界角，可以验证：$\sin i_0=\dfrac{1}{n}$。

(5)当入射角大于临界角 i_0 时，界面没有折射光线，而全部被反射，即发生全反射现象。

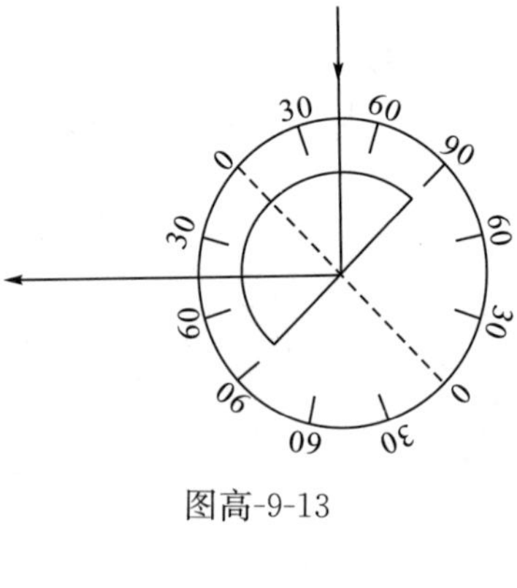

图高-9-13

13. 潜望镜原理的演示

用两条光线，并按图高-9-14 放置潜望镜，即显示潜望镜光路。

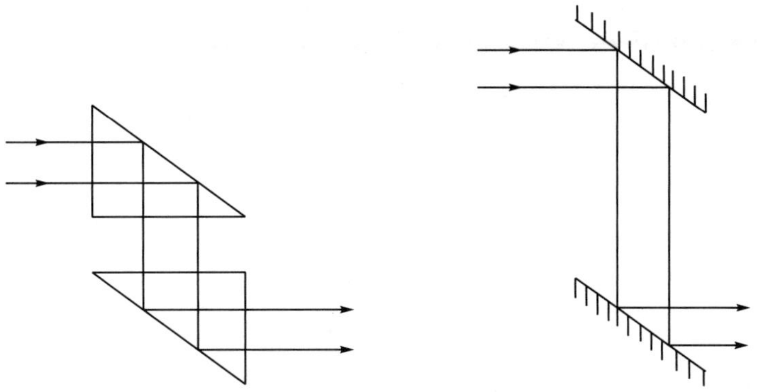

图高-9-14

14. 棱镜最小偏向角及其材料折射率 n 的测定

(1)如图高-9-15，把等边棱镜转轴插入度盘孔内，使顶角 α 的平分线与 0-0 线重合。

(2)调整分束器，使光线沿度盘半径方向射向棱镜。

(3)转动度盘，出射光线方向发生变化，但在某一位置上，度盘虽转动，出射光线基本不动，此时入射光线和出射光线的夹角为最小偏向角 δ_0，量出 δ_0 的大小。此时在棱镜内部光线平行底边。

(4)根据下式可求出棱镜材料折射率：

$$n=\frac{\sin\frac{\alpha+\delta_0}{2}}{\sin\frac{\alpha}{2}}$$

15. 光导纤维原理

(1)如图高-9-16，开启激光器，移出扩束器。

(2)将螺形玻璃棒放在移动尺上，上面用插片座固定，使玻璃棒轴线基本上与激光束平行。

(3)调整分束器和移动尺，用分束器中 1＃分光镜，把激光束射入螺形玻璃棒的一端。因光在其内部全反射在另一端射出，从而照亮在其附近的屏幕。

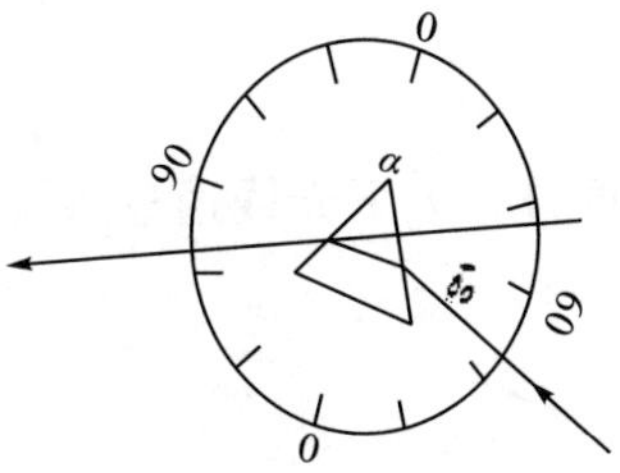

图高-9-15

图高-9-16

16. 凹面镜的会聚作用、焦点、焦距的测定

(1)凹面镜对称地置于0-0线上。

(2)调整分束器，产生一束与主轴平行的平行光线，经凹面镜反射后聚焦于焦点 F(图高-9-17)，测出其焦距 f，验证凹面镜半径 R 和 f 的关系。

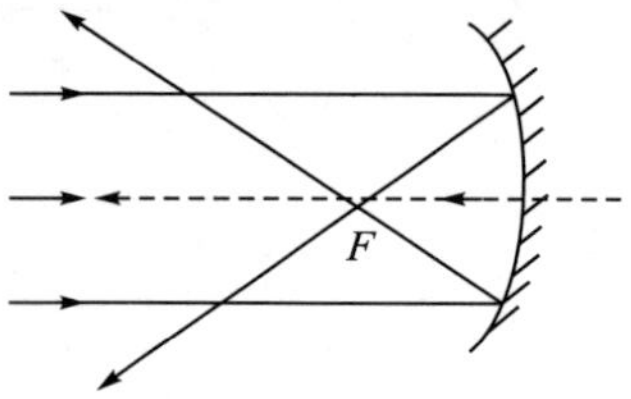

图高-9-17

17. 凸面镜的发散作用及虚焦点的测定

(1)凸面镜对称地置于0-0线上。

(2)按图高-9-18调整分束器，产生三条平行光线，经凸镜反射呈发散状，其延长线交于一点——虚焦点 F。

18. 经过凸镜球心的光线，按原路返回

(1)凸镜对称地置于0-0线上。

(2)按图高-9-19调整分束器，使上、中、下光线通过凸镜球心 C，此时反射光线按入射光线方向原路反射回来。

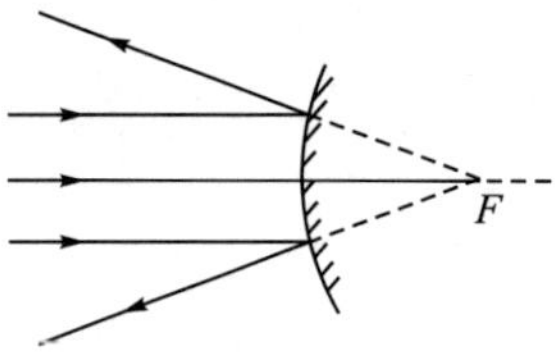

图高-9-18

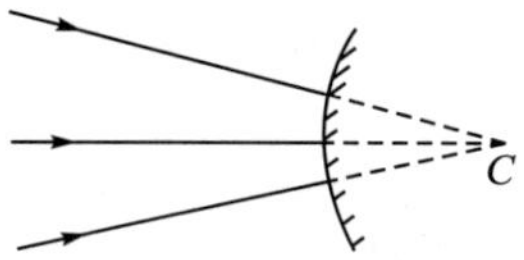

图高-9-19

19. 凸面镜成像

(1)按图高-9-19，放置凸面镜。

(2)调整分束器，使上光线通过凸镜球心 C，中光线平行主轴，且在镜前和上光线交于一点，下光线通过主轴。

20. 通过透镜节点的光线方向不变

(1)将双凸透镜对称地置于0-0线上。

(2)按图高-9-20调整分束器，使中光线和主轴重合，上下光线通过透镜节点，可见光线经节点后，按原来方向前进。

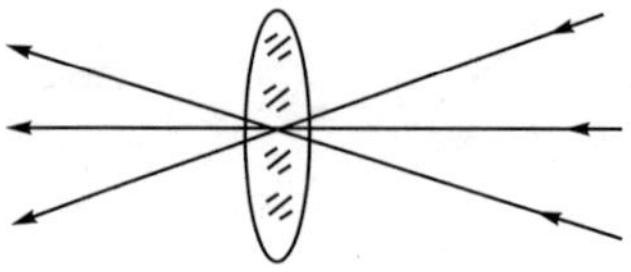

图高-9-20

21. 正透镜物方焦点的演示

(1)如图高-9-21，将双凸透镜对称地置于 0-0 线上。

(2)调整分束器，使中光线通过主轴，并使三条光线经过透镜后平行主轴，此时该三条光线在镜前的交点即为焦点 F。

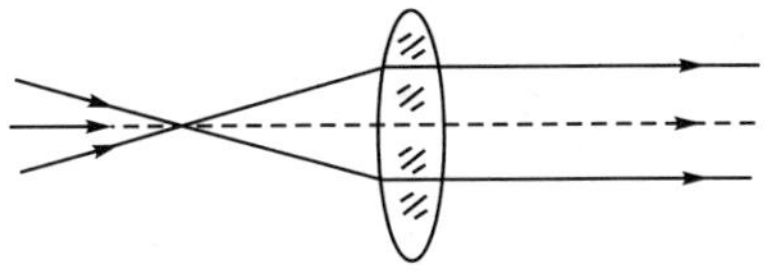

图高-9-21

22. 正透镜的会聚作用，像方焦点 F'、像方焦平面焦距 f 的测定

(1)按图高-9-22 放置双凸透镜。

(2)选用上、中、下光线，且均平行主轴。经透镜折射交于一点，即为像方焦点 F'。过该像方焦点 F'垂直于主轴平面即为像方焦平面，并测出焦距 f。

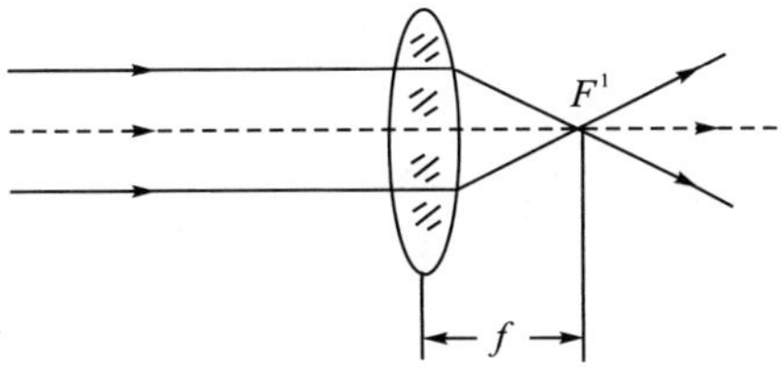

图高-9-22

23. 照相机成像原理

(1)按图高-9-23 放置双凸透镜。

(2)选用上光线通过节点，中光线平行主轴，下光线通过主轴，使上、中光线的交点 B 到双凸透镜距离大于二部焦距。AB 为物，$A'B'$为像。

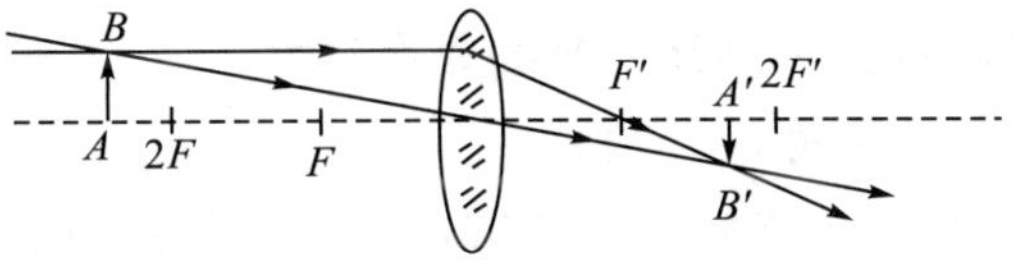

图高-9-23

24. 投影放映系统成像原理

(1)按图高-9-24 放置双凸透镜。

(2)选用上、中、下三条光线，上、中二光线交点为 B，AB 为物，它到透镜距离小于二部焦距，大于一倍焦距，其像为 A'、B'。

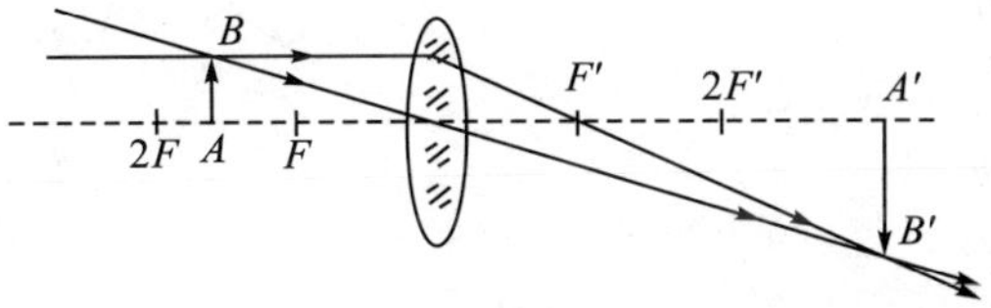

图高-9-24

25. 平行光管原理

(1)按图高-9-25 放置双凸透镜。

(2)选用上、中光线并通过双凸透镜的物方焦平面的上一点 B，下光线和主轴重合，AB 为物体，其像在透镜像方无穷远。

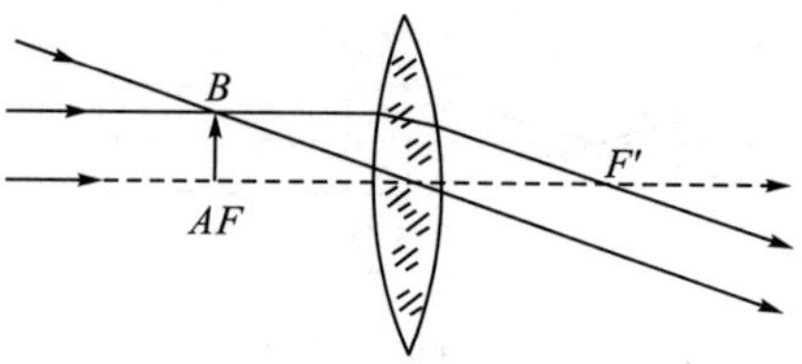

图高-9-25

26. 放大镜成像原理

(1)按图高-9-26 放置双凸透镜。

(2)选取上光线、中光线和下光线。上光线、中光线的交点 B 位于透镜的焦距之内，经双凸透镜成放大正立，虚像 A'、B'。

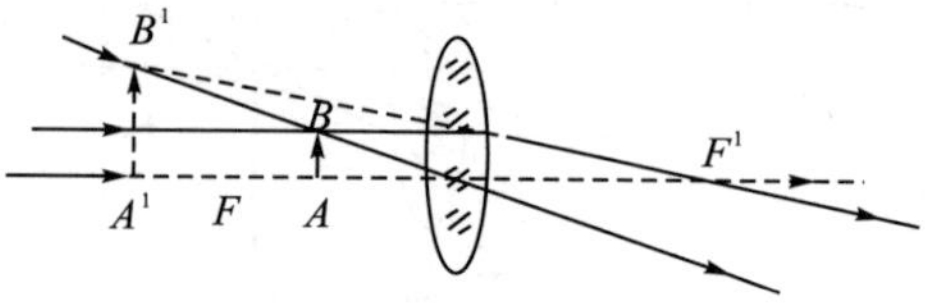

高-9-26

27. 虚物位于正透镜的像方焦点 F' 之内的成像特征

(1)按图高-9-27 放置双凸透镜。

(2)选用上、中、下光线。并使上光线平行主轴，中光线和透镜主轴重合，用 3＃反光镜移至位于分束器下的分束器接长架上，使下光线经过透镜节点，构成虚物 AB，且位于像方焦点 F' 之内，得缩小、正立、实像 A' 或 B'。

28. 虚物位于正透镜的像方焦平面上时的成像特性

(1)按图高-9-28 放置双凸透镜。

(2)选用上、中、下光线。上光线平行主轴，中光线和主轴重合，用 3＃反光镜移至位于分束器下的分束器长架上，使下光线通过透镜节点，构成虚物 AB 于像方焦平面上，可见，像 A'、B' 位于二分之一像方焦距处。

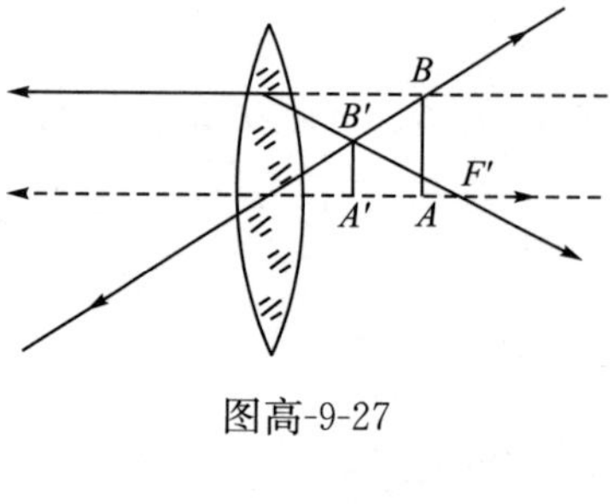

图高-9-27

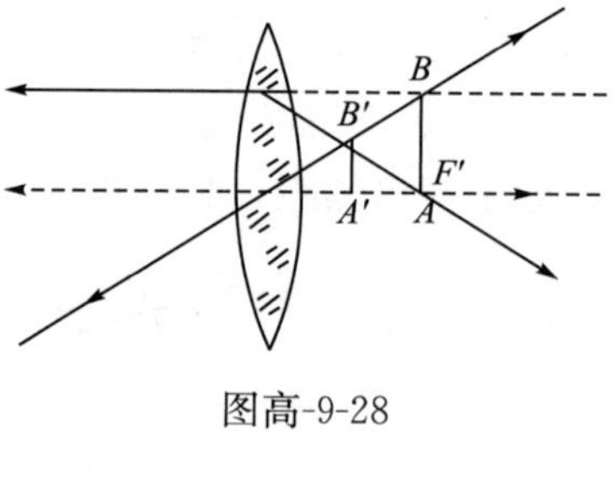

图高-9-28

29. 虚物位于正透镜二倍像方焦距处时的成像特性

(1)按图高-9-29 放置双凸透镜。

(2)选用上、中、下光线。虚物 AB 位于二倍像方焦距处时，缩小、正立、实像 A'或 B'成在像方焦点 F'之内。

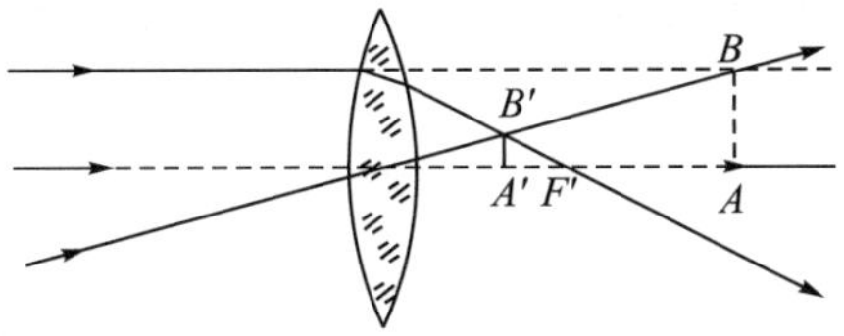

图高-9-29

30. 虚物位于正透镜二倍像方焦距之外时的成像特性

(1)按图高-9-30 放置双凸透镜。

(2)调节分束器，将上光线平行主轴，中光线和主轴重合，下光线通过透镜节点，使虚物 AB 位于二倍像方焦距以外，得缩小正立实像 A'、B'。

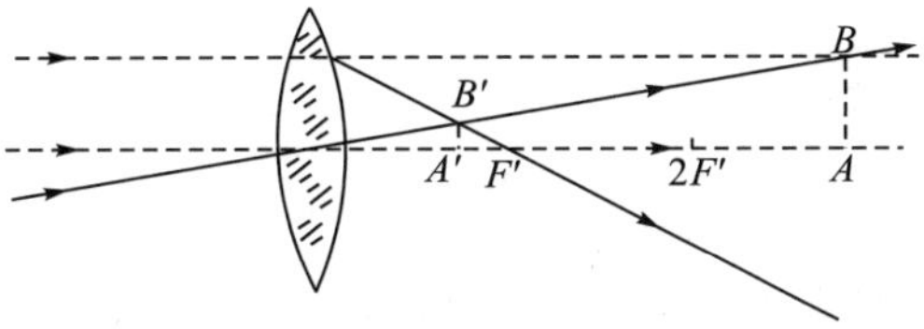

图高-9-30

31. 虚物位于透镜像方无穷远时的成像特性

(1)按图高-9-31 放置双凸透镜。

(2)调节分束器，使下光线通过双凸透镜节点，中光线和主轴重合，上光线平行下光线，使虚物 AB 位于像方无穷远处，则成缩小、正立实像 A'、B'于像方焦平面上。

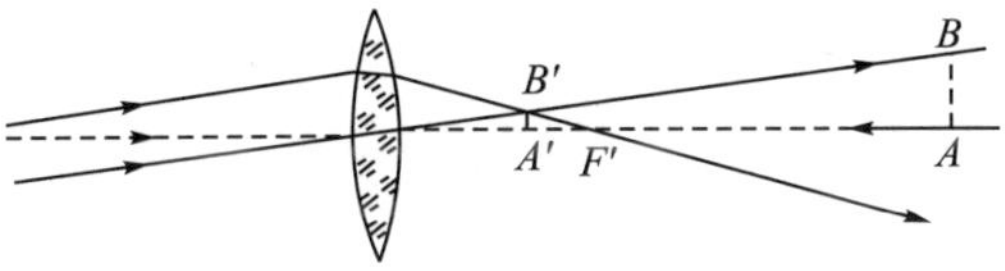

图高-9-31

32. 伽利略望远镜成像原理

(1)按图高-9-32 放置伽利略望远镜。

(2)使上、中、下光线平行于主轴入射，且中光线和主轴重合，则其出射光线也平行于主轴出射。

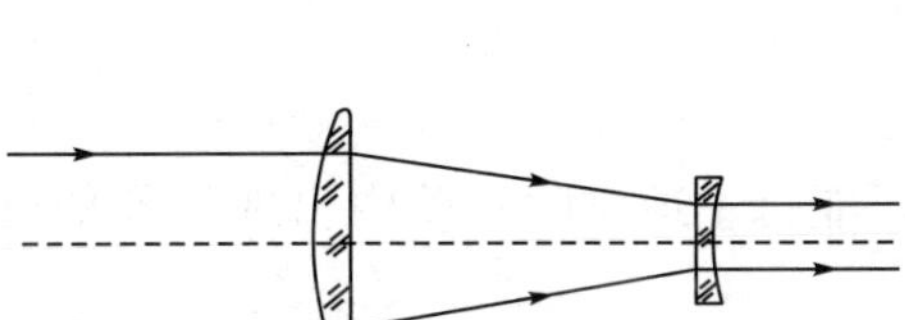

图高-9-32

33. 杨氏双缝干涉

(1)把双凸透镜 1 插在演示屏中间的插孔内，1＃光刻衍射片 2 插在移动尺上，白纸屏 3 放在距衍射片 2 米以外适当位置(可用白色光滑的墙壁代替)(图高-9-33)。

(2)用 1＃分光镜，使未经扩束器扩束的激光束射在双凸透镜中间。

(3)调节移动尺，使经过双凸透镜扩束后的光束射在双缝上，在屏上就可呈现明暗相间的双缝干涉图样。

(4)也可用未经扩束器扩束的激光束直接照射在双缝上，只是因双缝被照范围较小，所以干涉条纹也较短。

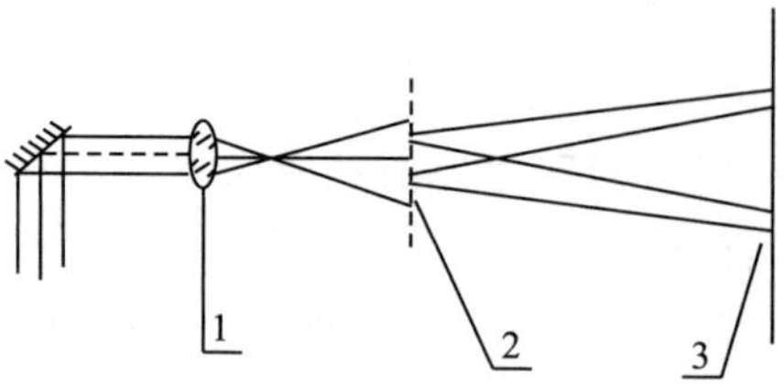

图-9-33

34. 单缝衍射或圆孔衍射

步骤：

(1)如图高-9-34，将 1＃衍射片插在移动尺上。

(2)移动扩束器，使激光束不扩束，调节移动尺和分束器，使激光束正好通过衍射片上的单狭缝(或圆孔)，在离衍射片相当远的纸屏(或墙)上，可看到明暗相间的衍射条纹。

(3)也可在演示屏中间的插孔内插上双凸透镜，使未经扩束的激光照射在双凸透镜中间再照射在单缝上，这样单缝被照范围较大，衍射条纹较长。

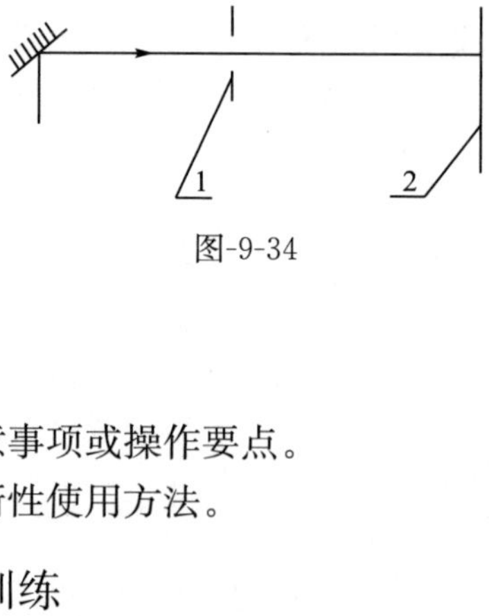

图-9-34

讨论与思考：

1. 讨论做光学实验的注意事项或操作要点。
2. 开发此光学仪器的创新性使用方法。

二、实验教学能力的训练

训练要点：

1. 熟练操作实验器材，能自主地排除实验中出现的各种故障，顺利完成实验，撰写实验报告。
2. 能初步设计上述探究性实验的教学方案。
3. 把握本实验的教学目的和要求，判断中学生在实验中可能出现的主要问题，设计出合理可行的实验教学方案，并与同学和教师交流，不断改进教学方案。

4. 能模拟实施教学方案，初步体验本节实验的教学过程。

5. 撰写训练报告，认真反思实验过程以及教学设计与模拟实施过程，进行自主评价，提出改进措施。

【实验考查视野】

1. 自主设计一个演示中学光学实验的教具。
2. 具体分析激光光学演示仪演示中学光学实验的效果，并说明理由，提出改进意见。

【训练报告】

1. 请完成实验技能训练后写出具体的实验方案、实施效果和改进策略。
2. 请完成本节课的实验教学训练后对实验教学过程进行反思和自我评价，完成实验教学训练报告。
3. 改进本节课的实验教学方案，提出创新型的设计方法。

【链接】

[1]马文蔚，苏惠惠，解希顺．物理学原理在工程技术中的应用[M]．北京：高等教育出版社，2006：248-250，254-262，275-299.

[2]李艳平，申先甲．物理学史教程[M]．北京：科学出版社，2003：117-132.

实验10：数字化实验实训

【预备知识】

数字化信息系统(Digital Information System，DIS)是一种基于传感技术和计算机技术的自然科学实验研究平台。该系统主要由传感器(包括其适配连接装置)、计算机、数据采集器和实验分析软件组成，集物理测量、自动控制、数据记录、智能化数据分析和测量结果多模显示于一体。使用时，由各类传感器探测科学探究实验数据信息，并实时传输到数据采集器，数据采集器将有关信息转化为数字形式传输到计算机，自动或手动由电脑运行实验软件包，完成对实验过程和结果的实时显示、监控、记录、图像绘制、数据处理与分析。

中华人民共和国教育部2003年颁发的《普通高中物理课程标准(实验)》中明确提出："信息技术要进入物理实验室……重视将信息技术应用到物理实验室，加快中学物理实验软件的开发和应用，诸如通过计算机实时测量、处理实验数据、分析实验结果等"。依据课程标准编写的各版本的高中物理教科书中多个章节均有利用数字化信息系统进行实验探究的相关内容。随着新课程的全面实施，越来越多的地区和学校已经配备了数字化实验室。由于数字化实验与传统实验相比具有明显的特色和优势，其对中学物理教学的促进作用越来越明显。作为未来的准教师和新课程的践行者，有必要就数字化实验做深入的认识和研究。

> 阅读与思考：
> 1. 查阅资料，了解DIS实验的应用现状。
> 2. 阅读相关书籍，了解传感器在日常生活中的应用。
> 3. 阅读并比较各版本的物理教科书中DIS实验的呈现特点。

【训练要求和目标】

一、实验技能训练目标

1. 熟悉DIS实验系统的基本构成，了解DIS实验系统的工作原理。

2. 熟悉DIS实验系统所提供的传感器种类，知道DIS实验所涉及的物理领域。

3. 能够根据需要正确组装相应的实验设备，能将传感器、数据采集器和计算机进行正确连接。

4. 掌握专用软件的各项功能的应用，能熟练使用专用软件对实验数据进行采集、分析和处理，熟悉通用软件的基本功能和操作。

5. 能利用DIS实验系统完成2～3个中学物理实验，依据实验过程和结果分析DIS实验的优势和不足。

二、实验教学技能训练目标

1. 通过经历完整的 DIS 实验过程找出在实验过程中容易遇到的在操作和理解上的相关问题，并尝试找出解决方案。

2. 结合自身操作体验和相关资料，分析 DIS 实验与传统实验相比的特点和优势；针对中学实际教学情况，归纳出能体现其优势的实验项目清单。

3. 能借助 DIS 这一实验平台，适时指导中学生进行自主设计、完成探究性实验。能借助 DIS 这一平台开发新的实验项目、自制教学仪器。

4. 能利用学生进行 DIS 实验这一契机，适时介绍现代信息技术对人类生活带来的影响，有效地进行 STS 教育。

【实验仪器】

1. DIS 实验系统介绍

本书以朗威 R-DISLab(数字化信息系统实验室)为例，简单介绍 DIS 实验系统的基本构成、功能及特点，其整体组成如图高-10-1 所示。

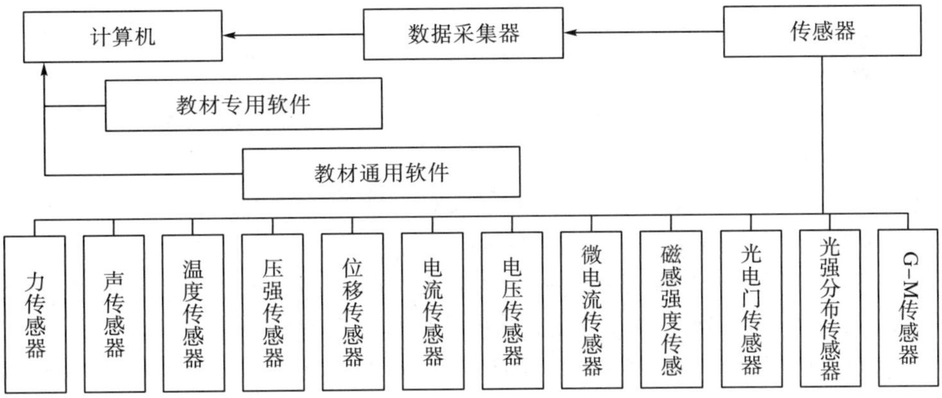

图高-10-1　朗威 DISLab 整体结构图

(1)传感器。传感器是数字化实验的核心部件。“感”将物理量转化成电信号；“传”将电信号传递到数据采集器装置和计算机平台。教学中常用的传感器包括力传感器、位移传感器、热传感器、电流电压传感器、光传感器、声传感器等。每组传感器的侧面都配有一个数据线接口，方便与采集器连接，如图高-10-2 所示。在使用某一传感器之前，需翻阅用户手册中有关该传感器的相关内容，明确其功能用途、使用方法和注意事项。

(2)数据采集器。数据采集器与计算机以 USB 方式通信，一般采用四路并行输入，可以同时接插四种传感器。传感器接入口和计算机 USB 接入口如图高-10-3 所示。采集器连入计算机 USB 接口后，即可通过计算机为采集器供电，因此无需外接电源。透过透明机壳，可见红色的工作指示灯发亮，蓝色的指示灯出现闪烁，表明采集器已经正常工作，可随时接入传感器进行实验。

(3)软件系统。计算机软件系统包括通用软件和专用软件。专用软件是根据教科书提供的实验，从原理到操作，已经全部设置好，学生只要改变初始的实验条件与实验数据，马上就可以得出实验结果，方便快捷；通用软件是严格按照教学要求并参照主流工具软件模式开发的智能化实验数据采集处理平台，具备即插即用、自动识别(传感器)、多模显示、并行采集、组合显示、自由坐标、数据计算、图线分析(拟合、求导、积分等)等强大功能，全面支持学生自主研究和研究性学习。对于通用软件各项功能的使用可参阅用户手册的相关内容。

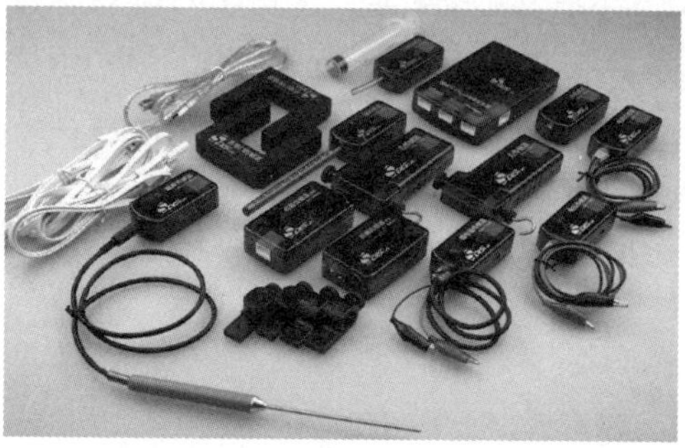

图高-10-2

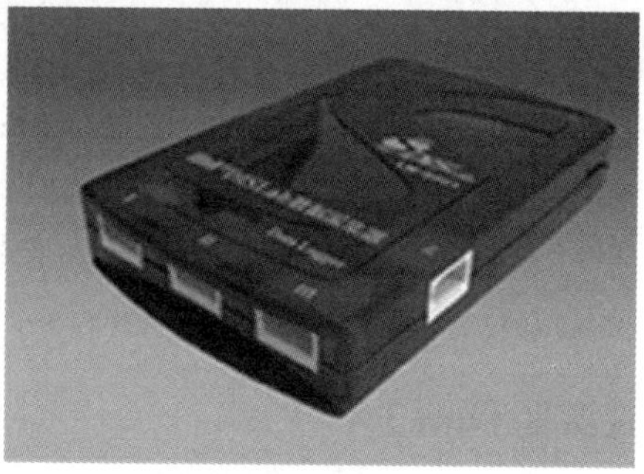

图高-10-3

2. DIS 实验系统的功能及其特点

数字化信息系统是将传感器、计算机与传统的实验仪器相结合，是对传统实验方法的发展和数据处理的科学化，呈现的是真实的实验，数据处理上更严谨、规范。其功能与传统实验相比具有以下特点：

(1)能够在很短的时间内采集和处理大量的实验数据，不仅显著提高了实验效率，而且使实验结果准确度和精确度得到大幅度提升。

(2)能够检测信号量的微小变化和瞬间变化，使实验的研究范围大大扩展并能实时显示、存储、传输、统计、拟合、分析实验数据。

(3)能够满足全国各地各种版本教科书的要求，不仅有效实现了信息技术与学科实验的完美整合，而且方便开展综合理科探究实验，实现学科之间的交叉与融合。

(4)能够提供固定性和开放性相结合的软、硬件实验平台，方便小组合作或个体独立进行探究活动，有利于培养学生获取信息、加工信息、运用信息的综合能力以及研究、创新的能力。

【实验训练内容】

一、实验技能的强化训练

训练要点：

1. 牛顿第三定律

(1)将一对力传感器分别接到数据采集器一、二通道。

(2)点击教科书专用软件主界面上的实验条目“力的相互作用”，打开软件。

(3)点击“开始记录”，两手各握住一支力传感器，让传感器的测钩相互钩住，保持两个力传感器测钩轴心在同一直线上，如图高-10-4 所示。对传感器进行软件

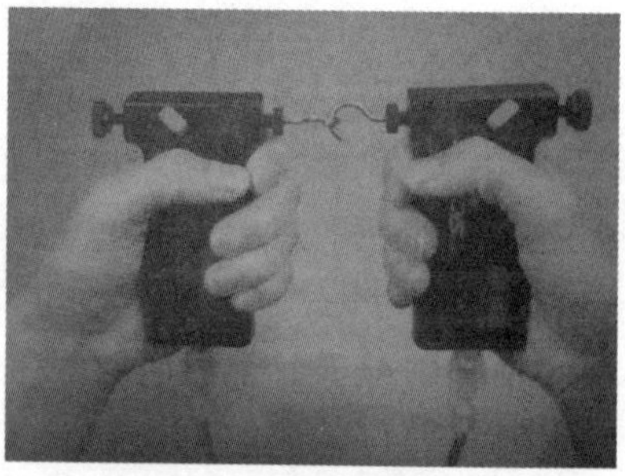

图高-10-4

调零。

(4)两手轻拉传感器，得出实验图线，可见两个力传感器测量的力方向相反。以时间轴为中心上下对称。

(5)点击”停止记录”，拖动滚动条，观察记录的实验图线。

(6)按住鼠标左键，可通过软件左下方小窗口显示任意时刻的两个力传感器读数，可见两个力传感器读数基本相同。

(7)点击“镜像”，其中一个力将以 X 轴为对称轴显示，可观察两个力图线的重合程度。

(8)使用传感器测钩可进行对压或敲击实验，观察实验曲线。

(9)使用左键研究相互敲击实验过程中同一时刻两个力传感器的读数，可见两个力传感器读数也基本相同。

(10)结合实验结果，总结牛顿第三定律在实验中的体现。

建议：①实验中应保持两传感器的手柄平行，注意测钩的角度，以免产生扭力。②改变实验次序，尝试另一种教学思路：先观察镜像图像得出两个力方向相反；再取消镜像模式，借助两图线重合的现象，验证两力大小相等。③尝试引导学生画出上下不对称的图线，对应此时的操作手法分析不对称的原因，加深对正确操作方法的理解和认识。

2. 变力的动量定理

(1)在小车上安装”I”型挡光片(宽度为 0.02 m)并在其前端安装弹簧圈，用天平称出小车的总质量（图高-10-5）。

(2)将光电门传感器和力传感器分别接入数据采集器的第一、二通道，将光电门传感器用支架固定在轨道的一侧。

(3)将力传感器通过力学轨道上的固定柱固定在轨道上，调整其高度是测钩与弹簧圈的触碰点刚好位于测钩中心线上。

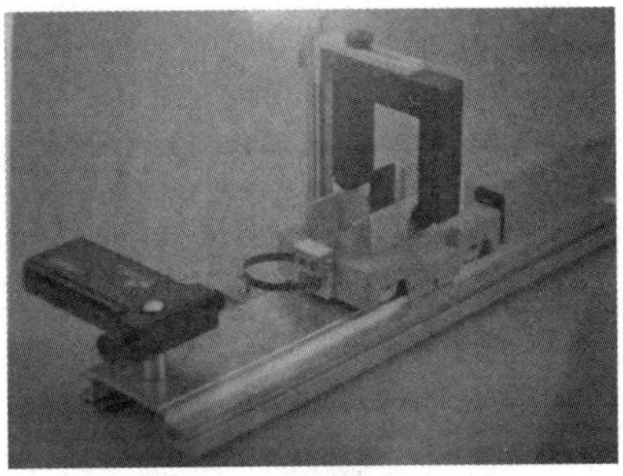

图高-10-5 变力的动量定理

(4)点击教科书专用软件主界面上的实验条目“动量定理(变力)”，打开该软件。

(5)输入小车的质量和挡光片的宽度，点击“开始记录”，推动小车通过光电门传感器后与力传感器的测钩相碰，经反弹后又通过光电门传感器，系统自动计算出碰撞前后的动量并显示受力过程图线。

(6)点击“选择区域”，选择小车与力传感器碰撞过程中的 $F\text{-}t$ 图线，即可得到相应的面积值。

(7)比较动量变化与面积值(冲量)之间的大小，总结变力冲量与动量变化的关系。

3. 磁感应强度的测定

(1)利用专用座架，确保磁传感器探管与螺线管轴心重合。

(2)将磁传感器接入数据采集器，预热 4 min 左右。点击教科书专用软件“磁感应强度的测定”，打开该软件。

(3)点击“开始记录”，将磁传感器探管前沿置于螺线管端口外 1 cm 处，点击传感器“调零”。

(4)接通电池组，调节电源正负极，使磁传感器的读数为正值。

(5)点击“数据记录”，将磁传感器探管推入螺线管，每次移动 0.5 cm，记录对应地磁感应强度值，得到多组数据。

(6)点击“绘图”，绘出基于实验数据的螺线管轴线上的磁感应强度分布图(可改变电压或者螺线管进行对比实验)。

(7)根据数据和图线分析螺线管磁感应强度特点。

二、实验教学能力的训练

训练要点：

1. 了解现代信息技术的发展，知道传感技术与信息技术的关系。

2. 查阅资料和 DISLab 用户手册，明确所提供的传感器能测量哪些具体的物理量，哪些物理量是传统实验仪器不能测量的。

3. 结合自身操作体验和相关资料，分析 DIS 实验与传统实验相比的特点和优势，针对中学物理实际教学情况，归纳出能体现其优势的实验项目清单。

4. 写一份基于 DIS 实验的教学教案，然后分小组进行微格教学并按要求撰写训练报告。

【实验考查视野】

对比传统实验思考：数字化实验和传统实验相比有哪些优势和不足？是不是我们传统的实验可有可无，我们完全可以用数字化实验取而代之？如果不是，那我们实际教学中应根据什么样的标准来选取最恰当的实验方式？

【实验报告】

1. 请完成实验技能训练后写出具体的实验方案、实施效果和改进策略。

2. 请完成本节课的实验教学训练后对实验教学过程进行反思和自我评价，完成实验教学训练报告。

3. 改进本节课的实验教学方案，提出创新型的设计方法。

【实验创新视野】

(1)结合中学物理教学内容，思考利用力学传感器还可以做哪些实验？列举利用 DIS 所做的一些创新性实验。

(2)尝试基于 DIS 的实验进行教具开发。

【链接】

[1]魏日升，张宪奎. 新课程中学物理教科书教法与实验[M]. 北京：北京师范大学出版社，2006：107-115.

[2]王育杰，王昭君，梁志华. 虚拟实验教学与 DIS 实验教学的整合研究[J]. 中国电化教育，2009(7)：92-95.

[3]俞丽萍. 利用 DIS 实验突破教学疑难点的实践研究[J]. 中学物理（高中版），2012(2)：51-53.